UEBERREUTER
WIRTSCHAFT

Brigitte Nagiller

Knigge, Kleider und Karriere

Sicher auftreten mit Stil und Etikette

UEBERREUTER
WIRTSCHAFT

Die Deutsche Bibliothek – CIP-Einheitsaufnahme

Nagiller, Brigitte
Knigge, Kleider und Karriere : Sicher auftreten
mit Stil und Etikette / Brigitte Nagiller. –
Frankfurt/Wien : Wirtschaftsverlag Ueberreuter, 2001
ISBN 3-7064-0804-X

Unsere Web-Adressen:

http://www.ueberreuter.at
http://www.ueberreuter.de

1 2 3 / 2003 2002 2001

Umschlag: Beate Soltész und INIT, Büro für Gestaltung, Bielefeld
unter Verwendung eines Bildes von Larry Williams/Corbis Stock Market
Illustrationen: Klaus Pitter

Druck: Bercker Graphischer Betrieb, Kevelaer
Printed in Germany

Inhalt

Liebe Leserin,
lieber Leser,

Vielleicht mag sich die/der eine oder andere darüber wundern, dass in diesem Buch von „dem Mitarbeiter“ oder „dem Manager“ die Rede ist. Einzig und allein aus Gründen der besseren Lesbarkeit habe ich auf zweifelsohne korrekte, aber sperrige Formulierungen wie „der Mitarbeiter und die Mitarbeiterin“ oder „die MitarbeiterInnen“ verzichtet.

Brigitte Nagiller

Vorwort

Ich hatte auf einem Flug nach New York Gelegenheit, „Knigge, Kleider und Karriere – Sicher auftreten mit Stil und Etikette“ von Brigitte Nagiller aufmerksam zu studieren. Soviel steht fest: Die Lektüre ist ein Gewinn für jeden Menschen, der im Berufsleben Repräsentationspflichten zu erfüllen hat und auf Kompetenz im Umgang mit anderen Menschen Wert legt – auch im Privatleben.

Gutes und richtiges Benehmen ist nichts Altmodisches. Mag sein, dass darauf eine Zeit lang weniger Wert gelegt wurde; vielleicht auch als Reaktion auf allzu erstarrte Regeln. Aber das ist nun vorbei. Und wir erleben einen schöpferischen Neuaufbau der Vorstellungen, wie wir einander begegnen sollten – wohl auch zur Abfederung der sachlichen Härte, die im Geschäftsleben vielfach überlebensnotwendig geworden ist.

Brigitte Nagillers Buch kommt also zur richtigen Zeit, und es ist auf der Höhe der Zeit. Und zwar sowohl, was die Inhalte der Ratschläge betrifft – denn sie sind genauso, wie es unsere Gegenwart und nicht irgendeine Vergangenheit verlangt. Aber auch, was die situationsbedingte Flexibilität anlangt, auf die von der Autorin großer Wert gelegt wird. Es geht nicht darum, starre Regeln zu befolgen, sondern ein Gefühl für den Augenblick zu entwickeln und sich dann mitmenschlich stimmig zu verhalten. Das Buch ist daher kein Benimmbuch alten Stils. Es ist ein Ratgeber zur Entwicklung emotionaler Intelligenz im Geschäftsleben. Dass die Autorin aus einer anspruchsvollen Praxis kommt, wird schon auf den ersten Seiten klar. In vielen originellen Einzelheiten ist das ebenso zu spüren wie in der großen stofflichen Fülle, die sie ausbreitet: von den Fragen der richtigen Bekleidung, abgestimmt auf den Menschen und seine Umgebung, bis hin zur Problematik, wie man Geschäftspartnern aus anderen Kulturkreisen begegnet.

Wer dieses Buch gelesen hat und immer wieder darin nachschlägt, wird davon profitieren: Es dient der Karriere. Ich freue mich, dass dieses Thema aufgegriffen wurde.

Dkfm. Elisabeth Gürtler
Geschäftsführerin
Hotel Sacher Wien – Salzburg

Ein Executive Summary:

Wer? Was? Warum?

Was soll der alte Knigge?

„Über den Umgang mit Menschen“. So hießen zwei dicke Wälzer, die in Deutschland vor mehr als zweihundert Jahren erschienen; geschrieben von einem gewissen Adolph Freiherrn von Knigge, Gutsbesitzer und Hofbeamter, also Mitglied der damaligen Oberschicht. Mit Regeln und Tipps für sicheres Auftreten, Stil und Etikette hatten diese Folianten allerdings wenig zu tun. Vielmehr ging es dem Freiherrn darum, seine Mitmenschen über das tugendhafte Leben zu belehren, und das tat er ausgiebig, manchmal sogar pedantisch. Die Bücher sind längst vergessen. Was nicht vergessen ist, das ist der Name Knigge – er wurde zum Synonym für gutes Benehmen, wie es auch dieses Buch beschreibt. Der Freiherr hat das sicher längst verziehen, hat doch so und nur so sein Name überlebt. Und so leihe ich mir diesen aus, mit ergebenstem Dank in das achtzehnte Jahrhundert.

Natürlich bin ich nicht die Erste, die Knigge bemüht. Und ich werde nicht die Letzte sein. Das hängt mit dem Thema zusammen. Was es heißt, sich richtig zu benehmen, muss alle zehn Jahre auf den neuesten Stand gebracht werden, sonst würde sich bald eine dicke Staubschicht über unser Zusammenleben legen; in unserem Fall über das Zusammenleben im Beruf, in der Geschäftswelt und im öffentlichen Leben. Das will ich mit diesem Buch verhindern und Ihnen gleichzeitig das nötige Basiswissen vermitteln, mit dem Sie sich auf jedem Parkett sicher bewegen können.

Woher mein Wissen kommt

Woher ich meine Weisheiten beziehe? Ganz einfach: Aus meiner langjährigen Praxis in der größten österreichischen Bank, der Bank Austria. Ich habe mich dort nicht mit Geld oder Finanzen beschäftigt, sondern damit, das geschäftliche Zusammentreffen von Menschen zu organisieren.

Und das auf allen denkbaren Ebenen: Mit hochrangigen und verwöhnten Menschen aus allen Weltgegenden hatte ich ebenso zu tun wie mit kleinen, agilen Selfmade-Unternehmern, die vor lauter Tüchtigsein noch nicht dazu gekommen waren, sich über Stil und Etikette den Kopf zu zerbrechen. Ich habe repräsentative Großveranstaltungen, bei denen jedes Detail stimmen musste, ebenso organisiert wie kleine, heikle Vieraugentreffen, von denen große Geschäfte abhingen. Von Veranstaltungen in den barocken Palais der Metropole Wien bis zum Wirtshaus im kleinen Provinz-Nest. Und immer hatte ich Menschen beobachten können, wie sie sich benehmen, wie sie wirken und wie sicher sie sich in ihrer Gast- oder Gastgeberrolle fühlen.

Bei all dem habe ich viel gelernt. Regeln ebenso wie das Fingerspitzengefühl, das man haben muss, um diese Regeln nicht schematisch, sondern situationsbedingt und menschlich umzusetzen. Darauf kommt es nämlich letztlich an. Und das möchte ich mit diesem Buch und in meinen Seminaren weitergeben.

Nachholbedarf bei Umgangsformen?

Gibt es so etwas? Haben wir ein Wissensdefizit in Sachen Umgangsformen im Geschäftsleben? Ich habe viel erlebt und oft darüber nachgedacht, und ich muss diese Frage mit Ja beantworten.

Fachliche Ausbildung hat Vorrang

Die meisten von uns haben viel für ihre Ausbildung getan. Sie haben Schulen besucht, ihren Abschluss auf einer Fachhochschule oder Universität gemacht, und sie bilden sich beruflich ständig weiter. Täglich lesen sie die Wirtschaftsseiten der Tageszeitungen. Magazine und Fachliteratur stapeln sich im Büro und neben dem Bett. Wahrscheinlich kämpfen sie sich inzwischen auch durchs Internet und holen sich Informationen aus der weiten Netzwelt ins Haus. Fachlich sind sie erste Klasse, aber mit dem Thema Umgangsformen haben sich viele noch nicht intensiv beschäftigt. Obwohl sie tagtäglich damit konfrontiert sind. Und obwohl das richtige Benehmen für ihren geschäftlichen Erfolg immer wichtiger wird.

Menschliche Begegnungen nehmen an Wert zu

Aus drei Gründen spielen Umgangsformen eine immer wichtigere Rolle. Zum Ersten hat unsere Wirtschaft mir ihren Produkten ein so hohes Qualitätsniveau erreicht, dass sich der Wettbewerb immer mehr von den Produkten weg in andere Bereiche verlagert. So z.B. in die geschäftliche Kommunikation, man denke nur an beratende Berufe – hier sind Umgangsformen sehr wichtig. Zum Zweiten arbeiten nur mehr wenige Menschen in althergebrachten Erzeugungsbetrieben, in denen sie nur mit wenigen Kollegen und Mitarbeitern zu tun haben. Die meisten sind in Branchen tätig, wo ein großer Teil ihrer Arbeit im Umgang mit unterschiedlichen Menschen besteht – und wie man mit ihnen umgeht, ist von großer Bedeutung. Zum Dritten schließlich geht der gesellschaftliche Wertewandel seit einiger Zeit in eine Richtung, in der Formen wieder wichtiger genommen werden, als das in den siebziger und achtziger Jahren der Fall war.

Wissensdefizit bei Umgangsformen

Und damit sind wir auch schon beim anderen Teil der Schere, beim „Wissensdefizit". Marktwirtschaftlich betrachtet gab es kaum Wissensvermittlung in Sachen Umgangsformen. Ein Grund dafür liegt im Erziehungsideal der Achtundsechzigerbewegung. Als Reaktion auf verstaubte und oft sinnentleerte Rituale hat diese Generation Formen gering geachtet und freie Selbstverwirklichung auf ihre Fahnen geschrieben. Die Folge waren kreative Kinder. Heute sind das die jüngeren Erwachsenen, dynamisch und oft erfolgreich, aber mit einem Manko an zwischenmenschlichem Know-how. Nicht dass es ihnen an Sensibilität mangelt, vielmehr am Wissen um jene vielen kleinen, mehr oder weniger verbindlichen, aber unausgesprochenen

Abmachungen, die uns das Zusammenleben leichter machen sollen: die Umgangsformen eben.

Dazu kommt, dass etliche Manager der älteren Generation aus einfachsten Verhältnissen stammen. Ihre Jugend haben sie nicht in Willy Elmayers nobler Wiener Tanzschule oder auf Bällen verbracht, sondern an der Werkbank und beim Lernen für die Abendmatura. Aus eigener Kraft und mit viel Engagement haben sie sich im Unternehmen hochgedient und eine Top-Position erreicht. Ihre fachliche Kompetenz steht außer Zweifel, doch sobald sie für ihr Unternehmen Repräsentationspflichten übernehmen sollen, fühlen sie sich unsicher. In der Kneipe um die Ecke ist ihnen einfach wohler als beim großen Festbankett.

Vormarsch der Frauen

Und schließlich hat noch etwas die Lage verkompliziert und den Bedarf an völlig neuen Umgangsformen erhöht: der Einzug der Frauen in die Wirtschaftswelt und ihr Vormarsch in die oberen Etagen. Dafür müssen ganz neue Regeln entwickelt werden. Einerseits treffen da die beiden Geschlechter aufeinander wie seit eh und je, andererseits geht es aber nicht um den Partnermarkt, sondern um andere Märkte. Und so selbstbewusst gerade viele Karrierefrauen auftreten, so unsicher sind sie manchmal, was das Benimm-Know-how betrifft. Kein Wunder, sind sie doch gerade erst dabei, ihre neue Rolle als Wirtschafts- und Karrierepartnerinnen der Männer zu definieren. Da ist viel im Fluss, und sowohl Männer als auch Frauen tun gut daran, sich damit auseinander zu setzen. Neue Umgangsformen sind dafür notwendig.

Ein Dutzend Knigges

Basis-Knigge

Warum gute Umgangsformen für Unternehmen immer wichtiger werden und wie man zeitgemäß damit umgeht, behandle ich im Kapitel „Gutes Benehmen wieder gefragt?“ Das Fragezeichen wurde ganz bewusst gesetzt, denn eines der wichtigsten Prinzipien ist, zu wissen, in welchen Situationen man welche Etiketteregeln befolgen soll. Verhält man sich auf dem Fußballplatz der Heimatgemeinde genauso wie beim Polo-Turnier? Benimmt man sich beim Mittagssnack in der Betriebskantine ebenso wie in der Spitzengastronomie?

Kleider-Knigge

Besonders für Menschen mit Karriereambitionen ist die Art und Weise, wie sie sich im Beruf kleiden, von großer Bedeutung. Gerade in Zeiten der Lockerung von Dresscodes gewinnt dieses Thema besondere Aktualität. Der Umgang mit den klassischen Regeln ist nicht schwierig, denn es gibt dafür einigermaßen klare Richtlinien. Doch das neue Schlagwort „Business-Casual“ klingt zwar „easy“, aber gerade deswegen erfordert es ein besonders ausgeprägtes Fingerspitzengefühl. Die Richtlinien des klassischen Dresscodes und was es mit dem neuesten Trend auf sich hat, erfahren Sie im Kapitel „Dressed for Success“.

Frauen-Knigge

Umgangsformen sind für Frauen mit Karriereambitionen besonders wichtig. Sowohl von Aufmachung und Outfit her als auch hinsichtlich der Manieren können sie sich weniger Ausrutscher erlauben als Männer. Um ihre berufliche Position abzustecken, bedarf es allerdings manchmal Strategien, die sie auch ruhig ihre guten Manieren vergessen lassen können oder sogar sollen. Was der Karriere hilft und was ihr schadet, wird im Kapitel „Karrierefrauen“ behandelt.

Rangordnungs-Knigge

Was man unter Rangfolgen versteht und wie sich vor allem die gesellschaftlichen von den beruflichen Rangfolgen unterscheiden, wird in diesem Abschnitt beschrieben. Ob es Situationen gibt, bei denen man darauf achten sollte oder ob das alles bereits ein alter Hut ist, lesen Sie im Kapitel „Oben und unten“. Außerdem werden hier auch die Gepflogenheiten rund ums Grüßen, den Handschlag, die Vorstellung und Bekanntmachung beleuchtet.

Titel-Knigge

„Normale“ Menschen wie Sie und mich anzusprechen ist relativ einfach. Aber was sagt man zu besonders honorigen Persönlichkeiten? Wie man Menschen anspricht, von akademischen Titeln angefangen bis hin zu Ehren- und Berufstiteln, wird im Kapitel „Alles über Anreden und Titel“ erörtert. Außerdem wird auch auf die Handhabung des Du-Wortes im Betrieb eingegangen.

Multimedia-Knigge

Moderne Kommunikationsmittel wie Telefon und Handy, Faxgerät und E-Mail sind aus dem Büroalltag nicht mehr wegzudenken. Wer glaubt, dass dabei keine Umgangsformen gewahrt werden müssen, der irrt. Sehr leicht verleiten moderne Medien dazu, sorglos, nachlässig und vor allem rücksichtslos gegenüber seiner Umgebung vorzugehen. Was Sie beachten sollten, lesen Sie im Kapitel „Moderne Kommunikationsmittel".

Essens-Knigge

Tischmanieren, Trinksitten, Geschäftsessen und Spitzengastronomie sind hier die Themen. Tischmanieren gelten zu Recht als das Maß für gute Umgangsformen. Welche Umgangsformen Menschen mit Stil im Alltag beherzigen sollen und welche Etiketteregeln bei offiziellen und feinen Anlässen gelten, beschreibe ich ausführlich in den Kapiteln „Rund um Speis und Trank" sowie „Geschäftsessen – vom Business-Lunch zum Festbankett".

Gastgeber-Knigge

Einladungen verstärken die Kundenbindung. Oft übernehmen Mitarbeiter und Führungskräfte die Rolle des Gastgebers. Ob im Büro, in Restaurants, bei Veranstaltungen, bei feierlichen Anlässen, in Meetings oder Konferenzen. Überall lauern Fettnäpfchen mit Tücken und Gefahren. Wie Sie Selbstsicherheit als Gastgeber gewinnen können und was Ihre Gäste besonders schätzen, lesen Sie im Kapitel „So verwöhnt man Kunden".

Besucher-Knigge

Eine Einladung flattert ins Haus. Wie Sie den Inhalt deuten und wie Sie darauf reagieren sollten, wird im Kapitel „Hilfe, ich bin eingeladen!" beschrieben. Wann und wo Gastgeschenke angebracht sind und wie man mit Trinkgeldern umgeht, sind weitere Punkte des Kapitels.

Protokoll-Knigge

Manchmal werden Sie als Gast oder Gastgeber auch mit Protokollfragen konfrontiert. Wann Sie diese berücksichtigen sollen und vor allem wie Sie damit umgehen, ist ein weiteres Thema des Buches. Begrüßungen, Eröffnungsreden, Tischordnungen – nach dem Lesen des Kapitels „Wenn es offiziell wird“ werden Sie wissen, worauf Sie achten müssen.

Auslands-Knigge

In Zeiten der Globalisierung ist der Umgang mit ausländischen Geschäftspartnern immer wichtiger. Ich gehe in diesem Kapitel auf die Rolle als Gastgeber für ausländische Gäste ein, verweise auf die wichtigsten kulturellen Unterschiede und wo die gefährlichsten Fallen lauern. Ungeschicktes Verhalten durch Unkenntnis kann die schönsten Geschäftsbeziehungen stören. Das soll Ihnen niemals passieren. Das Kapitel „Gäste aus fremden Ländern“ vermittelt Ihnen das Basiswissen.

Anti-Knigge

Zu guter Letzt ein Kapitel zum Schmunzeln. Nach der Beschreibung der häufigsten Fehler lernen Sie im Kapitel „Regeln kreativ brechen“ Menschen kennen, die sich nicht an die klassischen Regeln der Etikette halten und trotzdem Furore machen. Weil sie authentisch und konsequent sind. Und deswegen liebenswert.

Basis-Knigge:
Gutes Benehmen wieder gefragt?

Manieren und Unternehmensinteresse

Die Enttarnung des Spions

Erinnern Sie sich an „Liebesgrüße aus Moskau" mit Sean Connery als James Bond? In diesem Kinoklassiker aus dem Jahr 1964 will das Verbrecherkartell SPECTRE für den Tod seines Mitarbeiters Dr. No Rache nehmen und stellt dem britischen Agenten 007 eine tödliche Falle. James Bond ist wie immer in ein undurchsichtiges Netz von Spionage und Gegenspionage verstrickt. Feinde werden zu Freunden, und Kumpane entpuppen sich plötzlich als die ärgsten Gegner.

Die Szene spielt im Zug, irgendwo zwischen Istanbul und Triest. Ein Mann stellt sich James Bond als britischer Geheimagent vor. Formvollendet überreicht er ihm seine Visitenkarte. Er tut äußerst jovial, nennt ihn pausenlos „mein Lieber" und hat auch sonst keinerlei Berührungsängste. Freundlich und zutraulich klopft er Bond auf die Schulter und zwickt ihn in den Arm.

Die beiden haben eine Verabredung im Zugsrestaurant. Der Ober reicht die Speisekarte, und der Gast entscheidet sich für gegrillte Seezunge. Auf die Frage, welchen Wein er denn zum Fisch wünsche, entscheidet er sich blitzschnell für Chianti. Der etwas irritierte Ober fragt belustigt, ob es denn weißer oder roter Chianti sein darf, worauf sich der Gast für roten entscheidet.

James Bond erkennt sofort: Dieser Mann kann kein britischer Geheimagent sein. Denn das wäre ein Gentleman mit hervorragenden Manieren. Derartige Etikettefehler könnten ihm niemals passieren. Nie würde er einem anderen Geheimagenten seine Visitenkarte reichen, auch verbale oder körperliche Zutraulichkeiten passen nicht zu diesem Bild. Und nur einer, der keine Ahnung von Etikettefragen hat, kann zur Seezunge Chianti bestellen. Nicht einmal die ironisch gemeinte Frage des Obers, ob weiß oder rot, hat ihn irritiert.

An den nicht adäquaten Umgangsformen enttarnt James Bond den Feind. Und bald ist der vermeintliche britische Geheimagent ein toter russischer Spion.

Umgangsformen spiegeln Unternehmen

Warum gerade diese Geschichte? Jeder von uns hat bestimmte Vorstellungen von britischen Geheimagenten. Man erwartet diskretes Auftreten, durch und durch gentleman-like. Korrekt und vornehm gekleidet, mit gepflegtem Äußeren. Wie alle Briten sind sie von herausragender Höflichkeit. Ihre Umgangsformen sind ausgezeichnet, und sie können sich in jeder Gesellschaft bewegen, ohne unangenehm aufzufallen. Selbstverständlich haben sie Geschmack, kennen die besten Restaurants der Welt und wissen um die harmonische Abstimmung von Speisen und Weinen.

Ein Mann, dem all das fehlt, kann kein britischer Geheimagent sein. Schließlich erwartet man, dass Mitarbeiter mit ihren Umgangsformen den Stil ihres Unternehmens widerspiegeln. Umgangsformen sind Teil der Corporate Identity, imagebildende Elemente und damit ein wesentlicher Teil jeder Marketingstrategie. Wie der Mitarbeiter – so auch das Unternehmen – und umgekehrt.

Und die fachliche Qualifikation?

Sie liegen sicher richtig, wenn Sie das Beherrschen und Anwenden guter Umgangsformen als eine Verpflichtung gegenüber Ihrem Unternehmen sehen. Neben Ihren fachlichen Qualifikationen trägt die Kenntnis von Etikettefragen zum Image und zum Erfolg Ihrer Firma bei. Außerdem sollten Sie sich im Klaren sein, dass Mitarbeiter mit Manieren Vorbildcharakter haben und den Stil des Unternehmens prägen.

Es kommt nicht von ungefähr, dass Unternehmen gute Umgangsformen bei ihren Mitarbeitern schätzen. Immer öfter werden diese Themen in die Ausbildungsprogramme aufgenommen. Die oberösterreichische Logistikfirma „Hödlmayer International“ z.B. hat eine derartige Schulung als Voraussetzung für Manager in den obersten Führungspositionen vorgesehen. Das Verhalten im Umgang mit Gästen, der Auftritt bei festlichen Gelegenheiten, das Beherrschen der Etikette an der großen Tafel sowie ein Weinseminar sind Bestandteil dieser Ausbildung. Die Firmeninhaber sind allesamt Menschen mit Stil und erwarten das auch von ihren Mitarbeitern.

Manche Unternehmen stellen ihren Nachwuchsführungskräften einen Coach zur Seite. Dieser beobachtet sie beim Besuch in Haubenrestaurants, begleitet sie zu gesellschaftlichen Anlässen und weiht sie in die Geheimnisse der feinen Lebensart ein. Das gibt den Mitarbeitern Sicherheit bei künftigen Gelegenheiten. Coca-Cola z.B. ist eine dieser Firmen.

Unternehmen mit unterschiedlichen Anforderungen

Die Branche, in der Sie arbeiten, wird Ihre Umgangsformen stark beeinflussen. Beim Leiter eines Handwerksbetriebes in einer Kleinstadt wird der dreiteilige Maßanzug beim Kundenbesuch wohl etwas befremdlich wirken, hingegen werden Sie als Manager eines internationalen Konzerns wohl kaum in der Latzhose zum Meeting erscheinen. Die Umgebung prägt die Umgangsformen – und das betrifft nicht nur den Dresscode.

Auch innerhalb von Unternehmen gibt es Unterschiede. In ein und derselben Firma werden z.B. an den Abteilungsleiter des Bereiches „Internationale Beziehungen“ andere Anforderungen gestellt als an den Leiter der Produktion – obwohl beide Führungskräfte in derselben hierarchischen Ebene sind: Während der eine tagtäglich mit in- und ausländischen Kunden und Gästen zu tun hat, verbringt der andere seinen Arbeitstag innerhalb der Firma, inmitten der Produktionshallen. Beide sollten sich in Etikettefragen auskennen, aber sicherlich wird der Leiter des Bereiches „Internationale Beziehungen“ viel öfter als der Produktionsleiter die Möglichkeit haben, die gesamte Bandbreite der Umgangsformen anzuwenden. Eine Firma – dieselbe hierarchische Ebene – und trotzdem unterschiedliche Anforderungen.

Niemals mit Etikette protzen

Es reicht keineswegs, Etiketteregeln auswendig zu lernen und zu glauben, man müsse sie immer in derselben Art und Weise anwenden. Wichtig ist vielmehr, ein Gefühl dafür zu entwickeln, was für Sie, für Ihre Firma und

die spezielle Situation passend ist. Ihre eigene Persönlichkeit, Ihre Stellung und Ihr Aufgabengebiet innerhalb des Unternehmens sowie die jeweilige Situation sind für Ihr Verhalten entscheidend. Gute Manieren sollen immer glaubwürdig sein, es macht sich nicht gut, wenn sie „angelernt“ oder „aufgesetzt“ wirken. Auch übertriebenes Verhalten kann negative Auswirkungen haben: Keiner wird gern als „Lackaffe“ gesehen.

Umgangsformen als Erfolgsstrategie

Als berufstätiger Mensch ist ein Teil Ihrer Arbeit die Kommunikation mit anderen Menschen. Sie arbeiten in Teams, Sie treffen Kunden und Lieferanten, Sie sprechen mit Mitarbeitern, Kollegen und Vorgesetzten. Ihr Arbeitsplatz ist nicht nur der Schreibtisch. Sie treffen Menschen an anderen Orten, suchen fremde Unternehmen auf, gehen mit Kunden in Restaurants und besuchen Seminare oder Vorträge.

Das sind Gelegenheiten, bei denen es auf gepflegte Umgangsformen ankommt. Sie sind sicher nicht die allerwichtigste Voraussetzung für eine Karriere, aber wenn es Ihnen gelingt, im Umgang mit anderen Menschen und auf dem gesellschaftlichen Parkett einen guten Eindruck zu machen, punkten Sie eindeutig. Aber nicht nur das theoretische Wissen allein zählt, genauso wichtig ist die Kenntnis, in welcher Situation man welche Regeln anwenden soll.

Was unterscheidet Sie von der Konkurrenz?

Überlegen Sie sich doch einmal, wie schwierig es für Sie ist, sich von anderen Mitbewerbern abzuheben. Von Ihren Kollegen im Betrieb, von der Konkurrenz, bei Ihren Kunden und Lieferanten, also jenen Menschen, mit denen Sie täglich zu tun haben.

Die Konkurrenz ist groß und wird immer härter. Die Geschäftswelt dreht sich immer schneller und es zählt allein der wirtschaftliche Erfolg. Die Bilanz muss stimmen, die Umsatzzahlen und der Gewinn müssen sich steigern, die Marktanteile vergrößert werden. Die Shareholder müssen zufriedengestellt werden, und ob sie zufrieden sind, zeigen allein die Erfolgszahlen in der Bilanz und der Glaube an die Qualität des Unternehmens. Das festigt die Aktienkurse.

Sie kennen die Anforderungen, die das Unternehmen, für das Sie arbeiten, an Sie stellt. Exzellentes Fachwissen, Durchschlagskraft, Power, Schnelligkeit und Flexibilität im Denken sind Voraussetzungen für jeden Job. Diese Anforderungen aber werden an jeden Mitarbeiter gestellt, daher werden Sie sich kaum von Ihren anderen Kollegen im Betrieb unterscheiden.

Wettbewerbsvorteil Umgangsformen

Mit perfekten Umgangsformen werden Sie angenehm auffallen. Sowohl Ihre Vorgesetzten als auch Ihre Geschäftspartner werden bemerken, dass Sie Stil haben. Ihr eloquenter Auftritt wird Sie eindeutig von der Masse abheben. Mit gutem Benehmen und angenehmen Umgangsformen hinterlassen Sie nicht nur einen guten Eindruck, sondern vermeiden auch den einen oder anderen Fauxpas, der nicht nur unangenehm für Sie, sondern auch für Ihr Unternehmen ist.

Wer heute die Spielregeln der modernen Etikette kennt, hat die Nase vorn. Gutes Benehmen ist mehr denn je gefragt. Längst zählen nicht nur allein die fachlichen Qualitäten. Man wird auch danach bewertet, wie man auf sein Gegenüber wirkt. Doch leider zeigt sich immer wieder, dass sogar viele Menschen in Top-Positionen ziemlich unsicher sind, wenn sie Repräsentationspflichten wahrnehmen müssen.

Hauptsache sympathisch

Ich gehe davon aus, dass Sie sich in den meisten Fällen richtig verhalten. Wenn Sie ein sympathischer und angenehmer Mensch sind, werden höchstwahrscheinlich kleine Fehler nicht besonders auffallen, bzw. man wird sie Ihnen verzeihen. Fallen Sie daher nicht in Panik, weil Sie meinen, Sie hätten bisher alles falsch gemacht. Ganz grobe Verstöße passieren sehr selten, und wenn es wirklich einmal vorkommt, dann soll man bloß nicht zuviel Aufhebens davon machen. Keineswegs sollten Sie versuchen, Ihren Fehler sofort zu korrigieren, damit verschlimmern Sie die Lage meistens noch. Einfach darüber hinweggehen, und nachher, in einer ruhigen Minute, die Situation nochmals überdenken ist sicher die bessere Strategie. Wie

wäre es richtig gewesen, was hätten Sie anders machen können? Aus Ihren eigenen Fehlern werden Sie lernen, Sie müssen nur sich selbst und die anderen Personen gut beobachten.

Auch wahre Etikette-Profis treten manchmal ins Fettnäpfchen. Aber sie wissen, ob es sich lohnt, die Sache auszubügeln, oder ob man es einfach dabei bewenden lässt.

Was ist guter Stil?

Umgangsformen erleben Renaissance

Meistens sind es nur Empfehlungen

Jeder Mensch braucht Werte und Orientierung. Nachdem den Umgangsformen in der zweiten Hälfte des 20. Jahrhunderts weniger Bedeutung zugemessen wurde, kommt es anscheinend jetzt wieder zu einer Renaissance dieses Themas. In- und ausländische Zeitungen beschäftigen sich damit, Seminare zum Thema Etikette boomen, viele Unternehmen sehen den Bedarf nach Ausbildung und Schulung für ihre Mitarbeiter.

Oberstes Ziel dabei ist es, ein Feeling für das richtige Verhalten in unterschiedlichsten Situationen zu entwickeln. Auch dieses Buch will Sie nicht zur starren Regelbefolgung drängen. Sich zu verkrampfen oder Angst zu haben, etwas falsch zu machen, wäre fehl am Platz. Das Wesentlichste ist immer der positive Gesamteindruck, den Sie vermitteln. Man soll Sie als höflichen, rücksichtsvollen Menschen mit Herzensbildung sehen und nicht

als rücksichtslosen Rabauken, der nur seine Ellenbogen benutzt, um vorwärts zu kommen.

Umgangsformen sind gestaltbar...

Gute Umgangsformen haben immer mit Freundlichkeit, Höflichkeit, Takt, Zuvorkommenheit, Respekt, Toleranz, Akzeptanz, Rücksichtnahme, Hilfsbereitschaft und Ästhetik zu tun. Wie das Wort „Formen" schon sagt, handelt es sich meistens nicht um starre Vorschriften, denn etwas, das sich formen lässt, ist immer weich und biegsam. Umgangsformen sollten auch immer glaubwürdig erscheinen. Es ist daher ganz besonders wichtig, dass Sie Ihre eigene Identität bewahren. Vorteilhaft ist es für Sie, wenn Sie die für die jeweilige Situation passenden Umgangsformen anwenden. Darauf komme ich später.

... haben doppelte Berechtigung

Umgangsformen geben jeder zwischenmenschlichen Begegnung ein sicheres Fundament. Wenn Sie auf einen Indianerstamm am Amazonas treffen, müssen Sie dessen Regeln kennen. Tun Sie das nicht, kann das unter Umständen böse Folgen für Sie haben. Doch auch wenn Sie in Ihrem Berufsleben verschiedenen Menschen in unterschiedlichen Situationen begegnen, ist es günstig, die jeweils geltenden Spielregeln zu kennen und zu beachten.

Der erste Eindruck ist vor allem im Business sehr wichtig. Wer daher Umgangsformen souverän, also nicht schematisch anwendet, hat beim ersten Eindruck schon gepunktet.

Demokratische Gesellschaften haben ebensolche Umgangsformen. Daher ist es vorteilhaft, wenn Sie die Spielregeln des jeweiligen Milieus, in dem Sie sich bewegen, kennen. Kennen Sie diese Regeln nicht, besteht die Gefahr, dass Sie sich „daneben benehmen" – bei alltäglichen Gelegenheiten genauso wie bei offiziellen Anlässen. Wer sich beim abendlichen Besuch der Pizzeria nebenan mit seiner Freundin genau so verhält wie beim Besuch im Vier-Hauben-Tempel, ist genauso daneben wie umgekehrt.

... sind demokratisch

Über den zeitgemäßen Umgang mit den Etiketten

Mit der Etikette ist es eine verzwickte Sache. Einerseits hat es den Anschein, dass der Umgang miteinander immer unkomplizierter, lockerer und einfacher wird. An diese Lockerheit gewöhnt man sich rasch, denn es ist einfacher, sich ohne Regeln und Vorschriften durchs Leben zu manövrieren. Andererseits gibt es viele Hinweise, dass diese Lockerheit in manchen Situationen doch nicht das Wahre ist. Scheele Blicke Ihrer Umgebung sowie Ihr eigenes Gefühl sagen Ihnen manchmal: „Hoppla, das könnte doch ein Fettnapf gewesen sein." Wie schön wäre es daher, wenn man sich an gewisse Regeln halten könnte. Und diese Regeln gibt es, man sollte sie nur kennen und wissen, bei welcher Gelegenheit man sie anwenden kann.

Von der Pflicht zur Kür

Stellen Sie sich Ihr Alltags- und Berufsleben wie eine Pyramide vor:

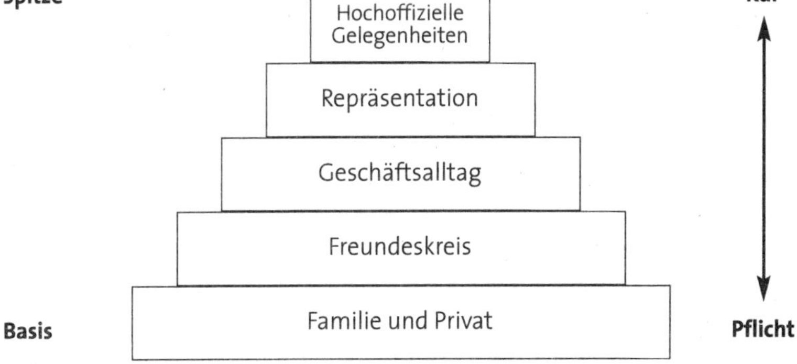

Familien- und Privatleben

Die Basis der Pyramide bildet das Familien- und Privatleben. Hier ist der Umgang mit der Etikette höchstwahrscheinlich kein Thema. Selbstverständlich werden Sie auch gegenüber Ihrer Familie oder Ihrem Partner höflich und rücksichtsvoll sein. Natürlich werden Sie auch im eigenen Heim ästhetisch essen und nicht schmatzen oder schlürfen. Sie pflegen Ihren Körper und laufen nicht in abgetragenen Klamotten herum. Ihr Anblick soll schließlich nicht nur für Ihre Umgebung, sondern auch für Sie selbst erfreulich sein.

Im Privatbereich kann es einigermaßen locker zugehen, dennoch ist es für Sie und Ihre Mitbewohner angenehm, wenn Sie das Pflichtprogramm der guten Umgangsformen anwenden.

Freundeskreis

Die zweite Stufe der Pyramide bildet der Freundes- und Bekanntenkreis. Egal, ob Sie sich in einer Privatwohnung, auf dem Sportplatz oder im Restaurant treffen, hier geht es zwar auch locker zu, aber manche Spielregeln der Etikette werden Sie hier sicher anwenden. Gepflegte Umgangsformen, wie z.B. eine Tür zu öffnen, weiblichen Bekannten in den Mantel helfen, eine korrekte Bekleidung, sind hier schon mehr Thema als im Privatbereich.

Geschäftlicher Alltag

Die dritte Stufe der Pyramide ist der geschäftliche Alltag, bei dem ein umsichtiges Agieren schon anzuraten ist. Das Zusammensein mit Kollegen wird anders verlaufen als mit Vorgesetzten. Während der Umgang mit Gleichgestellten eher jenem mit dem Freundeskreis entspricht, erfordert die Begegnung mit Vorgesetzten vielleicht schon manchmal etikettemäßiges Auftreten. Rangordnungen spielen hier eine Rolle, Anreden und Titel werden beachtet. Sie werden Kunden und Gäste in Ihrem Büro empfangen und auch dabei von Ihrer Kenntnis der Umgangsformen profitieren können und die eine oder andere Regel anwenden.

Repräsentation

Die vierte Stufe der Pyramide stellt die Repräsentation im Berufs- und im Privatleben dar, das heißt, Gäste empfangen oder selbst Gast sein. Zeitlich wird dieser Teil wahrscheinlich geringeren Raum einnehmen als andere Aufgaben. Aber hier sind Sie gut beraten, wenn Sie Etiketteregeln beherrschen, denn in diesem Bereich bieten sich viele Gelegenheiten, diese anzuwenden.

Hochoffizielle Gelegenheiten

An der Spitze der Pyramide stehen die hochoffiziellen Gelegenheiten im gesellschaftlichen Leben und im Beruf. Veranstaltungen mit offiziellem Charakter sind z.B. große Bälle, Ehrungen oder Ordensverleihungen, ebenso der Besuch von exklusiven Restaurants. In diesen, wahrscheinlich selten vorkommenden Situationen, können Sie mit allen Regeln der hohen Etikette so richtig brillieren. In der großen Kür können Sie zeigen, was Sie so alles beherrschen: Der Applaus des Publikums ist Ihnen gewiss. Von der Berücksichtigung von Rangordnungen schon bei der Vorstellung über die Befolgung von Etiketteregeln beim großen Diner bis zur Einhaltung des offiziellen Protokolls bei Tischordnung und Tischreden – hier ist Gelegenheit für die ganz große Kür.

Die wichtigsten Regeln

- Denken Sie immer daran, dass Ihre Umgangsformen den Stil des Unternehmens spiegeln und umgekehrt.
- Machen Sie sich bewusst, dass Kenntnis und gelebte Umgangsformen ein Wettbewerbsvorteil für Sie und Ihre Firma ist.
- Halten Sie sich vor Augen, dass Sie sich auf wesentliche Dinge konzentrieren können, wenn Sie nicht dauernd nachdenken müssen, wie Sie sich benehmen sollen.
- Die Branche, in der Sie arbeiten, Ihre Stellung im Unternehmen sowie der Personenkreis, mit dem Sie üblicherweise zu tun haben, ist ein Maßstab für Ihre Umgangsformen.
- Achten Sie auf die Spielregeln des jeweiligen Milieus, in dem Sie sich bewegen, und passen Sie sich an.
- Machen Sie sich bewusst, dass unterschiedliche Situationen sowohl im Privat- als auch im Berufsleben unterschiedliche Umgangsformen erfordern.
- Die hohe Etikette wird nur bei hochoffiziellen Gelegenheiten angewandt.
- Leben Sie gute Umgangsformen bewusst, aber bleiben Sie trotzdem authentisch.

Kleider-Knigge:
Dressed for Success

Der Stellenwert von Äußerlichkeiten

Umfrageergebnisse beweisen es

Das Erscheinungsbild der Mitarbeiter eines Unternehmens ist ebenso wie das Firmenlogo oder die Ausstattung der Geschäftslokale ein wesentlicher Verkaufsfaktor. Vom korrekten, d.h. passenden Outfit des Mitarbeiters kann auf die Qualität und die Effizienz eines Unternehmens geschlossen werden.

Es gibt eine Menge Untersuchungen, welche die Bedeutung der äußeren Erscheinung von Menschen dokumentieren. In einer amerikanischen Studie wurde erhoben, dass die Wirkung, die wir aufeinander ausüben, zu 55 Prozent davon abhängt, wie wir aussehen und uns verhalten, zu 38 Prozent davon, wie wir sprechen, und nur zu sieben Prozent von dem, was wir sagen.

Eine weitere Studie hat Gespräche mit 320 Top-Unternehmern in Großbritannien analysiert. 90 Prozent der Arbeitgeber gaben bei Einstellungsgesprächen Vorurteile gegenüber Menschen zu, die unattraktiv oder nachlässig gekleidet sind. Besonders schlecht beurteilt wurden ausgelatschte oder ungepflegte Schuhe.

Eine Umfrage bei Führungskräften in deutschen Großunternehmen ergab, dass über 90 Prozent aller befragten Marketing- oder Personalchefs überzeugt waren, dass ihre Mitarbeiter erfolgreicher sein könnten, wenn sie sich anders kleiden würden. Über 80 Prozent gaben zu, dass sie sich bei einem Bewerbungsgespräch durch eine bunt gemusterte Krawatte negativ beeinflussen lassen.

Die ersten Sekunden entscheiden

Psychologen wissen, dass der erste Eindruck, den sich ein Mensch von Ihnen macht, innerhalb von sieben Sekunden entsteht. Innerhalb dieser kurzen Zeit macht sich Ihr Gegenüber ein Bild darüber, ob Sie sympathisch oder unsympathisch, kompetent oder inkompetent, selbstbewusst oder schüchtern sind.

Dabei wird Ihre Gesamterscheinung und Ihre Ausstrahlung beurteilt. Die entscheidenden Signale sind Figur, Körpergröße, Frisur, Farbe und Stil Ihrer Kleidung sowie Körpersprache und Stimme. Diese verschiedenen Eindrücke werden blitzschnell zu einem Gesamtbild zusammenfügt. Natürlich ist das immer eine subjektive Wahrnehmung und wird meist mit dem Bild, das Sie von sich selbst haben oder haben wollen, nicht oder nicht vollständig übereinstimmen.

Erster Eindruck...

Nehmen wir einmal an, Sie werden, z.B. bei einem Abendempfang Ihres Unternehmens, einem potentiellen Kunden vorgestellt. Dieser Kontakt dauert nur wenige Sekunden und Sie haben lediglich die Chance für ein paar unverbindliche Worte. Im Laufe des Abends bemühen Sie sich um ein ausführlicheres Gespräch. Da diese Idee auch andere Mitbewerber haben, die Zeit also knapp ist, ist Ihre Chance davon abhängig, welchen ersten Eindruck Ihr Gegenüber von Ihnen hatte. Je positiver die Erinnerung an Sie, desto leichter wird es für Sie sein, an ihn heranzukommen und ein gutes Gespräch zu führen.

Ein Bild vervollständigt sich

Je besser wir einen Menschen kennen, desto umfassender nehmen wir ihn als Gesamtperson wahr. Bei weiteren Kontakten fügen wir dem ersten Eindruck weitere Wahrnehmungen hinzu. Wir lernen unser Gegenüber besser kennen und, ähnlich einem Mosaik, ergibt sich letztendlich das Gesamtbild einer Person, das sich freilich vom ursprünglichen Eindruck abheben kann.

Wer kennt nicht Situationen, in denen sich ein anfänglich scheues Mäuschen oder ein scheuer Mäuserich in einer Gesellschaft als hoch interessante Gesprächspartner mit einem schillernden Leben entpuppt, das man ihm aufgrund des ersten Eindrucks nie zugetraut hätte.

...manchmal entscheidend

Deshalb soll die Bedeutung des ersten Eindrucks nicht überbewertet werden. Bei näherem Kennenlernen eines Menschen ist es durchaus möglich, ein Ersturteil zu revidieren. Dennoch sollten wir uns darüber im Klaren sein, dass es Situationen gibt, in denen ein positiver erster Eindruck entscheidend und Weichen stellend für zukünftige Chancen ist.

Ein besseres Image durch die richtige Kleidung

Ein wesentliches Gestaltungselement für Ihre eigene Persönlichkeit ist die Kleidung. Sie haben es selbst in der Hand, Ihr Image mit Hilfe gut gewählter Kleidung zu gestalten und zu verbessern. Es geht dabei nicht nur darum „gut auszusehen", es geht vor allem darum, dass Sie an Kraft und Ausstrahlung gewinnen. Dabei kann es passieren, dass sich Ihr Fühlen, Denken und Verhalten mit einem geänderten äußeren Erscheinungsbild ebenfalls ändert. Weil Sie mit sich selbst zufriedener sind und dadurch an Selbstbewusstsein gewinnen.

Verpackung und Inhalt müssen identisch sein

Es ist vorteilhaft, wenn ein Image authentisch und nicht nur Fassade ist. Die Verpackung, das heißt in unserem Fall die Kleidung, soll immer mit den inneren Werten und Fähigkeiten eines Menschen im Einklang stehen. Wenn Ihre Persönlichkeit sich in Ihrer Kleidung widerspiegelt, ergibt Ihre Innen- und Ihre Außensicht ein kongruentes Bild. Das macht Sie glaubwürdig.

Keine Mogelpackung

Denken Sie einmal daran, wie wichtig es ist, ein Geschenk hübsch zu verpacken. Die schönste Gabe verliert an Wert, wenn sie nicht mit Liebe verpackt ist. Allerdings sollte diese Verpackung zum Geschenk passen. Man wird ein kleines Mitbringsel nicht in einer prachtvollen Kassette überreichen und umgekehrt z.B. ein wertvolles Schmuckstück nicht in einem Plastiksack. Kleidung ist nichts anderes als Verpackung. Mogelpackungen werden meist ziemlich rasch als solche erkannt.

Eine gekonnte und liebevolle Verpackung unterstreicht, genauso wie bei einem Geschenk, den Wert und den Ausdruck Ihrer Person.

Wie wollen Sie erscheinen?

Vielleicht haben Sie schon den Wunsch gehabt, Ihr Erscheinungsbild in einigen Details zu korrigieren. Sie haben selbst die Möglichkeit, gewisse Eigenschaften zu betonen und andere, die Ihnen an sich selbst nicht so gut gefallen, abzuschwächen. Sie können an Ihrem Äußeren ganz bewusst arbeiten, bis es dem Image, das Sie haben wollen, entspricht. Eine Imageveränderung ist ein langer Prozess, eine Imagekorrektur jedoch ist leicht möglich. Lohn dafür ist ein besseres Selbstwertgefühl und damit eine bessere persönliche Ausstrahlung, was wiederum entscheidend dafür ist, wie Sie ankommen.

Wie werden Sie von anderen gesehen?

Nehmen andere Personen Sie so wahr, wie Sie erscheinen wollen? Fragen Sie Ihre Partner, Freunde und Verwandte, wie sie Ihre optische Erscheinung einschätzen. Am besten ist natürlich die Beurteilung einer Person, die Sie nicht so gut kennt. Gibt es große Unterschiede zwischen dem Bild, das sich andere von Ihnen machen, und jenem, das Sie selbst von sich haben, sollten Sie an Ihrem Image feilen.

Wir alle bewegen uns in engen Grenzen eigener Unzulänglichkeiten, selten ist man mit seinem eigenen Spiegelbild hundertprozentig zufrieden. Wir alle haben Gewohnheiten und sind vom Elternhaus und von der Umwelt geprägt. Meistens sind wir in Zeitnot, noch dazu werden wir durch die sich ständig ändernde Mode verunsichert. Gerade wegen der Fülle des Angebotes ist es besonders schwer, das richtige Kleidungsstück aus dem Wust von Angeboten herauszufischen.

Kleidung als Visitenkarte der Persönlichkeit

Beantworten Sie bitte nachstehende Fragen, in denen Situationen und Haltungen angesprochen werden, die Ihnen wahrscheinlich vertraut sind. Ihre Antworten werden Ihnen zeigen, wie sicher Sie in Ihrer Persönlichkeit ruhen und wie zufrieden Sie mit Ihrem Äußeren sind.

	Ja	Nein
▷ Interessiert Sie Kleidung grundsätzlich nicht?	☐	☐
▷ Schauen Sie manchmal in den Spiegel und finden sich unattraktiv und abgespannt? Besonders nach einem langen Arbeitstag?	☐	☐
▷ Haben Sie Schwierigkeiten, mit Ihrer Kleidung Ihre Persönlichkeit zu repräsentieren?	☐	☐
▷ Glauben Sie, dass man Sie erst eine Weile kennen muss, bevor man Ihre wahren Werte sieht?	☐	☐
▷ Geraten Sie in Stress, wenn Sie ein Kleidungsstück für eine „besondere Gelegenheit“ einkaufen müssen?	☐	☐

- Delegieren Sie den Kleidungskauf an andere Personen? ☐ ☐
- Befolgen Sie immer die neuesten Modetrends und tragen Sie Modefarben, weil sie gerade „in" sind? ☐ ☐
- Gibt es manchmal Situationen, in denen sich „over-" oder „underdressed" fühlen? ☐ ☐

Wenn Sie mehrere dieser Fragen bejahen, ist anzunehmen, dass Sie sich Ihrer Persönlichkeit nicht so ganz sicher sind und vor allem nicht genau wissen, wie sie durch entsprechende Kleidung unterstrichen werden kann. Ihr Ziel sollte es sein, zu lernen, was Ihnen wirklich gut steht, welche Schnitte und Stoffe für Ihre Figur geeignet sind, welche Farben zu Ihnen passen und welche Erwartungen man im Berufsleben in Bezug auf Ihr Äußeres an Sie stellt.

Begeben Sie sich in die Hände eines erfahrenen Stylingberaters, die finanzielle Ausgabe dafür macht sich in kurzer Zeit bezahlt.

Kleidung als Botschaft

Kumpel oder Autoritätsperson

Durch die Auswahl unserer Kleidung setzen wir Signale. Nehmen wir einmal an, Sie haben als Vorgesetzter ein Kritikgespräch mit einem Mitarbeiter zu führen. Wenn Sie ihm im offenen Hemd ohne Sakko gegenüber treten, setzen Sie damit ein Signal der Lockerheit. Sie geben sich eher kumpelhaft. Wenn Sie ihn im geschlossenen Anzug mit Krawatte empfangen, dann signalisieren Sie eher, dass der Anlass ernst und bedeutend ist. Sie strahlen Autorität aus.

Beispiel Politik

Es war sicherlich kein Zufall, dass Al Gore am Beginn seiner Antrittsrede als amerikanischer Präsidentschaftskandidat der Demokraten demonstrativ sein Sakko ablegte. Es ist nicht anzunehmen, dass ihm zu heiß war, denn sicher befand er sich in einer klimatisierten Halle. Seine Geste konnte nur eines bedeuten: Ich bin nicht der steife, langweilige, intellektuelle Mensch, für den Ihr mich haltet, ich bin locker, jovial und umgänglich. Eine kleine Geste nur, aber sicherlich ganz bewusst gesetzt.

Ebenso war es wahrscheinlich kein Zufall, dass der damalige Vorsitzende der Freiheitlichen Partei Österreichs, Jörg Haider, nach den österreichischen Wahlen im Jahr 1999 bei seinem Antrittsbesuch beim österreichischen Bundespräsidenten in der Wiener Hofburg ohne Krawatte und in Lederjacke erschienen ist. Ein kleines Signal der geringen Wertschätzung und der Missachtung vielleicht? Ein Zeichen von maßloser Überheblichkeit und Ignoranz? Wir wissen es nicht, aber Zufall war die Adjustierung sicherlich nicht.

Auch Sie können Ihre Kleidung zur Unterstreichung von persönlichen Botschaften verwenden.

Präsenzverstärker

Farben und Materialien eignen sich gut dazu, die eigene Kompetenz zu unterstreichen bzw. hervorzuheben.

Kontraste

Starke Kontraste wirken kompetenter als Ton-in-Ton-Kombinationen. Für wichtige Verhandlungen oder Vorstellungsgespräche ist z.B. eine helle Bluse oder ein helles Hemd in Kombination mit einem dunklen Anzug

oder Kostüm besser geeignet als Kleidung in ähnlichen Farbnuancen. Besonders kompetent wirkt die Kombination von Schwarz und Weiß. Voraussetzung ist natürlich, dass diese Art von Farbzusammenstellung zu Ihrem Typ passt.

Farben Dunkle und kräftige Farben schaffen größere Präsenz als helle Farben und Pastelltöne. Klare, harte und leuchtende Farben vermitteln auch Power – sofern sie demjenigen passen, der sie trägt.
Erdtöne, wie z.B. Braun, Khaki oder Schlamm, machen seinen Träger unauffälliger und angepasster als z.B. dunkles Blau, dunkles Grau oder Schwarz. (Siehe dazu auch den Abschnitt „Die Bedeutung von Farben", Seite 48.)

Stoffe Glatte, eng gewirkte Materialien wirken kompetenter als strukturierte Web- oder Strickstoffe. Glänzende oder changierende Materialien schaffen mehr Dominanz als matte Stoffe.

Haltung Neben Farben und Materialien kann man durch den gezielten Einsatz von Körperhaltung, Gestik und Mimik viel dazu beitragen, die eigene Präsenz zu verstärken.

Die Körperhaltung ist ein deutliches Signal an die Umwelt. Die Art und Weise, wie jemand geht, steht oder sitzt, lässt Schlüsse auf seinen Charakter und seine Sicherheit zu. Zeigen Sie daher Ihre Selbstsicherheit auch durch eine aufrechte Haltung im Stehen und durch feste Schritte. Sitzen Sie gerade und kauern Sie nicht auf der Stuhlkante – das wird immer als Unsicherheit und mangelndes Selbstwertgefühl gewertet.

Gestik Hände und Arme betonen und unterstreichen unsere Worte. Der Inhalt jeder Rede wird durch die Sprache der Hände und der Arme vertieft und verstärkt. Menschen, die auch mit ihren Händen reden, wirken kraftvoller als solche, die nur die Sprache dafür benutzen. Natürlich ist das auch eine Frage des Temperaments, doch Sie sollten sich im Klaren sein, dass Sie Ihre Gestik ganz gezielt zur Unterstreichung Ihrer Präsenz verwenden können. Es gibt genügend Rhetorikkurse, in denen man auch das lernt.

Mimik Das Gesicht spiegelt ganz deutlich die Gefühle eines Menschen wider. Dabei sind die Augen der zentrale Punkt jeder menschlichen Kommunikation. Ein fester Blick in die Augen des Gegenübers zeigt, dass man selbstsicher ist. Ein Mund, der sich beim Reden stark bewegt, wirkt kraftvoller als einer, der sich kaum öffnet. Der beste Inhalt kann daher durch eine kraftlose Darbietung an Qualität verlieren.

Dresscode – was ist das?

Eine Anweisung oder Empfehlung, wie man sich im Berufsleben zu kleiden hat, wird als Dresscode bezeichnet. Aus England kommend, wurde diese Art von Etikette von den USA übernommen. Die Unternehmen der amerikanischen Ostküste gelten auch heute noch als Vorreiter für international gültige Dresscodes. Alle Entwicklungen und Veränderungen werden nicht nur von Europa, sondern weltweit mit einer bestimmten Zeitverzögerung übernommen. Sie gelten als Richtlinie, wie sich Führungskräfte zu kleiden haben.

Regeln machen es einfach

Wenn es innerhalb von Firmen Regeln gibt, weiß man wenigstens, wonach man sich zu richten hat. Das macht die Qual der Wahl vor dem Kleiderschrank ziemlich einfach.

Geschäftsleitungen haben das Recht, Einfluss auf die Bekleidung ihrer Mitarbeiter zu nehmen. Das kann zwingend sein, wie z.B. die Uniformen bei Fluglinien, aber auch nur eine Empfehlung, wie z.B. schwarzer Rock oder schwarze Hose und weiße Bluse bzw. weißes Hemd im Gastgewerbe. Eine Missachtung dieses Gebots kann als Dienstverstoß gewertet werden. Ein Kellner kann zum Smoking verpflichtet werden, eine Verkäuferin zum Tragen eines bestimmten Outfits.

Branchenbezogene Standards

Firmenleitungen haben auch das Recht, das Erscheinungsbild ihrer Mitarbeiter zu beeinflussen und bestimmte Standards festzulegen, die sowohl außer- als auch innerbetrieblich Geltung haben können. „Sozial anerkannte“ Kleidungsstücke, wie Miniröcke und Hosen bei Frauen, wird der Arbeitgeber kaum verbieten können. Doch ein Verbot von „extremen Miniröcken“ oder kurzen Hosen ist z.B. im Kundenverkehr durchaus zulässig. So gibt es z.B. eine Bestätigung eines Urteils durch den Obersten Gerichtshof über die Entlassung eines Bankangestellten. Dieser trug statt einer Krawatte eine massive Goldkette und weigerte sich – gegen die Anweisung der Firmenleitung –, diese Kette im Kundenverkehr abzulegen.

Und wenn es keine Vorschriften gibt?

Es gibt keine allgemein gültigen Standards für Kleiderordnungen in Betrieben, denn jede Branche hat ihren eigenen Stil. Meistens entwickelt sich dieser von selbst, bis er für die ganze Branche als Standard empfunden wird, und wird nicht verordnet. Die Anpassung an den jeweils gültigen Dresscode einer Firma erfordert ziemliches Feingefühl. Wenn Sie die Usancen innerhalb einer Firma akzeptieren, akzeptieren Sie gleichzeitig deren Unternehmenskultur.

Die Branche bestimmt Ihr Outfit

Um einen ersten Anhaltspunkt zu bekommen, was für Sie die richtige Kleidung ist, beantworten Sie bitte ein paar Fragen für sich:

- In welcher Branche arbeiten Sie?
- Ist es eine traditionelle Firma oder gehört sie zur „New Economy“?
- Gibt es große Altersunterschiede zwischen den Mitarbeitern und den Führungskräften oder gehören alle derselben Generation an?
- Ist Ihre Firma ein Produktionsbetrieb und was wird erzeugt?

- Handelt es sich um ein Dienstleistungsunternehmen?
- Sind Sie im Kundenverkehr tätig oder arbeiten Sie im Back Office?
- Welches Produkt verkaufen Sie?
- Üben Sie eine Beratungstätigkeit aus?
- Haben Sie eine Führungsfunktion?
- Gibt es innerhalb Ihrer Firma große Unterschiede in der Tätigkeit von Mitarbeitern?
- Ist Ihre Firma regional tätig oder international?
- Arbeiten Sie in einer Kleinstadt, im ländlichen Umfeld oder in einer Großstadt?

Ein paar Regeln

- Beachten Sie folgende Kriterien bei der Auswahl der Geschäftskleidung: das Unternehmen, das Sie repräsentieren, Ihr persönliches Erscheinungsbild und verschiedene Anlässe.
- Orientieren Sie sich an dem Produkt, das Sie verkaufen. Wenn Sie Luxus verkaufen, dann kann das durch eine entsprechende Kleidung betont werden, d.h. Ihr Outfit kann ebenfalls luxuriös wirken. Wenn Sie Mode verkaufen, dann ist es angebracht, dass Sie über die aktuellen Modetrends Bescheid wissen und diese auch selbst tragen. Ein Werbedesigner verkauft sich selbst am besten durch Kreativität und Trends. Das soll sich in der Kleidung widerspiegeln.
- Die Art der Tätigkeit innerhalb einer Firma bestimmt ebenfalls Ihr Outfit. Arbeiten Sie z.B. in der Medienbranche, dann macht es einen Unterschied, ob Sie in der Sportredaktion, in der innenpolitischen Berichterstattung oder in der Jugendredaktion tätig sind.
- Wenn Sie eine Beratungstätigkeit ausüben, wird man von Ihnen Kompetenz und Seriosität erwarten. Wirtschaftstreuhänder, Mitarbeiter von Consulting-Unternehmen, Bankangestellte etc. sollen diese Kompetenz auch in ihrer Kleidung ausdrücken. Sie unterstreichen durch formelle Kleidung die Seriosität Ihrer Beratung und Ihrer Firma.
- Wenn Sie eine Führungskraft in einem Produktionsbetrieb sind, wird es nicht angebracht sein, dass Sie im blauen Nadelstreif mit Silberkrawatte durch die Produktionshallen gehen. Hier kann die Kleidung durchaus etwas legerer sein, um die Unterschiede zwischen Führungskräften und Mitarbeitern innerhalb einer Abteilung nicht zu stark hervorzuheben.

- Je größer und je internationaler ein Unternehmen, desto formeller ist die Bekleidung der Führungskräfte.
- Führungskräfte und Mitarbeiter im Kundenverkehr sind grundsätzlich formeller gekleidet als jene im Back Office.
- Mitarbeiter mit Repräsentationspflichten sind formeller gekleidet als Kollegen, die solche Pflichten nicht wahrnehmen müssen.
- Je höher Ihre Position im Unternehmen, desto eher werden Sie in der Öffentlichkeit – auch in der Freizeit – beobachtet. Fehler sind kaum erlaubt, Sie sind fast immer „on duty" und sollten sich entsprechend kleiden.
- Je kleinstädtischer das Milieu, desto eher werden Sie auch in der Freizeit beobachtet. Das heißt: besonders korrekte Bekleidung auch im Privatbereich.

Die klassische Business-Kleidung

Führungskräfte in aller Welt tragen formelle Business-Kleidung, für die es klare Richtlinien gibt. Diese klassischen Regeln sollten Sie kennen und sich daran orientieren. Denn die richtige und passende Kleidung ist ein wesentlicher Baustein für den Erfolg im Berufsleben.

Konventionelle Business-Kleidung für die Karrierefrau

Die Frau in Führungsposition trägt selbstbewusste, feminine Kleidung. Sie soll der Trägerin Attraktivität und Kompetenz verleihen. Sie muss dem jeweiligen Anlass entsprechen, ihrer Persönlichkeit angepasst sein und auf ihr Alter sowie ihre Figur Rücksicht nehmen.

So kleidet sich die Karrierefrau

- Sie trägt ein Kostüm, einen Hosenanzug oder ein dezentes Kleid.
- Die Materialien sind qualitativ hochwertig und knittern nicht.
- Sie trennt Sommer- und Wintermaterialien.
- Sie trägt geschlossene Schuhe, bei besonders heißen Temperaturen ist maximal Fersenfreiheit erlaubt.
- Sie trägt immer Strümpfe.

- Ihre Accessoires (wie Uhren, Taschen, Gürtel, Tücher) sind von hoher Qualität.

Was sonst noch wichtig ist

- Die Brille passt zu ihren Gesichtszügen.
- Der Schmuck ist sorgfältig ausgewählt. Er muss nicht echt sein. Wichtig ist, dass er typenbezogen zur Trägerin passt.
- Ihre Haare sind gepflegt und sie trägt eine passende Frisur. Kurze bzw. aufgesteckte Haare wirken kompetenter als lang wallende Mähnen. Das gilt besonders im fortgeschrittenen Alter.
- Sie trägt ein korrektes und nicht übertriebenes Make-up.
- Ihre Fingernägel sind gepflegt und eventuell lackiert.
- Ihre Füße sind gepflegt. Die Beine sowie die Achseln sind enthaart.
- Bei entsprechender Oberweite trägt sie einen BH.
- Parfüm darf während des Tages nur in unmittelbarer Nähe (d.h. bis auf 50 cm Distanz) zu merken sein.
- Sonstiges Zubehör wie Schreibgeräte, Terminkalender etc. sind hochwertig.
- Sie benützt ein Stofftaschentuch. Papiertaschentücher sind nur bei Schnupfen erlaubt.

Absolute No no's

- Alles Schrille und Protzige
- Extreme Miniröcke, große Dekolletés, Spagettiträger
- Erotische Signale wie durchsichtige oder aufreizende Kleidung
- Groß gemusterte Strümpfe, unbestrumpfte und unrasierte Beine, Laufmaschen
- Tagsüber Lurex und Stretchgürtel
- Leggins oder Hosenröcke
- Ungeputzte oder abgetretene Schuhe, Stilettos, Sandalen oder extreme Plateaus
- Lange und wallende Mähnen
- Designerkopien von Uhren, Seidenschals und Handtaschen
- Sichtbare Piercings oder Tattoos

Persönliche Tipps

Die konventionelle Business-Kleidung für Frauen in Führungspositionen legt ziemlich strenge Regeln fest. Nur klassische Schönheiten sehen in solch einer schlichten Miss-Moneypenny-Kleidung wirklich attraktiv aus. Ein etwas dramatischerer Typ aber kann meiner Meinung nach auch im Geschäftsleben etwas mutiger angezogen sein. Natürlich müssen die Grenzen des guten Geschmacks immer eingehalten werden.

Typenbezogene Accessoires

Welche Accessoires man wählen sollte, hängt besonders vom Typ ab. Während manche Frauen wirklich nur sehr wenig Schmuck vertragen oder schon mit dezenten Perlenclips sehr nobel wirken, gibt es Frauen, die Auffälligeres tragen können, ohne deshalb aufdringlich zu wirken. Ich rate daher jeder Frau, zu ihrem Typ zu stehen und das persönlich passende Outfit daran zu orientieren.

Bedeckte Beine machen frei

Grundsätzlich glaube ich, dass sich Frauen in Hosenanzügen oder langen Röcken besser und unverkrampfter bewegen können als in kurzen Röcken. Denken Sie nur an Meetings, bei denen sich die Beteiligten an U-Tafeln gegenübersitzen. Ihre Aufmerksamkeit soll sich auf den Inhalt der Besprechung konzentrieren und nicht darauf, wie Sie Ihre Beine stundenlang elegant übereinanderschlagen, oder so eng zusammenstellen, dass dem Gegenüber ein Einblick verwehrt wird. Das gilt im Besonderen auch dann, wenn man auf einem Podium sitzt.

Strümpfe bei 30 Grad?

Ich teile auch nicht die Meinung, dass Frauen bei größter Hitze Strümpfe tragen müssen. Diese Regel kommt vermutlich aus den amerikanischen Konzernzentralen, wo selbst bei größter Sommerhitze die Temperatur in den Büros kaum über 20 Grad beträgt. Da bei uns Klimaanlagen nicht ganz so üblich sind, halte ich ein gepflegtes, sonnengebräuntes, enthaartes Bein in einem eleganten, fersenfreien Schuh bei großer Sommerhitze im Büroalltag für durchaus akzeptabel. Außer natürlich bei besonders formellen Gelegenheiten.

Stellen Sie sich einfach vor einen großen Spiegel und betrachten Sie kritisch bei Tageslicht Ihre Beine (und Kniekehlen) von allen Seiten. Sie sehen selbst am besten, was Sie von sich preisgeben wollen.

Nur vom Designer?

Sie müssen sich nicht unbedingt ausschließlich in teuren Designer-Klamotten präsentieren. Tragen Sie keinesfalls Labels, die sichtbar sind. Mischen Sie ruhig edle Basisstücke mit No-Names, teure mit preiswerterer Kleidung. Bei Schuhen und Taschen allerdings sollten Sie auf Markenware zurückgreifen. Billiges erkennt man hier sofort.

Sie sind gut im Beruf gekleidet, wenn Sie im jeweiligen Umfeld nicht zu sehr auffallen, aber trotzdem Ihre Persönlichkeit zum Ausdruck bringen.

Konventionelle Business-Kleidung für den Karrieremann

Führungskräfte bevorzugen international einen ähnlichen Stil. Sie tragen formelle, eher konservative Kleidung, die man international als „business suit" bezeichnen. Die richtige Kleidung wird als ein wesentlicher Baustein für den Erfolg gesehen. Man kann überall damit auftreten und wird allerorten akzeptiert und anerkannt sein.

Der Mann in Führungsposition trägt

- Einen einfarbigen, eher dunklen Anzug mit oder ohne Weste oder eine Kombination, bestehend aus Hose und Jackett, in dezenten Farben.
- Ein Oberhemd mit Kragen und langen Ärmeln.
- Eine qualitativ hochwertige Krawatte mit dezenter Musterung.
- Dunkle Schnürschuhe, passend zum Anzug.
- Dunkle, nicht gemusterte Socken aus Baumwolle, Wolle oder Seide, möglichst Kniestrümpfe.

Was sonst noch wichtig ist

- ▷ Die Sakkoärmel reichen bis zum Daumenansatz.
- ▷ Die Hemdsärmel sind um ca. einen Zentimeter länger als die Sakkoärmel.
- ▷ Der Hemdkragen ist hinten ca. einen Zentimeter höher als der Sakkokragen.
- ▷ Die Hose hat die richtige Länge und reicht hinten bis zum Absatzbeginn.
- ▷ Die Bügelfalten sind exakt, die Hose hat keine Sitzfalten.
- ▷ Die Krawattenspitze endet beim Hosenbund.
- ▷ Der Krawattenknoten passt in der Größe zum Hemdkragen.
- ▷ Als Schmuck trägt er maximal zwei Ringe, wovon einer der Ehering sein kann.
- ▷ Krawattennadel und Manschettenknöpfe sind erlaubt, aber kein Muss.
- ▷ Er trägt ein Stofftaschentuch bei sich.
- ▷ Einstecktücher sind der Mode unterworfen und werden derzeit nicht getragen. Jedenfalls unterscheiden sie sich im Muster von der Krawatte.

Der gepflegte Eindruck

- ▷ Sein Äußeres ist gepflegt, er benutzt Deodorants und Cremes.
- ▷ Er hat gepflegte Hände und Fingernägel.
- ▷ Er trägt einen Hauch Eau de Toilette, den man nur aus nächster Nähe merkt.
- ▷ Seine Haare sind gewaschen, sein Nacken ist rasiert.
- ▷ Aus Nasenlöchern und Ohrmuscheln ragen keine Haarbüschel.
- ▷ Ein eventuell vorhandener Bart ist gepflegt.

Absolute No no's

- ▷ Tennisschuhe, Sandalen, Mokassins, Schuhe mit dicken Kreppsohlen, Plateauschuhe, Todds ohne Strümpfe (auch wenn das derzeit modern ist).
- ▷ Ungeputzte und abgetretene Schuhe.
- ▷ Weiße Socken und Socken mit Muster.
- ▷ Sichtbare nackte, behaarte Beine.

- Krawatten mit grellen Mustern oder Comic-Figuren, schmale Lederkrawatten, Schleifen, gebundene Seidenschals als Krawattenersatz.
- Auffallende Sport- oder Taucheruhren zum Geschäftsanzug.
- Fakes von teuren Uhren oder Designer-Shirts.
- Handtaschen.
- Ohrringe, Ohrstecker, Nasenflügelbrillanten, sichtbar getragene Goldketten, Armbänder.
- Sichtbare Piercings oder Tattoos.
- Wolken von Parfüm oder Billig-Rasierwasser.
- Glatze mit darübergeklebter Haarsträhne, Toupets, wenn sie als solche erkennbar sind.
- Sichtbare Schuppen auf dunkler Kleidung.

Daran erkennt man qualitativ gute Männerkleidung

Das Hemd

Ein gut gearbeitetes Hemd erkennt man am exakten Musterverlauf, es hat mit kleinen Stichen gesteppte Kappnähte. Die Knöpfe sind aus Perlmutt und mit der Hand angenäht, über der Manschette befindet sich ein kleiner Zusatzknopf. Der Übergang vom Ärmel zur Manschette ist mehrfach gefältelt. Das Hemd ist genügend lang, um nicht aus der Hose zu rutschen!

In der heutigen Form gibt es das Hemd erst seit Ende des 19. Jahrhunderts. Früher wurde es über den Kopf gezogen und war Teil der Unterwäsche. Daher gilt es auch heute in konservativen Kreisen noch als stillos, wenn man in Gesellschaft sein Sakko ablegt, besonders in Anwesenheit von Damen.

Bis zum Ende des 19. Jahrhunderts war das weiße Hemd der Inbegriff der Vornehmheit, konnten es sich doch nur Adelige und reiche Leute leisten, es oft waschen zu lassen. Gestreifte Hemden kamen erst Ende des 19. Jahrhunderts auf und wurden nicht sofort als Geschäftskleidung akzeptiert: Es lag der Verdacht nahe, dass sie nicht immer ganz sauber waren.

Auch den heute üblichen Umlegekragen gibt es erst seit Ende des 19. Jahrhunderts. Früher waren die Kragen abnehmbar. Die heutige klassische Hemdform hat sich seit Mitte des vorigen Jahrhunderts kaum verändert. Ende der Sechzigerjahre ist die Brusttasche dazugekommen, nachdem die Anzugsweste immer weniger getragen wurde.

Die Krawatte

Die Krawatte ist ein Accessoire, das die Präsenz eines Mannes deutlich macht und seinen Geschmack verrät. Der Stoff soll aus gewebter Seide sein und muss sich angenehm anfühlen. Eine qualitativ hochwertige Krawatte besteht aus drei Teilen, die diagonal zugeschnitten sind. Die Innennaht sollte von Hand genäht sein. Angeblich soll es 188 Arten geben, eine Krawatte zu binden.

Vorläufer der Krawatte sind die Halstücher, die seit Mitte des 17. Jahrhunderts Teil der Herrenbekleidung waren. Der erste Prototyp der heutigen Krawatte tauchte im Amerika des 18. Jahrhunderts auf. Diese so genannte „Bandanna" war ein großes gemustertes Tuch, das mehrfach um den Hals gewunden war und mit einer Schleife geschlossen wurde.

Um 1880 trugen immer mehr Herren im englischen Oxford die Clubkrawatte: das um den Hals geschlungene Band des Hutes. Diese Mode wurde begeistert aufgenommen. Seit den Zwanzigerjahren des 20. Jahrhunderts existiert die Krawatte in der heutigen Form.

Der Anzug

England, Italien und Frankreich sind führend in der qualitativ hochwertigen Männermode. Beim gut gekleideten Mann passen Schnitt, Farbe und Stoff des Anzugs zum Anlass, zur Tagszeit, zur Jahreszeit und zur jeweiligen Klimazone, in der er sich befindet.

Die Schultern sind nur wenig gepolstert, das Sakko reicht bis über den Po. Als Material werden Schurwolle, im Sommer als „Cool wool" bezeichnet, Cashmere, Seide, Mohair, Baumwolle und Baumwoll-Gemische empfohlen. Leinen gilt als Domäne der Designer-Konfektion und ist, weil es stark knittert, nur begrenzt für den geschäftlichen Gebrauch zu verwenden.

Bis Ende des 19. Jahrhunderts trug der bürgerliche Mann den Frack, den Gehrock oder den Cut. Hose und Oberteil waren aus verschiedenen Stoffen. Einheitliche Kombinationen wurden eher für weniger formelle Anlässe getragen. Erst Ende der Dreißigerjahre hat sich der Anzug als gängiges Kleidungsstück durchgesetzt.

Die Schuhe

Das Schuhwerk von Geschäftsleuten wird wahrlich „auf Schritt und Tritt" beobachtet. Der Preis und die Marke garantieren hier immer Qualität und Stil. Billigware ist besonders bei Schuhen schnell erkennbar.

Der Geschäftsmann trägt klassische Schuhe aus Leder mit Blatt- oder Derby-Schnürung. Bei der Blattschnürung werden die Flügel schnittbedingt näher zusammengebunden. Bei der Derby-Version bleibt ein größerer Abstand, was den Einstieg bequemer macht.

Der eleganteste Schuh ist der schwarze Oxford, der ideal für offizielle Anlässe und wichtige Geschäftstermine ist. In dunklem Braun eignet er sich auch für sportlichere Kombinationen. Der Budapester, ein Schuh mit Lochmuster, eignet sich auch für etwas legerere Kombinationen.

Auch legere Bürokleidung soll immer mit hochwertigen Schuhen kombiniert werden. Es ist empfehlenswert, bei Repräsentationspflichten und vor allem nach 18 Uhr immer nur schwarze Schuhe zu tragen.

Frischer Wind aus dem Westen

Veränderung durch „New Economy“

In den letzten Jahren hat sich eine starke Veränderung des traditionellen Dresscodes bemerkbar gemacht. Die lockeren Arbeitsgewohnheiten der „New Economy“ haben auch maßgeblich das Erscheinungsbild der Mitarbeiter verändert. Junge, kreative, geistig arbeitende Teams mit ungeregelten Arbeitszeiten und unkonventionellen Arbeitsmethoden haben ihren eigenen Dresscode geschaffen. Anzug und Krawatte sind dort auch bei Führungskräften nicht mehr zu sehen, Polos und Jeans ersetzen die traditionelle Arbeitskleidung wie Anzug und Krawatte oder Kostüm.

Legerer Auftakt ins Wochenende

Ausgehend von der „neuen Lockerheit der New Economy" haben auch traditionelle amerikanische Firmen begonnen, ihren formellen Kleiderkodex aufzuweichen. Firmen, die bisher großen Wert auf konservative Kleidung legten, lockerten die Kleidervorschriften für ihre Angestellten am letzten Arbeitstag der Woche. Am „Casual Friday" war es gestattet, in einer Mischung aus Freizeitkleidung und klassischem Outfit am Arbeitsplatz zu erscheinen.

Die neue Lockerheit gefällt

Immer mehr Menschen fanden Gefallen an der neuen Lockerheit. Auch konservative Branchen schlossen sich dem Trend an. Kürzlich hat z.B. Arthur Andersen, die weltweit größte Beratungsfirma und bis dato ein Vorbild für konservativ gekleidete Mitarbeiter, den Dresscode für seine Londoner Angestellten gelockert.

Oldies...

Der legere Auftritt gefällt anscheinend auch der älteren Generation. Denn wie sonst wäre es möglich, dass der 60-jährige Chef von Time Warner mit offenem Hemdkragen auftrat, als er die Fusion mit AOL zum größten Mediengiganten der Welt bekannt gab. Ein Ereignis, das man noch vor einigen Jahren mit dunklem Anzug und weißem Hemd gewürdigt hätte.

Promis und Politiker

Aber nicht nur Internet-Pioniere, sondern auch prominente Vertreter der Old Economy sowie Politiker verzichten mittlerweile gelegentlich auf den gewohnten Kragenschmuck. Den russischen Ministerpräsidenten Wladimir Putin sieht man vorwiegend ohne Anzug und Krawatte und auch viele österreichische und deutsche Politiker lassen neuerdings die Krawatte im Schrank.

Alles deutet darauf hin, dass das Polohemd unter dem Sakko in Zukunft kein Verstoß gegen die Konvention mehr ist. Legere Kleidung gilt plötzlich als produktiver, und was noch vor einigen Jahren unmöglich gewesen wäre, ist heute durchaus akzeptiert. Ob es sich dabei um eine tatsächliche Veränderung handelt oder um eine Modewelle, die rasch wieder verebbt, wird die Zukunft zeigen.

Vielleicht kommt die lässige Kleidung tatsächlich bald wieder aus der Mode. Seitdem es mit den Aktien der New Economy bergab geht, will man sich anscheinend auch optisch von ihr distanzieren, und in den amerikanischen Konzernen ziehen wieder strengere Sitten ein. Eine der ersten Amtshandlungen von Präsident George W. Bush war die Verbannung von Jeans aus dem Weißen Haus.

Der neue Stil heißt „Business Casual"

Lockerer Dresscode

Was muss man nun wirklich beachten, woran soll man sich orientieren, werden Sie sich fragen. Einerseits die ziemlich starren Regeln bei der konventionellen Geschäftskleidung, andererseits die sichtbar weltweite Lockerung und damit die unbegrenzte Freiheit bei der Auswahl der Kleidung.

Das neue Schlagwort heißt „Business Casual". Darunter versteht man einen gelockerten Dresscode, der sowohl für Männer als auch für Frauen gilt und der sich nach folgenden Kriterien richtet:

- dem Unternehmen, das Sie repräsentieren,
- Ihrer Position innerhalb der Firma,
- Ihrem persönlichen Erscheinungsbild und
- nach verschiedenen Anlässen.

Dieser Stil verlangt vom Träger mehr Sensibilität für das Passende als der konventionelle Stil, bei dem die Vorgaben ja ziemlich eindeutig sind.

Einige Beispiele

- Sie gehen konventionell gekleidet, d.h. mit Anzug und Krawatte bzw. im Business-Kostüm zu einer Vertragsunterzeichnung, zu einer Gerichtsverhandlung, zu einer Rechtsberatung, zu Finanzierungsgesprächen mit dem Vorstand Ihrer Bank, zu einem Meeting mit ausländischen Gästen, zu einer Konferenz mit der Konzernleitung, zu einem Geschäftsessen mit Kunden.
- Ist der Tag aber nur interner Arbeit gewidmet, dann kann die Kleidung legerer ausfallen. Ebenso wenn man z.B. Termine mit einer jungen Internet-Firma hat oder Arbeitsgespräche mit der Werbeagentur führt.

Was ist lockere Kleidung?

Lockere Kleidung ist niemals schlampig oder freizeitmäßig, sondern eine gepflegte Mischung aus etwas salopperer und konventioneller Kleidung. Als Mann können Sie die Krawatte an diesem Tag zu Hause lassen. Sie können den Hemdkragen offen lassen oder ein Polo-Shirt tragen. Dabei sollte es sich aber um ein Marken-Shirt handeln, große sportliche Logos darauf sollten Sie eher meiden. Sakko oder Lederjacke sind angebracht; Strickwesten als Sakkoersatz wirken eher altmodisch. Auf jeden Fall tragen Sie eine lange Hose, eventuell auch Jeans. Die Schuhe sollen aus Leder und zum Schnüren sein. Keinesfalls tragen Sie Sneakers.

Als Frau können Sie sich modisch aktuell kleiden und alle gängigen Trends in Ihrer Berufsbekleidung umsetzen. Die übliche Stoffjacke zum Rock oder zur Hose ist nicht mehr Pflicht. Leder ist erlaubt, allerdings nur jeweils bei einem Stück. Ein ganzes Leder-Outfit wirkt eher vulgär. Auch bei den Stoffen können Sie mutiger sein. Es müssen nicht immer Wolle oder Seide sein, sondern Sie können alle aktuellen Hightech-Stoffe tragen.

Der Blick in den Terminkalender am Morgen wird in Zukunft auch eine Auswirkung auf die Kleidung für den jeweiligen Geschäftstag haben.

Die Bedeutung von Farben

Johannes Itten und seine „Kunst der Farben“

Der Schweizer Architekt, Maler und Kunsterzieher Johannes Itten (1888 – 1967) schrieb kurz vor seinem Tod in sein Tagebuch: „So wie ein Wort erst im Zusammenhang mit anderen Worten seine eindeutige Bedeutung erhält, genauso erhalten die einzelnen Farben erst im Zusammenhang mit anderen Farben ihren eindeutigen Ausdruck und genauen Sinn."

Itten gilt als der wichtigste Vertreter jener Gruppe von Menschen, die sich im letzten Jahrhundert mit der Welt der Farben, ihrer Wirkung und Harmonie auseinander gesetzt haben. Farben setzte er gleich mit Leben, eine Welt ohne Farben erschien ihm tot. Die Fashion Academy in Los Angeles setzte diese Erkenntnisse als erstes Farbberatungsinstitut der Vereinigten Staaten in die Praxis um.

Farbkreis

In seinem zwölfteiligen Farbkreis zählte Itten zu den Farben erster Ordnung

Gelb, Rot und Blau

zu den Farben zweiter Ordnung

Gelb und Blau = Grün
Gelb und Rot = Orange
Rot und Blau = Violett

zu den Farben dritter Ordnung

Gelb und Orange = Gelborange
Rot und Orange = Rotorange
Rot und Violett = Rotviolett
Blau und Violett = Blauviolett
Blau und Grün = Blaugrün
Gelb und Grün = Gelbgrün

Diese Erkenntnis, welche die Farben in eher blaustichige und eher gelbstichige Farben unterteilt, ist auch heute die Basis jeder Farbberatung, die dem Träger hilft, die richtigen Farben aus der eigenen Farbpalette zu finden. Doch dazu kommen wir später.

Farben als Botschaft

Farben üben eine starke Wirkung auf die Psyche aus. Die Wahl der richtigen Farben für die Bekleidung hat eine Schlüsselstellung, die oft unterschätzt wird.

Machen Sie sich bitte bewusst, dass die Farben, die Sie tragen, sowohl auf Sie selbst als auch auf Ihre Mitmenschen psychologischen und ästhetischen Einfluss haben. Meist senden Sie ganz unbewusst durch die Auswahl von Farben bestimmte Signale, die Ihr Gegenüber ebenso unbewusst wahrnimmt und interpretiert.

Die psychologische Wirkung

Ich denke an eine Fernsehdiskussion vor den letzten Nationalratswahlen in Österreich, in der die Spitzenkandidatin des Liberalen Forums, Heide Schmidt, in einem kräftigen, dunklen, blaustichigen Rot auftrat. Kampfeswillig, stark, und voll Power.

Als sie dann im Anschluss an die Wahl, bei der ihre Partei den Sitz im Nationalrat verloren hatte, in der Enddiskussion erschien, trug sie Schwarz. Beide Farben können kein Zufall gewesen sein. Heide Schmidt hat bewusst oder unbewusst die Farben getragen, die ihrem momentanen Gefühlszustand entsprachen.

Farben verleihen Power

Sie können auch im Beruf ganz bewusst Farben in bestimmten Situationen einsetzen. Verbale Botschaften können durch das Tragen entsprechender Farben unterstrichen werden. So wird eine Frau wohl kaum bei einem Bewerbungsgespräch oder bei einer Präsentation vor einem wichtigen Kunden in Rosa erscheinen, auch wenn das im Moment die Modefarbe sein sollte. Und ein Vorgesetzter, der ein Kritikgespräch mit einem Mitarbeiter zu führen hat, wirkt in einem braunen Anzug wahrscheinlich ein wenig zu freundlich und zu gesellig. Ein dunkles Grau würde den ernsten Anlass des Gespräches besser unterstreichen.

So wirkt die Farbe Ihrer Kleidung

Rot:	ist eine starke Farbe und zieht, insbesondere, wenn sie großflächig verwendet wird, die Aufmerksamkeit auf sich. Rot ist optimistisch und aufregend. Wer diese Farbe trägt, signalisiert Energie, Power und Selbstbewusstsein. Das sollte man jedoch nur tun, wenn man sich innerlich tatsächlich stark fühlt.
Rosa:	ist eine sehr feminine Farbe und signalisiert Sanftheit und Zugänglichkeit. Jemand, der Rosa trägt, wird kaum bedrohlich wirken. Daher für wichtige Geschäftstermine nicht anzuraten.
Blau:	Wer sich blau kleidet, zeigt, dass er friedlich und zuverlässig, beständig, ordentlich und treu ist. Auf ihn kann man sich verlassen. Blaue Business-Outfits mögen phantasielos sein, aber damit kann man selten falsch liegen.

Braun: Menschen, die gerne Braun tragen, sind erdverbunden, freundlich und gesellig. Sie signalisieren Bodenständigkeit und Verlässlichkeit. Braun ist eine solide und ernsthafte Farbe, kann allerdings zuweilen wie eine Tarnung wirken.

Gelb: stimmt fröhlich und hoffnungsvoll. Menschen in Gelb sind aktiv und offen, optimistisch und positiv. Diese Farbe macht sich gut bei Einzelteilen (wie Bluse oder Hemd, Krawatte oder Schal), sollte aber nicht für das ganze Outfit verwendet werden.

Grün: signalisiert Erdverbundenheit und Harmonie und wird gern von ausgeglichenen Menschen getragen. Wer sich grün kleidet, stahlt auch großes Selbstbewusstsein aus.

Orange: steht für Vitalität, Umgänglichkeit und Aufgeschlossenheit. Menschen mit oranger Kleidung sind meist gesellig und lustig. Die Farbe ist wie Gelb nur bedingt und für Einzelteile einsetzbar und kann, wenn sie nicht zum Typ passt, etwas vulgär wirken.

Grau: wirkt seriös, neutral und ausgewogen und ist eine der klassischen Business-Farben, bei der nichts schief gehen kann. Allerdings kann Grau leicht „mäusig“ wirken und sollte daher mit kräftigeren Farben für Einzelteile aufgepeppt werden.

Violett: ist eine starke und extravagante Farbe. Sie steht für Würde und Selbstsicherheit. Doch nur starken und ausgeprägten Persönlichkeiten steht Violett wirklich gut.

Schwarz: gilt wie Weiß als so genannte Non-Colour-Farbe und wird assoziiert mit feierlich, raffiniert, geheimnisvoll und stark – in manchen Kulturen allerdings mit Trauer und Tod. Schwarz signalisiert manchmal auch Auflehnung und Rebellion und passt ohne Zusatzfarben (in Krawatten, Tüchern oder starkem Make-up) nur wenigen Menschen.

Weiß: strahlt Reinheit und Frische aus. In unserer Kultur ist Weiß ein Signal für Unschuld, in manchen östlichen Kulturen die Farbe des Todes. Reinweiß passt ohne Zusatzfarben ebenfalls nur wenigen Menschen und macht meistens ziemlich blass.

Gut aussehen durch die richtigen Farben

Meistens fühlen Menschen intuitiv, was zu ihnen passt. Wenn Sie sich in einem Kleidungsstück so richtig wohl fühlen und es besonders gern tragen, dann haben Sie wahrscheinlich die richtige Farbe aus der „eigenen Farbpalette" gewählt. In diesem Kleidungsstück haben Sie ein frischeres Aussehen, Sie strahlen, und kleine Fehler im Teint sowie Falten sieht man weniger.

Grundsätzlich kann jeder Mensch fast jede Farbe tragen. Vorausgesetzt, die Farbe stimmt in der Intensität und hat den richtigen Basiston. Sie ist also entweder blau- oder gelbstichig und gehört daher entweder zur kalten oder zur warmen Farbskala. Die Aussage: „Mir steht Blau oder Rot oder Gelb nicht" stimmt niemals. Es gibt immer aus der Palette der einzelnen Farben Töne und Schattierungen, die Sie tragen können. Sie müssen nur herausfinden, welcher Ton und welche Intensität für Sie richtig sind.

Kein modischer Gag

Typengerechte Farben sind keineswegs ein modischer Gag, sowohl Männer als auch Frauen haben mehrere Vorteile dadurch. Erstens sehen Sie besser aus, und das nicht nur am Morgen, sondern auch am Ende eines langen Arbeitstages. Zweitens ist der Griff in den Kleiderschrank kein Problem mehr. Sämtliche Hosen, Röcke, Jacken, Pullover können miteinander kom-

biniert werden und passen zueinander. Das spart Zeit am Morgen und Geld. Denn Fehlkäufe werden kaum mehr passieren.

Für viele Männer ist die Wahl der richtigen Kleidung von untergeordneter Bedeutung. Und Farben interessieren sie schon gar nicht. Meistens überlassen die Auswahl dem Zufall, einem vielleicht unkompetenten Verkäufer oder der Partnerin. Oft ist ihnen nicht klar, dass gutes Aussehen mithelfen kann, eine bestimmte Position zu erreichen.

Farbberatung für Männer und Frauen

Eine Farbberatung kann ich meinen Lesern nur wärmstens empfehlen. Eine einmalige Investition hilft Ihnen, Ruhe und Ordnung in Ihren Kleiderschrank zu bringen und schließlich nur mehr Kleidung zu tragen, die Ihnen wirklich steht und in der Sie sich wohl fühlen.

Farbberaterinnen analysieren Ihre Haut-, Haar- und Augenfarbe und betrachten deren Intensität. Sie stellen fest, ob die Grundfarbe Ihrer Haut blau- oder gelbstichig ist und empfehlen kühle (das sind eher blaustichige) oder warme (das sind eher gelbstichige) Farben. Sie erkennen, ob Sie in kontrastreichen oder in weichen Farben besser aussehen. Mit Hilfe einer großen Anzahl von Tüchern in den diversen Farbtönen können Sie selbst beobachten, wie Sie in einzelnen Farben wirken. Meistens bekommen Sie einen individuell für Sie zugeschnittenen Farbpass mit, der Ihren Kleiderkauf in Zukunft erleichtern wird.

Bei der Farbberatung dienen die Jahreszeiten als Typisierung:

Herbst

Die Hautfarbe des Herbsttyps hat meist einen gelben oder goldenen Unterton, manchmal weist sie Sommersprossen auf. Die Haare enthalten deutlich rote oder goldene Glanzlichter. Die Farbe der Iris ist warm, goldbraun oder grün, mit orangefarbenen oder goldenen Streifen.

Dem Herbsttyp stehen alle kräftigen, dunklen, erdigen, satten und gedämpften Farben mit goldenem Unterton. Wenn man an die Farben der Blätter an den Bäumen an einem frischen Herbsttag denkt, kann man sich gut vorstellen, was diesem Farbtyp besonders gut steht.

Die wichtigsten Farben sind ein warmes, dunkles Braun, Tomatenrot, Rostbraun, Tannengrün, Goldgelb sowie ein sattes, dunkles Türkis.

Frühling

Der Teint des Frühlingstyps hat ebenfalls einen goldfarbenen Unterton. Das Haar ist oft flachsblond, gelbblond, honigfarben oder rotblond, goldfarben oder dunkelbraun. Die Augen sind blau, grün, petrol oder blaugrün mit goldgefleckter Iris.

Dem Frühlingstyp stehen alle frischen, warmen Farben mit gelbem Unterton. Wenn man sich eine Frühlingswiese mit Osterglocken, Krokussen und den ersten frischen Grashalmen vorstellt, hat man die Farben vor Augen, die dem Frühlingstyp gut stehen.

Die wichtigsten Farben sind helles Braun oder Kamelhaarbraun, Feuerrot, Türkisblau, Melone, sowie ein frisches, warmes Gelb.

Winter Der Wintertyp hat eine weiße, meist blasse Haut mit blauem, grauem oder olivfarbenen Unterton. Das Haar ist oft dunkel, aschgrau, tiefschwarz oder mittel- bis dunkelbraun. Im Gegensatz zu den Frühlings- und Herbsttypen hat es keinen goldfarbenen Unterton. Der Kontrast zwischen der Iris und dem Weiß der Augen ist stark sichtbar.

Dieser Farbtyp ist in der kühlen Farbpalette gut aufgehoben. Er trägt leuchtende, klare und anregende Farben, sieht gut in starken Kontrasten und kühlen Pastells aus. Am besten assoziiert man glitzernde Schneeflocken auf einem eisigen Berghang mit einem Hintergrund aus schwarzen Baumstämmen vor einem eisigblauen Himmel. Das sind die Farben, die dem Wintertyp gut stehen.

Die wichtigsten Wintertyp-Farben sind Tiefschwarz und Reinweiß, zwei Non-Colours, die allein getragen den anderen Farbtypen absolut nicht stehen, überdies alle Pastellfarben, ein starkes, blaustichiges Rot sowie ein kräftiges Königsblau. Auch Pink passt dem Wintertyp gut.

Sommer Der Teint des Sommertyps ist meist rosafarben mit blauem Unterton, manchmal sehr hell und blassbeige. Die Haare sind oft blond mit aschfarbenem Untergrund, manchmal auch brünett. Die Augenfarbe ist meist blau, grün oder grau, der Blick ist „wolkig verhangen“.

Dem Sommertyp stehen weiche, helle sowie sanfte und gedämpfte Mischfarben. Er kann auch Pastelltöne mit blauem oder grauem Untergrund tragen, wenn diese nicht zu eisig sind. Wenn man sich die weichen Töne des Meeres und des Himmels an einem dunstigen Sommertag vorstellt, hat man genau die Farben, in denen der Sommertyp gut aussieht.

Die wichtigsten Farben sind ein rosiges Braun, Mittel- oder Taubenblau, Mauve, Rosa und ein blasses Zitronengelb.

Kleine Mängel vertuschen

Mit den richtigen Farben können Sie Ihr Aussehen verbessern. Es gibt aber auch andere Tricks, mit denen Sie kleine Schönheitsfehler kaschieren können: ein paar Kilos weg- oder dazumogeln, optisch Ihre Körpergröße strecken oder reduzieren – vieles ist möglich.

Stylingtipps für jeden Typ

Sind Sie zu klein?

Tipps für Frauen

- Lernen Sie, die richtigen Linien und Proportionen zu tragen.
- Kostümjacken und Pullover sollen daher eher kurz geschnitten sein, damit Ihre Proportionen stimmen.
- Betonen Sie alle vertikalen Linien in Schnitt und Muster.
- Gürtel aus demselben Material oder in derselben Farbe, aus dem das Kleid, das Kostüm oder der Hosenanzug ist, strecken die Figur.
- Sie erscheinen optisch um einige Zentimeter größer, wenn Sie Schuhe und Strümpfe in der gleichen Farbe wie Ihren Rock oder Ihre Hose tragen.
- Tragen Sie eher unauffällige, dunkle Schuhe. Auffallende, bunte oder helle Schuhe sind weniger geeignet, weil sie den Blick nach unten lenken.
- Einfarbige Stoffe strecken Ihre Figur. Große Muster sind für Sie ungeeignet.
- Glatte und geschmeidige Stoffe sind günstiger für Sie als grobe Strukturen.
- Tragen Sie eher dunkle Farben für Hose oder Rock und lenken Sie den Blick durch frischere oder hellere Farben nach oben.
- Durch auffällige Ohrringe, Clipse oder interessante Tücher lenken Sie ebenfalls den Blick nach oben.
- Kurze Ketten sind günstiger für Sie als lange.

Tipps für Männer

- Achten Sie auf die richtigen Proportionen und betonen Sie alle vertikalen Linien bei Schnitt und allfälligen Mustern.
- Hose, Strümpfe, Gürtel und Schuhe in derselben Farbe lassen Sie optisch größer erscheinen.

- Einfarbige Stoffe sowie ganz kleine Muster stehen Ihnen besser als große Muster (z.B. Karos).
- Glatte und geschmeidige Stoffe passen zu Ihrer Größe. Grobstrukturierte Stoffe sind meist zu voluminös für Sie.
- Einreiher stehen Ihnen grundsätzlich besser als Zweireiher.
- Drei und mehr Knöpfe an Anzügen sind besser als nur zwei.
- Das Sakko soll den Po bedecken, darf aber auch nicht zu lang sein.
- Eingeschnittene Taschen wirken optisch besser als aufgesetzte.
- Lenken Sie den Blick nach oben, indem Sie helle Hemden und interessante Krawatten tragen.
- Hosen sollen schmal geschnitten und ohne Aufschlag sein, Bundfalten sind weniger günstig für Sie.

Tipps für Frauen

Fühlen Sie sich zu dick?

- Tragen Sie figurbetonte Kleidung, aber darüber losere Jacken oder Mäntel (Zwiebellook).
- Von sackartigen Kleidern ist eher abzuraten, weil Sie dadurch optisch noch fülliger aussehen.
- Einfarbige Stoffe, die nicht auftragen, stehen Ihnen gut. Grobstrukturierte Stoffe und große Karos sollten Sie lieber meiden.
- Viele füllige Frauen sehen auch in Blumenmustern und Paisleys hinreißend aus, wenn Stoff und Schnitt mit der Figur harmonieren.
- Wenn Sie hübsche Beine haben, tragen Sie kurze, schmale Röcke, wenn nicht, dann schmale Hosen mit losen Oberteilen.
- Vermeiden Sie Bundfalten und gezogene Röcke.
- Eingeschnittene Taschen sind günstiger für Sie als aufgesetzte.
- Lenken Sie den Blick auf alles, was hübsch an Ihnen ist, wie z.B. ein schönes Dekolleté, ein gepflegtes Gesicht, schöne Haare oder wohl geformte Beine.

Tipps für Männer

- Betonen Sie vertikale Linien in Schnitt und Muster.
- Einreihige Sakkos und Mäntel sind günstiger für Sie als Doppelreiher.
- Einfarbige Anzüge machen schlanker als Kombinationen in unterschiedlichen Farben.

- Schmal geschnittene Hosen ohne Aufschlag sind günstig für Sie.
- Tragen Sie keinesfalls Bundfalten.
- Sakkos mit drei und mehr Knöpfen sind vorteilhafter als solche mit weniger Knöpfen.
- Besonderes Augenmerk sollten Sie auf die richtige Sakkolänge richten. Meistens passen größere Konfektionsgrößen zwar in der Breite, sind aber zu lang. Versuchen Sie daher, die richtige Zwischengröße zu finden.
- Alles, was optisch aufträgt, wie z.B. aufgesetzte Taschen, ist unvorteilhaft. Eingeschnittene Taschen strecken Ihre Figur optisch.

Sind Sie sehr groß?

Tipps für Frauen

- Alles, was Ihre Figur horizontal unterteilt, ist günstig für Sie: breite Gürtel, voluminöse Accessoires wie z.B. mehrere lange Ketten oder überdimensionale Schals und Tücher.
- Sie können unterschiedliche Farben für Schuhe, Röcke und Oberteile tragen.
- Ihnen stehen gerade geschnittene, weite Hosen und auch Bundfalten.
- Wenn Sie gut proportioniert sind, stehen Ihnen geraffte oder Faltenröcke besonders gut.
- Sie können aufgesetzte Taschen, große Krägen und Manschetten sowie alles, was Ihre Proportionen unterteilt, tragen.
- Zwiebellook in verschiedenen Materialien, unterschiedlichen Längen und verschiedenen Farben ist günstig.
- Grob strukturierte oder steife Stoffe, wie z.B. Taft, stehen Ihnen gut.

Tipps für Männer

- Alle doppelreihigen Blazer, Sakkos und Mäntel stehen Ihnen gut.
- Sie können etwas breitere Revers und alle Querbetonungen wie aufgesetzte Taschen tragen, das passt optisch zu Ihnen.
- In Kombinationen mit unterschiedlichen Farben sehen Sie besonders gut aus.
- Stark strukturierte, schwere Stoffe sowie Karomuster passen Ihnen gut.
- Ihre Hosen können weiter und gerade geschnitten sein, auch Bundfalten sind günstig. Wenn es Ihre Figur erlaubt, können sie auch lose und hüftbetont getragen werden und Aufschläge haben.

- ▷ Bei Schuhen und Gürteln ist eine Kontrastfarbe günstig, weil das optisch unterteilt.
- ▷ Die Krawattenknoten können ruhig etwas breiter sein.
- ▷ Mäntel dürfen nicht zu kurz, sondern sollten zumindest knielang sein. Voluminöse, wadenlange Mäntel sind durchaus vorteilhaft, dann ist es aber günstig, sie durch einen Gürtel zusammen zu halten.

Sind Sie zu dünn?

Gratulation, Sie entsprechen dem gängigen Schönheitsideal. Wenn Sie trotzdem das Gefühl haben, optisch ein paar Kilos zulegen zu müssen, hier einige Tipps:

Tipps für Frauen

- ▷ Kleine, zarte Frauen sollten ihre Zierlichkeit eher betonen.
- ▷ Große, sehr schlanke Frauen können alles tragen, was die Figur horizontal unterteilt, voluminös wirkt und optisch aufträgt.
- ▷ Falten- und gezogene Röcke stehen Ihnen gut.
- ▷ Sie können weite, gerade geschnittene Hosen und Bundfalten tragen.
- ▷ Flache Absätze sind vorteilhaft für Sie.
- ▷ Bei Ihrer Figur dürfen Sie sich alle Muster erlauben, die normalerweise auftragen, wie geometrische Muster, Karos, Pepita etc., aber immer in der richtigen Proportion zur Körpergröße.
- ▷ Peppen Sie Ihre Kleidung an verschiedenen Stellen mit interessanten Accessoires auf: Bunte Schuhe, auffallende Gürtel, Knöpfe und Tücher tragen optisch auf.
- ▷ Auch schwere Stoffe mit grober Webart sowie steife Stoffe, wie z.B. Taft, sind für Sie passend.

Tipps für Männer

- ▷ Kleinere, zarte Männer sollen durch einreihige Anzüge ihre Zierlichkeit eher betonen.
- ▷ Wenn Sie groß und sehr schlank sind, können Sie zweireihige Anzüge tragen.
- ▷ Kombinationen in verschiedenen Farben wirken gut.
- ▷ Stark strukturierte Stoffe, grob Gewirktes sowie Karos sind günstig.
- ▷ Querlinien können durch Muster, Schnittführung und Accessoires betont werden.

- Besonders schlanke Männer können Hosen locker und hüftbetont tragen.
- Für große Männer sind Aufschläge bei Hosen günstig.
- Schuhe und Gürtel können in einer Kontrastfarbe zur übrigen Bekleidung gewählt werden.
- Kragen und Krawattenknoten können breiter sein.
- Mäntel sollten zumindest knielang sein.

Die wichtigsten Regeln

- Halten Sie sich immer vor Augen, dass mehr als 50 Prozent Ihrer Wirkung auf andere Menschen von Ihrer äußeren Erscheinung abhängt.
- Bedenken Sie, dass unsere Zeit immer schnelllebiger wird und daher Ihre Gesamterscheinung und Ausstrahlung schon innerhalb weniger Sekunden beurteilt wird.
- Machen Sie sich bewusst, dass Ihre Kleidung und Aufmachung viel über Ihre Persönlichkeit aussagt.
- Wenn Sie besser aussehen, indem Sie Ihre Persönlichkeit durch passende Kleidung unterstreichen, gewinnen Sie an Selbstsicherheit.
- Betrachten Sie richtige Farben für Ihren Typ nicht als modischen Firlefanz, sondern bedenken Sie, dass Sie damit auch am Ende eines langen Arbeitstages noch immer gut aussehen.
- Gehen Sie sorgsam mit dem Dresscode Ihrer Firma um. Orientieren Sie sich an der Branche und der Unternehmensleitung
- „Business Casual" als neuer gelockerter Kleidungsstil heißt niemals Nachlässigkeit.
- Leisten Sie sich eine kompetente Farb- und Stilberatung. Sie sparen viel Geld und Zeit damit und lernen, wie Sie mit Kleidung Ihre Kompetenz verstärken können.

Frauen-Knigge:
Karrierefrauen

Veränderung im Frauenbild

Im christlich-abendländischen Raum waren die Rollen mit nur kleinen kulturellen Unterschieden klar definiert: der Mann draußen im feindlichen Leben, die Frau drinnen als Hüterin des Herdes und der Kinder. Der Mann hatte die Macht außerhalb und die Frau innerhalb des Hauses.

Mädchen hoben und sicherten ihren Status durch eine gute Heirat. Von der Bevormundung des Vaters wechselten sie meist nahtlos in die Bevormundung des Ehemannes über.

Frauen und Damen

Im 20. Jahrhundert hat sich das Frauenbild rasant verändert. Bis zum Ende des Ersten Weltkrieges war die Rolle der Frauen noch geprägt als Gattin, Mutter und Hausfrau. Es gab auch eine klare Unterscheidung zwischen „Damen" und „Frauen". Die Dame war die bürgerliche Frau, die sich rangmäßig eindeutig von der „Frau" aus den unteren Schichten abgehoben hat. Auch im jugendlichen Alter war es schon klar, ob es sich um eine „junge Dame" handelte oder einfach um ein Mädchen. Eine Dame ging niemals allein aus, tat sie das, dann war sie eben keine.

Privilegien

Frauen haben in der Gesellschaft Privilegien genossen, die durch die Rücksichtnahme auf das weibliche Geschlecht und seine vermeintliche „Schwäche" geprägt waren.

Spätestens nach dem Zweiten Weltkrieg ist die Berufstätigkeit von Frauen zu einer Selbstverständlichkeit geworden, und damit hat auch eine Veränderung ihrer vorher genossenen Privilegien stattgefunden.

Wir können es uns heute kaum vorstellen, dass Frauen in der zweiten Hälfte des 20. Jahrhunderts noch die Unterschrift des Mannes für die Unterzeichnung eines Arbeitsvertrages oder für größere Anschaffungen brauchten, obwohl sie ein eigenes Einkommen hatten.

Diskriminierungen verschwinden

Natürlich gibt es auch heute noch Machtspiele zwischen Männern und Frauen. Aber wenigstens auf dem Papier gibt es keine Diskriminierungen mehr, im Gegenteil, die so genannten „Frauenquoten“ zeigen eher in die andere Richtung. So kann es vorkommen, dass heutzutage auch Frauen privilegiert sind. Nicht immer, aber immer öfter!

Die Selbstsicherheit von Frauen nimmt eindeutig zu. Die ältere Generation hat in Einzelfällen vielleicht damit noch Probleme, doch viele junge Frauen gehen heute schon forsch und selbstbewusst an ihre Karriere. Sie sind nicht nur gut, sondern sie vermarkten sich auch dementsprechend. Und wenn sie sich für die Rolle als Hausfrau und Mutter entscheiden, dann tun sie das mit Selbstbewusstsein und Stolz.

Weibliche Verhaltensstandards

Frauen in der Gesellschaft

So gelten heute zwei unterschiedliche Verhaltensnormen für Frauen, die jeweils rollen- und situationsgebunden sind. Bei formellen gesellschaftlichen Veranstaltungen haben immer noch die alten Etikettevorschriften Gültigkeit, bei denen die Dame die Ranghöhere ist und dementsprechend zuvorkommend behandelt wird. Außerdem stehen ihr alle Privilegien zu, die sie aufgrund ihrer ursprünglichen „Schutzbedürftigkeit“ genossen hat.

Im gesellschaftlichen Rahmen ist der Status der Frau immer noch dem des Mannes angepasst: etwa bei Einladungen, bei der Begrüßung, bei offiziellen Veranstaltungen, bei der Sitzordnung. Hier ist – so hart das klingen mag – die Frau immer noch das Anhängsel des Mannes.

Wenn sie Single ist, wird sie natürlich auch im Gesellschaftsleben ihrer eigenen Position gemäß eingestuft, kann aber durchaus ihre Privilegien als Frau in Anspruch nehmen. Wenn allerdings die Einladung ihrer Person gilt und aufgrund ihrer Position erfolgt, dann wird der Mann als „Prinzgemahl“ behandelt und wird zu ihrem Anhängsel.

Frauen im Beruf

Veränderungen der weiblichen Verhaltensstandards haben sich erst durch die zunehmende Berufstätigkeit von Frauen ergeben. Eine Frau im Berufsalltag ist je nach ihrer Stellung im Unternehmen in die betriebliche Rangordnung eingliedert, ganz egal, welch hohen Stellenwert sie unter Umständen in der Gesellschaft hat. Ist sie im Betrieb in untergeordneter Position, dann rangiert sie in der betrieblichen Rangordnung ebenfalls ganz unten.

Nur wenn sie im Beruf eine bedeutendere Position als der Mann hat, wird der Status des Mannes ihrem beruflichen Rang angepasst. Wenn es z.B. um eine berufliche Einladung geht und die Frau die Position einer Staatssekretärin innehat, dann wird der begleitende Ehemann auf ihre Position aufrücken, sofern er nicht eine Position bekleidet, die noch höher rangiert.

Heutige Selbstverständlichkeiten

Sie zahlt

Was früher gänzlich unmöglich war, ist heute selbstverständlich. Frauen stellen sich selbst vor. Sie bereisen allein die ganze Welt, sie besuchen Restaurants und Bars ohne männliche Begleitung. Vor zwanzig Jahren haben sie dann vielleicht noch verschämt ihrem Freund oder Partner die eigene Geldbörse zugesteckt, heute zahlen sie selbstverständlich offen für sich und ihren Partner, zuweilen auch für eine ganze Gesellschaft.

Sie spricht

Früher war es üblich, bei offiziellen Anlässen eine so genannte „Damenrede" zu halten, bei der einer der anwesenden Herren ein Loblied auf die anwesenden Damen sang. Das ist heute nicht mehr notwendig, denn Frauen ergreifen selbst das Wort, wenn sie etwas zu sagen haben, und sind nicht mehr auf das männliche Sprachrohr angewiesen.

Sie ist selbstbewusst

Die moderne Frau hat daher täglich mit jeweils wechselnden und situationsabhängigen Verhaltensnormen umzugehen. Im Beruf passt sie sich den männlichen Verhaltensstandards an und agiert selbstbewusst, unter Berücksichtigung ihrer hierarchischen Position. Sie gibt dem Gast Feuer, sie öffnet ihm die Tür, sie tut all das, was im Gesellschaftsleben üblicherweise Männern vorbehalten ist.

Typisch männlich – typisch weiblich?

Diverse psychologische Studien legen den Schluss nahe, dass Männer zu linearem Denken tendieren, Frauen hingegen mehrdimensional und vernetzt denken. Männer sind zielorientiert, Frauen wägen bei ihren Entscheidungen mehrere Faktoren ab. Sie denken gesamtheitlicher und gelten daher auch als weniger entscheidungsfreudig als Männer. Obwohl das Berufsleben von den Frauen eher eine Anpassungsleistung an das männliche Denken und Verhalten fordert, scheint heute klar zu sein, dass sich auch Männer im Berufsleben typisch „weibliche Eigenschaften" zulegen müssen, um wirklich Erfolg zu haben.

Gegenseitige Anpassung

Um fachlich ernst genommen zu werden, gaben sich Frauen vor 30 oder 40 Jahren betont „männlich". Das galt besonders für Akademikerinnen und Frauen, die in so genannte „Männerberufe" eindrangen. Inzwischen ist ein Wandel im Denken eingetreten. Die Gesellschaft und vor allem das Berufsleben wird daher zunehmend von „androgynen" Personen bevölkert, Menschen, die sowohl männliche als auch weibliche Eigenschaften in sich vereinen.

Unterschiedliche Auslegungsweisen

Allerdings können Eigenschaften, die bei Männern als typisch männlich und daher positiv bewertet werden, bei Frauen leicht das Gegenteil bewirken.

Wenn ein Mann zugibt, dass er nicht genug Zeit für die Familie aufbringen kann, wird das als Zeichen beruflicher Tüchtigkeit gewertet, sagt eine Frau dasselbe, würde man ihr das als unverantwortlich ankreiden und man würde sie als kaltherziges, verantwortungsloses Karrieremonster beurteilen.

Sind Karrierefrauen sexy?

„Macht macht sexy", diese Aussage gilt fast ausschließlich für Männer. Männer mit Geld und Männer mit Macht haben eine erotische Ausstrahlung, ganz unabhängig von ihrer sonstigen Erscheinung. Auf Frauen mit Macht trifft das hingegen nicht unbedingt zu. Über die erotische Ausstrahlung von Maggy Thatcher, Madeleine Albright oder Angela Merkel hat man ziemlich wenig gehört.

Wenn es über einen Mann heißt, er sei ein „Macho", wenn er also an einem übersteigerten Männlichkeitsgefühl leidet, wird er das eher als schmeichelhaft empfinden, sagt man hingegen über eine Frau, sie sei eine „Emanze", hat das ohne Zweifel etwas Abwertendes an sich.

Auch sonst hat es die Frau im Berufsleben nicht leicht: Lacht Sie nicht bei unanständigen Witzen, ist sie „verklemmt", lacht sie zu laut, wird sie als ordinär abgestempelt. Lässt sie sich nicht anmachen, ist sie „zickig", steigt sie willig auf jeden männlichen Schmäh ein, dann wird ihr das ebenfalls angekreidet. Argumentiert sie logisch und rationell, ist sie „uncharmant".

Soft power

Heute wird von einer weiblichen Führungskraft erwartet, dass sie sich als Frau einbringt, aber sich trotzdem den Berufsanforderungen, die nach wie vor männlich geprägt sind, anpasst. Kraftvoll und zugleich sanft, „Soft power" heißt das neue Schlagwort für die perfekten Charakterzüge einer Frau im Berufsleben. Man verlangt von ihr eine rechte Gratwanderung zwischen männlichen und weiblichen Eigenschaften, von jedem ein bisschen soll sie haben, von keinem zu viel und immer schön ausbalanciert.

Braver Mann, guter Mann...

Emanzipierte Frauen tendieren dazu, männliche Höflichkeitsgesten abzulehnen. Ich rate allerdings davon ab, denn dann besteht die Gefahr, dass die klassischen Umgangsformen total in Vergessenheit geraten und sich nicht unbedingt positive neue Standards entwickeln. Es wird daher immer notwendig sein, zu wissen, welche Verhaltensformen gegenwärtig auf einem allgemeinen Gesellschaftskonsens beruhen und akzeptiert sind und welche nicht.

Männliche Höflichkeitsbezeugungen sind heute keine Selbstverständlichkeit mehr, gerade deswegen sollten sie von uns Frauen mit Aufmerksamkeit und Dank zur Kenntnis genommen werden. Nur wenn Männer merken, dass ihr Verhalten geschätzt wird, werden sie sich immer wieder so benehmen. Ablehnung oder Ignoranz von weiblicher Seite würde mit der Zeit dazu führen, dass Höflichkeit ganz in Vergessenheit gerät, und das wäre schade.

Weibliche Anreden und Berufsbezeichnungen

Heute hat die Bezeichnung „Frau" durch die Emanzipationsbewegung eine enorme Aufwertung erfahren und gilt bei den berufstätigen und allen intellektuellen Frauen als Ehrenbezeichnung. Das Wort „Dame" lässt sich kaum mit der Anerkenntnis von beruflichen Leistungen verbinden, sondern gilt eher als eine Minderung.

Wann ist eine Frau eine Frau?

Berufstätige weibliche Personen sind immer „Frauen“, wobei das für jede volljährige Frau gilt. Sie ist z.B. eine „Frau im Management“, oder „eine Frau mit einer wichtigen Aufgabe in der Wissenschaft“.

Die Verkleinerungsform von Frau, also das „Fräulein“, ist heute nicht mehr üblich und wird bestenfalls noch bei ganz jungen Mädchen verwendet. In manchen bürgerlichen Restaurants wird das weibliche Bedienungspersonal noch mit „Fräulein“ angesprochen. Obwohl das nicht korrekt ist, hat sich bisher keine bessere Anrede (man sagt auch nicht „Kellnerin“ oder „Oberin“) gefunden. Besonders korrekte Leute vermeiden daher eine direkte Anrede von weiblichem Dienstpersonal, wenn der Name nicht bekannt ist. Sie verwenden andere Formen der Kommunikation, indem sie z.B. die Hand heben, um sich bemerkbar zu machen.

Wann ist eine Frau eine Dame?

Die Bezeichnung „Dame“ wird in erster Linie im gesellschaftlichen Bereich verwendet. So spricht man z.B. „von einer beeindruckenden Dame der Wiener Gesellschaft“.

In der unpersönlichen Anrede im Plural wird ebenfalls das Wort „Damen“ verwendet. So heißt es sowohl in der mündlichen als auch schriftlichen Anrede „Meine (sehr geehrten) Damen und Herren“. Auch bei der Anrede mehrerer Frauen gleichzeitig sagt man „Ich heiße die Damen und Herren Abgeordneten herzlich willkommen“.

Als unpersönliche Anrede im Singular kann man „Gnädige Frau“ oder „Sehr geehrte gnädige Frau“ verwenden. Diese Anrede schließt aber ein, dass es sich um ein weibliches Wesen etwas älteren Kalibers handelt, für junge Frauen ist diese Bezeichnung keinesfalls zu verwenden. Immer richtig ist die Anrede „Sehr geehrte Frau...“ in Kombination mit dem Nachnamen.

Falsch ist hingegen die Anrede „Sehr geehrte Dame“ oder gar „Liebe Dame“ – eine Dame im Singular war früher nur eine so genannte Dame – aus der Halbwelt.

Weibliche Anreden

Ein weiblicher Bürger ist eine Bürgerin, ein weiblicher Mitarbeiter ist eine Mitarbeiterin und ein weiblicher Unternehmer ist eine Unternehmerin.

Genauso spricht man im Plural selbstverständlich von Mitarbeiterinnen, von Unternehmerinnen und von Architektinnen.

Wenn der Plural sowohl auf Männer als auch auf Frauen zutrifft, dann hat sich bei verbalen Anreden eingebürgert, sowohl die männliche, als auch die weibliche Form zu verwenden. Es heißt also: „Liebe Mitarbeiter und Mitarbeiterinnen", „liebe Bürger und Bürgerinnen" und „sehr geehrte Unternehmer und Unternehmerinnen".

Wenn man sowohl von Männern als auch von Frauen spricht, sind in der schriftlichen Anrede derzeit zwei Varianten korrekt. Demnach heißt es:

- MitarbeiterInnen oder UnternehmerInnen bzw.
- Mitarbeiter/innen oder Unternehmer/innen

Nicht mehr verwendet werden soll: Mitarbeiter(innen), Unternehmer(innen) etc., weil dabei die weibliche Form in eine unfreundliche Klammer gesetzt wird.

Nur Frauen?

Manchmal hört man diese als schriftliche Anrede gedachte männliche/weibliche Version in der mündlichen Form. Das klingt dann so, als spräche man nur von einer Gruppe weiblicher Personen, weil der Zuhörer nur „Mitarbeiterinnen" und „Bürgerinnen" versteht, aber in Wirklichkeit sowohl Männer als auch Frauen gemeint sind. Diese als „Vereinfachung" gemeinte Version ist schon wieder ein Schritt in die umgekehrte Richtung. Früher haben sich immer Frauen diskriminiert gefühlt, heute können es schon manchmal Männer sein.

Weibliche Berufsbezeichnungen

Für Berufsbezeichnungen gilt ebenfalls die weibliche Form. Auch Stellenanzeigen dürfen nicht nur an ein Geschlecht gerichtet sein, wenn die Tätigkeit sowohl von Männern als auch von Frauen ausgeübt werden kann. Das hat auch die Justiz aufgrund des Diskriminierungsverbots verlangt.

Man spricht daher von einer:

- Kauffrau, Bankkauffrau, Industriekauffrau
- Ingenieurin, Architektin oder Chemikerin
- Ärztin oder Anwältin, Ministerin, Staatssekretärin und Sektionschefin
- Betriebsrätin, Ombudsfrau oder Amtsrätin

Ziemlich ungeschickt sind Bezeichnungen wie z.B. „Landeshauptmännin", „weiblicher Bankkaufmann" oder ähnliche Unikums. Sie klingen albern und sollten daher vermieden werden. Angehörige des männlichen Pflegepersonals in Krankenhäusern sind ja auch keine „männlichen Schwestern" oder „Brüder", sondern ganz einfach „Krankenpfleger".

Kriterien für einen erfolgreichen Auftritt

Zurückhaltung, Rücksichtnahme und Bescheidenheit sind besonders für Frauen nicht immer der richtige Weg, um die Karriereleiter zu erklimmen. Zwar ist es immer vorteilhaft, den Eindruck eines höflichen und wohlerzogenen Menschen zu hinterlassen, trotzdem müssen Frauen die ihnen angeborene – und anerzogene – Bescheidenheit manchmal überwinden, um voran zu kommen.

Die eigene Selbstsicherheit stärken

Der schlimmste Feind jeder Frauenkarriere ist die eigene Unsicherheit. Das wesentlichste Kriterium für einen rascheren beruflichen Aufstieg ist eindeutig Selbstbewusstsein und die Vermittlung von Souveränität im Auftritt. Obwohl die moderne Frau motiviert und mobil, gut ausgebildet und verantwortungsbewusst, entscheidungsfreudig und sensibel ist, ergeben Umfragen immer wieder, dass sie bei den Gehaltsforderungen eindeutig mehr Bescheidenheit zeigt als der Mann.

An die eigene Karriere glauben

An die eigene Karriere glauben heißt, diese als erste Priorität im Leben zu betrachten. Nur wer wirklich vollen Einsatz zeigt, wird es schaffen.

Superman und Superwoman

Bestimmt haben Sie schon Interviews mit „Karrieremännern" in den diversen Magazinen gelesen. Erstaunlich, was die so von sich berichten: Sie arbeiten mindestens 14 Stunden am Tag und nehmen noch Arbeit nach Hause mit. Sie sind liebevolle Väter und Ehegatten, gehen dreimal die Woche ins Fitnessstudio, spielen regelmäßig Tennis und Golf, was ihr hervorragendes Handicap beweist, und lesen Berge von Fachliteratur in der Freizeit. Auf ihrem Nachttisch liegt das neueste 600 Seiten starke Werk des Literatur-Nobelpreisträgers. Mehrmals pro Woche werden sie in den diversen Adabei-Spalten und Seitenblicke-Sendungen gesehen. Der Sonntag aber gehört der Familie und der glücklichen Ehefrau.

Wenn man diesen Aussagen glaubt, dann kann man sich über die „wundersame Stundenvermehrung“ dieser Supermänner nur wundern. Aber trösten Sie sich, wenn's schon nicht stimmt, dann ist es wenigstens gut gelogen. Die Realität schaut meist ganz anders aus, sprechen Sie doch einmal mit den Partnern von solchen „Karriere-Wundern“!

Alles kann man nicht haben

Auch die viel zitierten Power-Frauen, die sowohl im Beruf, bei der Kindererziehung und in der Partnerschaft hundertprozentig sind, sich rundum glücklich fühlen und noch dazu toll aussehen, gibt es nur in den diversen Frauenzeitschriften. In der Realität bleibt meist irgendetwas auf der Strecke. Warum sollte es Frauen anders als Männern gehen? Viele Karrierefrauen sind Singles, weil sie sich eindeutig für ihren Beruf entschieden haben, und das ist auch glaubwürdig.

Wenn Sie daher an Ihre Karriere glauben, dann muss Ihnen bewusst sein, dass andere Bereiche des Lebens zu kurz kommen werden, das ist bei Männern so und auch bei Frauen.

Sowohl Männer als auch Frauen kommen meistens nicht ausschließlich durch gute Arbeit voran. Kriterien wie Glück, die Gunst des Augenblicks, die entsprechenden Mentoren sowie auch PR in eigener Sache spielen ebenfalls eine große Rolle. Das sollte Ihnen bewusst sein.

Ihre eigene Arbeit gut verkaufen

Die Bedeutung guten Marketings für die eigene Karriere unterschätzen gerade hoch qualifizierte Frauen oft. Sie sind der irrigen Auffassung, dass allein die Arbeitsleistung zählt. Dem aber ist nicht so.

Seien Sie daher Ihre eigene PR-Agentur. Nur wer laut genug schreit, bringt seine Ware unters Volk. Das ist bei Marktverkäufern so und auch in Unternehmen. Glauben Sie an die Qualität Ihrer Arbeit und preisen Sie diese wie eine Ware an. Ein gewisser Teil Ihrer Arbeitszeit sollte daher für Ihr eigenes Marketing genützt werden. Bescheidenheit ist im Berufsleben fehl am Platz.

Sich mit Frauen verbünden

Frauen innerhalb desselben Betriebs behindern einander gegenseitig oft in ihrer Karriere. Männer schaffen es besser als Frauen, Netzwerke sowohl innerhalb als auch außerhalb von Unternehmen zu bilden. Männer solidarisieren sich effizienter und benutzen einander für die eigene Karriere. Männer-Clubs, wie z.B. die Freimaurer, Rotarier oder Lyons, werden stark für die eigene Karriere genutzt. Weibliche Pendants, wie ZONTAs, Soroptimistinnen oder Business Women haben zwar ebensolche Ziele, das Netzwerk funktioniert aber bei weitem nicht so wie bei den männlichen Pendants.

Mentoren

Frauen sind Vertreterinnen des eigenen Geschlechts gegenüber meistens viel kritischer als die meisten Männer. Aufsteigerinnen sind nicht die Komplizinnen anderer Frauen. Jeder Mensch, ob männlich oder weiblich, braucht einen Mentor, wenn er es in einem Betrieb zu etwas bringen möchte. Eine Person auf einer höheren hierarchischen Ebene, die an seine Fähigkeiten glaubt und die Karriere dementsprechend forciert. Das ist bei Männern üblich und sollte es auch bei Frauen sein. Allerdings ist die Sache bei Frauen viel komplizierter. Haben sie männliche Mentoren, fängt schnell auch das Gerede an. Vielen Frauen wird, oftmals ungerechterweise, Nähe zu Personen mit Macht, die über berufliches Interesse hinausgeht, vorgeworfen.

Sich den männlichen Kriterien anpassen...

Wenn sich Frauen in Führungspositionen wie Männer aufführen, ist das der weiteren Karriere ganz und gar nicht förderlich. Das Imitieren von Männern macht ein schlechtes Bild und wird meist übel genommen. Trotzdem aber wird es keiner Frau gelingen, ohne Anpassung an die männlichen Strategien zur Spitze zu kommen. Eine rein sachorientierte Argumentation ist daher die Voraussetzung dafür, als Führungskraft akzeptiert zu werden.

Verlassen Sie sich auf Ihre eigenen Fähigkeiten und schöpfen Sie daraus Selbstbewusstsein. Sie müssen überzeugt davon sein, dass das Unternehmen von Ihren Stärken profitiert. Und Sie sollten sich besonders intensiv auf Verhandlungen, Besprechungen sowie diverse andere Auftritte vorbereiten.

Sachkompetenz und Selbstsicherheit sind die wesentlichsten Kriterien für berufliches Weiterkommen – sowohl für Männer als auch für Frauen.

...aber trotzdem weibliche Eigenschaften betonen

Führungspositionen sind in erster Linie Kommunikationsarbeit. Die Fähigkeit zur Kommunikation erfordert vor allem Eigenschaften, die typisch weiblich sind, wie

- Kompromissbereitschaft und die Gabe, anderen Menschen zuzuhören
- einen offenen Umgang mit Informationen ohne Machtüberlegungen
- vernetztes Denken
- die Bereitschaft, Erfolge zu teilen und
- hohe Sensibilität nach innen und außen

All diese Eigenschaften sind positiv für den Aufstieg im Unternehmen. Gepaart mit typisch männlichen Eigenschaften steht einer Karriere daher nichts mehr im Wege.

Sich die Branche aussuchen

Frauen mit ausgeprägten Karriereabsichten können durch die Auswahl der Branche, in der sie arbeiten, ihre Karrierechancen steuern.

Es gibt Branchen, in denen ein Aufstieg zur Spitze besonders hart und unwahrscheinlich ist. Dazu gehört unter anderem der Bankenbereich. Wenn Frau sich dafür entscheidet, dann muss sie wissen, dass eine Top-Karriere hier äußerst schwierig sein wird, da dieser Bereich nach wie vor von Männern dominiert ist.

Unternehmerin werden

In manchen Branchen allerdings sind auch die Führungspositionen mittlerweile in fester Hand von Frauen, wie z.B. in den Medien. Frauen in Vorständen oder in den Aufsichtsräten findet man auch häufig in Firmen, die in Familienbesitz sind. Viele Frauen gründen eigene Firmen und werden selbst zur Unternehmerin. Die wachsende Zahl von Jungunternehmerinnen lässt hoffen, dass in Zukunft auch die Zahl der Frauen in Chefpositionen steigt.

Besonderes Augenmerk auf Aussehen und Kleidung legen

Bei Frauen, die nach Führungspositionen streben, sind Äußerlichkeiten noch wichtiger als bei Männern. Karrierefrauen sollten daher ganz besonderes Augenmerk auf ihr Aussehen legen. Wichtig ist, die eigene Persönlichkeit zu betonen, Alter und Figur spielen dabei eine wichtige Rolle. Durch ihre Kleidung, ihre Accessoires und ihr Make-up können Frauen bis zu einem gewissen Grad selbst bestimmen, ob sie als Führungskraft akzeptiert und respektiert werden, oder ob sie beschützt und umarmt werden möchten. Autoritätsperson oder Kumpel, selbstbewusste Ausstrahlung oder Weibchen – jede Frau hat es selbst in der Hand, wie sie gesehen wird.

Körperhaltung beachten

Die Körperhaltung gilt als sichtbarer Ausdruck der Selbstdisziplin. Frauen unterliegen darin nach wie vor größeren Einschränkungen als Männer und sie werden auch strenger beurteilt. Körpersprache lässt immer eine Interpretation zu, daher sollen Frauen ganz besonders darauf achten. Ich möchte hier keine Detailvorschriften, wie man z.B. das Spielbein vor das Standbein setzt, oder ähnliche Ratschläge geben. Wie man steht und wie man sich bewegt, hängt ja auch zu einem Großteil vom jeweiligen Temperament ab. Dass sich die Kompetenz einer Frau auch in ihrer Körpersprache widerspiegelt, kann jedoch nicht geleugnet werden.

Stimmlage trainieren

Auch die Stimme verleiht dem Menschen Macht. Studien belegen, dass die Wirkung unserer Stimme mehr Eindruck macht als der tatsächliche Inhalt des Gesprochenen. Wie beim ersten optischen Eindruck beeinflusst auch hier die Verpackung den Inhalt.

Frauen sprechen meist höher, und es gilt als erwiesen, dass höhere Stimmlagen tiefere, die den meisten Männern eigen sind, dominieren. Doch hohe Stimmen werden oftmals als „unsachlich" oder „emotional" empfunden. Tiefe Stimmlagen hingegen gelten als „einigend" und signalisieren Kompetenz und Durchsetzungsfähigkeit.

Gehört werden mit kontrollierter Stimme

Frauen sprechen meist auch leiser als Männer. Wenn sie, um sich durchzusetzen „ihre Stimme erheben", dann klingt das sehr leicht „schrill" und wird als „hysterisch" interpretiert. Frauen haben es daher bei öffentlichen Auftritten, Verhandlungen und Besprechungen besonders schwer, mit kontrollierter Stimme gehört zu werden. Gerade deswegen sollten sie ihre Stimme und die Wirkung in verschiedenen Situationen beobachten und sich gegebenenfalls einem Stimmtraining unterziehen.

Umgangsformen souverän beherrschen

Ausnehmende Höflichkeit und Zuvorkommenheit zeichnet die Karrierefrau aus. Freundlichkeit gegenüber Mitarbeitern, Kollegen und vorgesetzten Personen macht sympathisch und wirkt souverän.

Frauen dürfen sich schlechte Laune am Arbeitsplatz weniger leisten als Männer. „Wahrscheinlich bekommt sie ihre Tage", oder „klimakteriell bedingte Launenhaftigkeit“ sind noch die harmlosen Interpretationen von weiblichen Stimmungsschwankungen. Sie haben daher am Arbeitsplatz ebenso wenig verloren wie „Wehleidigkeit“ und „beleidigt sein“.

Schlechte Angewohnheiten, wie z.B. die Beine auf den Schreibtisch zu legen oder mit der Faust auf den Tisch zu schlagen, werden bei Männern vielfach noch toleriert. Eine Frau darf sich dergleichen Ungehobeltheiten jedoch nicht erlauben. In diesem Punkt herrscht noch keinerlei Gleichberechtigung zwischen den Geschlechtern.

Was der Karriere hilft – und was ihr schadet

Exponierte Frauen werden mit Argusaugen betrachtet. Solange man – was die Hierarchie betrifft – unter sich ist, ist alles in Ordnung, doch wehe, ein Mitglied des weiblichen Rudels begehrt eine Alpha-Rolle, dann heißt es, auf der Hut sein. Das unsolidarische Verhalten von Frauen ist mit ein Grund dafür, dass es mit Frauenkarrieren langsamer vorangeht.

Karriereverstärker

Fachkompetenz ist zweifellos das wichtigste Kriterium für eine Karriere. Doch diese Kompetenz muss stets durch eine besonders gute Vorbereitung auf berufliche Auftritte, Besprechungen und Verhandlungen unter Beweis gestellt werden.

Fachkompetenz

Die karrierebewusste Frau zeigt Selbstbewusstsein. Wo immer es möglich ist, hebt sie ihre Leistungen hervor und betont, dass sie Wert auf Anerkennung legt – und zwar nicht nur in Form von Schulterklopfen und Beteuerung von Unersetzlichkeit, sondern durch Aufstiegsmöglichkeiten und höhere Bezahlung. Sie betont bei jeder Gelegenheit, wie wichtig ihr beruflicher Aufstieg ist.

Selbstbewusstsein

Auch in außergewöhnlichen Situationen bleibt die Frau mit Karriereambitionen höflich und charmant. Bei Auseinandersetzungen verliert sie nie die Selbstbeherrschung, schlägt nicht mit der Faust auf den Tisch und rauscht keinesfalls wutentbrannt zur Tür hinaus. Tränen des Kummers und des Zorns vergießt sie niemals in Anwesenheit von anderen Personen. Sie bleibt ruhig und besonnen und lässt ihren Charme spielen, wo immer es möglich ist. Humor ist eines der besten Mittel zur Entschärfung angespannter Situationen.

Charme, Höflichkeit und Humor

Die karrierebewusste Frau ist jedoch nicht vornehm-zurückhaltend, sondern vertritt ihre Interessen. Mit Ausdauer verfolgt sie ihre Ziele und lässt sich durch Rückschläge nicht entmutigen. Sie sagt ihre Meinung und steht dazu. Sie nimmt sich kein Blatt vor den Mund, wenn sie etwas zu sagen hat – denn wer zu lange wartet, dem stiehlt womöglich ein Kollege die Show.

Durchsetzungsvermögen

Die Karrierefrau ist keine One-woman-show, sondern lernt zu delegieren, wann immer es möglich ist. Mit freundlich formulierten Anweisungen schafft sie sich alles vom Hals, was sie selbst nicht vorwärtsbringt, und festigt daher von Anfang an ihre hierarchische Position.

Ausgeübte Autorität

Einerseits ist sie kollegial und kooperativ, andererseits bewahrt sie die nötige Distanz zu ihren Mitarbeitern und Mitarbeiterinnen. Auch nach oben hin ist ein gewisser Abstand zu allen Machtträgern karrierefördernd. Unterschiedliche Zuneigung oder gar Bevorzugung einzelner Personen sollen, zumindest für Außenstehende, nicht erkennbar sein.

Distanz

Ein bewusster Umgang mit dem Du-Wort in konventionellen Betrieben gehört ebenfalls zum Business-Knigge für Frauen. Besonders, wenn sich Männer und Frauen im Betrieb duzen, wird oftmals „mehr“ vermutet. Das sollte jeder Frau bewusst sein. Allerdings beginnen sich die alten Konventionen nach und nach aufzulösen und das Duzen kommt immer mehr in Mode, besonders in der New Economy.

Attraktive Kleidung und gepflegtes Äußeres

Jede Frau, die eine Führungsposition anstrebt, ist gut beraten, sich so zu kleiden, als hätte sie diese Position bereits inne. Es ist empfehlenswert, schon vorweg in ein attraktives Business-Kostüm von einem bekannten Designer zu investieren und nicht auf eine Gehaltserhöhung zu warten. Auch Investitionen wie ein gediegener Aktenkoffer oder die Hülle für den Laptop machen sich bestimmt bezahlt.

Karriereverzögerer

Bescheidenheit

Es ist eine besondere weibliche Spezialität, die eigenen Fähigkeiten und Leistungen herunterzuspielen, die Fähigkeiten von Kollegen hingegen hoch zu loben. „Bescheidenheit ist eine Zier, doch weiter kommt man ohne ihr.“ Diesen etwas hinkenden Vers, den Kameraden, Mitschüler und Lehrer früher in „Stammbücher“ schrieben, sollte sich jede Frau mit Karriereabsichten täglich mehrere Male vorsagen.

Schwächen zeigen

Es macht keinen guten Eindruck, wenn Schwächen und Probleme nach außen getragen werden. Schwächen zeigt Frau nicht, und Probleme löst Frau für sich selbst. Es schadet immer der Karriere, wenn die Umgebung mit den eigenen Unzulänglichkeiten belästigt wird.

Erotische weibliche Signale

Karriereinteressierte Frauen sollen allzu weiblich-erotische Signale unbedingt meiden. Denn diese lenken Männer ab und verhindern ihre Aufnahmefähigkeit für Informationen. Erotische Aufmachung wird gern als Inkompetenz im Beruf interpretiert. Daher: Niemals zuviel Frau sein.

Maskuline Signale

Auch das betont maskuline Auftreten, wie gewollt tiefe Stimme, breitbeiniges Sitzen oder sonstige burschikose Gesten, also alles das, was von der Erwartung gegenüber „normalem“ weiblichen Auftreten abweicht, wirkt negativ auf die Business-Umgebung. Daher: Niemals zu wenig Frau sein.

Leise oder schrille Stimme

Hohe Stimmlage und geringe Lautstärke gelten als inkompetent. Tiefere Stimmlagen gelten kompetenter als hohe. Besonders aufpassen müssen Frauen, wenn sie aufgeregt oder nervös sind: Ihre Stimme kippt und klingt dann „hysterisch“ (siehe auch „Stimmlage trainieren“, Seite 71).

Arbeitsbiene

Den besonders Fleißigen wird selten gedankt. Man mag sie zwar, denn man kann alles auf sie abladen, was man selbst nicht machen möchte. Aber selten wird ihr Arbeitseifer mit einem Aufstieg auf der Karriereleiter belohnt. Denn vor lauter Arbeiten haben sie keine Zeit, sich um die vielen anderen wichtigen Dinge im Berufsleben, z.B. Marketing für die eigene Person, zu kümmern.

Diskriminierungen zulassen

„Wehret den Anfängen“. Jede Art von Diskriminierung soll bereits in den Anfängen gestoppt werden. Nur wer nicht eindeutig Grenzen setzt, wird ausgenützt. Herabsetzungen verbaler und sonstiger Natur soll daher sofort höflich und freundlich entgegengetreten werden.

Ungepflegtes Äußeres

Viel mehr als jedem Mann wird einer Frau ungepflegtes Äußeres angekreidet. Vernachlässigung der Kleidung und der Körperpflege sind absolute Karriere-Killer. Für die tägliche Pflege, für die Kosmetikerin für den Friseur, für den Masseur, für edle Kosmetikprodukte und alles, was gut tut und schöner macht, soll daher genügend Zeit bleiben und auch ein entsprechendes Budget veranschlagt werden.

Verbale und andere Belästigungen

Über Frauendiskriminierungen wurde und wird viel geschrieben und viel geredet. Tatsächliche Benachteiligungen verstoßen eindeutig gegen das Gesetz, rechtliche Schritte sind möglich. Aber es gibt auch Diskriminierungen anderer Art.

Versteckte Diskriminierungen

Vorstellungsgespräche

Intime Fragen bei Vorstellungsgesprächen müssen nicht beantwortet werden. Dazu gehört z.B. die Frage nach der Anzahl der bisherigen Lebenspartner oder Ähnliches. Fragen Sie daher höflich und bestimmt, in welchem Zusammenhang die Frage mit Ihrer künftigen beruflichen Tätigkeit steht. Erhalten Sie darauf keine sinnvolle Erklärung, verweigern Sie einfach die Antwort.

Zutrauliche Anreden

Wenn es Ihnen nicht angenehm ist, dass Sie von einer bestimmten Person geduzt werden, können Sie es höflich ablehnen. Niemand muss das Du-Wort eines Vorgesetzten akzeptieren. Auch verniedlichende Bezeichnungen, wie das Ansprechen mit dem Vornamen oder Bezeichnungen, wie „Kindchen" oder „Mädchen" brauchen Sie nicht zu akzeptieren – auch nicht von älteren Herren. Versuchen Sie abzuschätzen, ob die Zutraulichkeit einfach liebevolles Wohlwollen oder diskriminierend gemeint ist. „Zickig" sollten Sie keinesfalls werden, Humor hilft immer.

Einschränkung der Persönlichkeitsrechte

Sobald Sie sich in Ihren Persönlichkeitsrechten beeinträchtigt fühlen, sollen Sie sich wehren. Wenn Ihnen Ihr Vorgesetzter zu sehr auf die Pelle rückt, indem er sich demonstrativ auf Ihren Schreibtisch setzt und Ihnen körperlich einfach näher kommt, als Ihnen lieb ist, dann sollen Sie von Anfang an klarstellen, dass Ihnen das unangenehm ist.

Offene Diskriminierungen

Belästigungen

Viele Männer glauben, dass sich Frauen grundsätzlich von Gunstbezeugungen jeglicher Art geehrt fühlen. Die Unterscheidung zwischen männlichen Komplimenten, Zuwendungen verbaler Art und plumper Anmache ist manchmal schwierig und wird von Frauen auch unterschiedlich aufgefasst. Was die eine Frau noch als durchaus akzeptables Kompliment empfindet, kann bei der anderen schon an die Grenzen der Zumutbarkeit gehen. Während die eine Frau sich freut, wenn ihr die Arbeiter vom Gerüst einer Baustelle nachpfeifen, empfindet die andere das schlicht und einfach als Übergriff auf ihre persönliche Freiheit und ihre Ehre als Frau.

Einfach ist die ganze Sache nicht. Weder für Männer noch für Frauen. Und ich teile auch nicht die gängige Ansicht, dass die Männer immer die „Bösen" und die Frauen immer die „Guten" sind. Da die Grenzen fließend sind und auch die Empfindlichkeiten sehr unterschiedlich, können hier auch keine allgemein gültigen Ratschläge gegeben werden. Der einzige Ratschlag ist, rechtzeitig bzw. bei der ersten persönlichen Unzumutbarkeit die Grenzen abzustecken.

„Sexual harassment"

Statistiken besagen, dass viele Frauen im Berufsleben verbalen oder sonstigen Belästigungen ausgesetzt sind. „Sexual harassment", ein Begriff, der vor wenigen Jahren noch gänzlich unbekannt war, ist heute der Schrecken der männlichen Bürowelt. Nicht weil es dergleichen Übergriffe früher nicht gegeben hätte – Frauen sind bloß heute nicht mehr bereit, sie stillschweigend hinzunehmen. Prozesse, vor allem in den Vereinigten Staaten, aber mittlerweile auch schon in europäischen Ländern, beschäftigen Richter, Zeugen, Medien sowie Männer und Frauen in Betrieben.

Weibliche Anmache

Zu bedenken ist allerdings, dass diese Art der Belästigung keineswegs immer nur von Männern an Frauen ausgeübt werden. Es passiert auch immer wieder umgekehrt. Der Chef, der sich an das Lehrmädchen oder an die junge Büroangestellte heranmacht, begeht genauso eine Diskriminierung wie die Mitarbeiterin, die ihrem Chef schöne Augen macht und durch Betonung ihrer weiblichen Reize und Parfümwolken seine Sinne mit eindeutigen Absichten umnebelt. Doch die weibliche „Anmache" geht selten in die Richtung von abhängigen Personen, sondern eher umgekehrt in Richtung einer hierarchisch höheren Person.

So werden Sie mit Diskriminierungen fertig

- „Wehret den Anfängen". Da die Reizschwelle personenbezogen unterschiedlich ist, soll jede Frau (aber auch jeder Mann) sofort, wenn sie (er) sich persönlich nicht wohl fühlt, „nein" sagen. Das rechtzeitige Abstecken von Grenzen verhindert meistens weitere Übergriffe.
- Keine Reaktion gilt immer als stummes Einverständnis. Niemals sollte man Dinge bis zu dem Moment zulassen, wo man nicht mehr Herr (oder Frau) der Lage ist. Dann ist es meistens zu spät.
- Es macht keinen Spaß, diese Spielchen mit starken Persönlichkeiten zu spielen. Je gefestigter Sie dem potentiellen Aggressor entgegentreten, desto mehr verliert er die Lust daran.
- Keinesfalls sollen Sie sich einschüchtern lassen. Bemerkungen, wie „Wer wird denn so verklemmt sein", „Sie sind eine Spielverderberin" oder „Was bist du denn so zickig" sind Ausdrücke seiner Hilflosigkeit und dürfen nicht persönlich genommen werden.
- Selbstbewusste, verbale Retour-Attacken wie z.B. „Ich spiele gerne, aber die Spielregeln lege ich fest...", oder „So klein und schon so frech..." haben schon viele Angreifer in die Flucht geschlagen. Als Frau kann (und soll) man in solchen Situationen gepflegte Umgangsformen vergessen.
- Bei mehrmaligen Entgleisungen oder Drohung von Versetzung oder Entlassung kann eine Ankündigung, dass die Angelegenheit gemeldet wird, Wunder wirken. Sollte trotzdem noch einmal Ähnliches passieren, kann Hilfe beim Personalchef des Unternehmens, bei einer Frauenbeauftragten oder beim Betriebsrat geholt werden.
- In kleinen Unternehmen ohne derartige Instanzen ist die rechtzeitige Kündigung noch allemal besser als der Verlust der eigenen Würde.

Die wichtigsten Regeln

- Es gibt für Frauen immer noch Unterschiede zwischen beruflichem und gesellschaftlichem Auftreten.
- Im Beruf zählt kein „Ladys first“ wie im gesellschaftlichen Bereich. Es zählt allein die berufliche Hierarchie.
- Die Karrierefrau schafft eine Gratwanderung. Im Beruf gibt sie sich weder betont männlich noch allzu weiblich. „Soft power“ ist ihre Marketingstrategie.
- Auch die selbstbewusste Frau lässt erkennen, dass sie männliche Höflichkeitsbezeigungen schätzt.
- Für Frauen, die Karriere machen wollen, gilt es manchmal, Wohlerzogenheit, Rücksichtnahme und Bescheidenheit zu überwinden.
- Für Frauen mit Karriere-Ambitionen ist das Selbst-Marketing wichtiger als Fleiß.
- Äußerlichkeiten sind bei Frauen noch wichtiger als bei Männern. Wie sie gesehen wird, hat sie selbst in der Hand.
- Ausnehmende Höflichkeit und Zuvorkommenheit, gepaart mit Selbstbewusstsein und Durchschlagskraft ist das Wichtigste.
- Frauen sollten vermehrt versuchen, untereinander Netzwerke zu bilden.
- Wehret den Anfängen: Männliche Übergriffe verbaler oder sonstiger Art sollen sofort gestoppt werden. Das rechtzeitige Abstecken von Grenzen verhindert meistens weitere Übergriffe.

Rangordnungs-Knigge:
Oben und unten

Ein bisschen Geschichte

Rangfolgen sind historisch gewachsen und kulturell überliefert. Ihnen liegt ein hierarchisches Prinzip zugrunde, und sie bestimmen viele Begegnungen gehobener Art. Es handelt sich dabei keineswegs um antiquierte Regeln, die man nicht mehr ernst zu nehmen braucht, sondern sie haben nach wie vor ihre Gültigkeit und werden bei offiziellen Gelegenheiten auch heute noch angewandt.

Wem gehört der Platz beim König?

Früher bestimmte die Rangfolge, wer an der königlichen Tafel näher beim Monarchen sitzen durfte und wer weiter weg Platz nehmen musste. Auch heute noch beschäftigt sich die Rangfolge mit der Einordnung des eigenen Stellenwertes gegenüber anderen Menschen. Es gibt dafür feste Regeln.

Vielleicht haben Sie sich selbst schon einmal „herabgesetzt" oder „deplaciert" gefühlt. Sicher wurden Sie dabei nicht in der Art und Weise behandelt, die Ihnen aufgrund Ihrer Position, Ihres Alters oder einer sonstigen Eigenschaft in einer bestimmten Situation zugestanden wäre. Sie haben gemerkt, dass irgendetwas nicht gestimmt hat und haben sich daher nicht wohl gefühlt.

Wann Ränge berücksichtigt werden

Die Rangfolgen spielen bei offiziellen und besonders festlichen Gelegenheiten, wenn protokollgerechtes Auftreten gefordert ist, eine große Rolle. Aber auch im gehobeneren privaten und gesellschaftlichen Umgang gibt es klassische Regeln für den Gruß und den Handschlag, für die Vorstellung oder für das Anbieten des Du-Wortes. Diese Regeln orientieren sich am Rang der beteiligten Personen. Dabei wird immer unterschieden, ob es sich um gesellschaftliche oder berufliche Rangfolgen handelt, denn da gibt es Unterschiede.

Gesellschaftliche Rangfolgen

Die gesellschaftliche Rangfolge hat Regeln, die nach wie vor unserer herkömmlichen Kulturtradition entsprechen. Diese Regeln sind stark von der Rücksichtnahme auf Frauen geprägt. Trotz Gleichberechtigung, trotz Emanzipation stehen Frauen auf dem gesellschaftlichen Parkett nach wie vor Privilegien zu.

Regeln der gesellschaftlichen Rangfolge

Die Grundregeln

- Die Frau ist gegenüber dem Mann immer die Ranghöhere. Das spielt beim Gruß, beim Handschlag und bei der Vorstellung eine Rolle.
- Gäste sind ranghöher als Verwandte.
- Ältere Personen sind ranghöher als jüngere.
- Bei gleichgeschlechtlichen Personen ist die ältere ranghöher gegenüber der jüngeren.
- Ausländer werden gegenüber Inländern gleichen Ranges als ranghöher behandelt.
- Bei Tischordnungen teilen Ehefrauen den Rang ihrer Männer.

Im gesellschaftlichen Leben hat die Frau einen eindeutig höheren Rang als der Mann. Sie genießt aber noch weitere Privilegien, die der Mann mit guten Umgangsformen kennt und auch anwendet. Frauen haben früher als „kleiner, schwächer und schutzbedürftiger" gegolten, und der Begleiter der Dame hat darauf Rücksicht genommen. Trotz Emanzipation und Ebenbürtigkeit rate ich allen Frauen, im gesellschaftlichen Bereich diese kleinen Privilegien zu genießen und stolz auf ihre Partner zu sein, wenn diese gepflegte Umgangsformen beherrschen und anwenden.

Frauenprivilegien

Es ist auch heute noch üblich, dass „Frau" bei der Begrüßung sitzen bleibt. „Mann" lässt ihr den Vortritt, „Mann" öffnet die Tür für sie und hilft ihr aus dem Mantel. Außerdem ist es selbstverständlich, dass „Mann" auf der Straße den Arm anbietet, damit das arme Kind nicht stolpert (keine

schlechte Idee bei den derzeit modernen Highheels). Natürlich geht er auf dem Gehsteig auf jener Seite, an der der Verkehr flutet, damit ihre feine Garderobe nicht schmutzig wird.
In allen privaten gesellschaftlichen Zusammenhängen setzen diese Rangfolgen auch berufliche Hierarchien außer Kraft. Das kann mitunter knifflig werden, denn die gesellschaftliche Rangfolge zählt auch dann, wenn man z.B. bei einer privaten Einladung in Begleitung seiner Frau seinem Vorgesetzten begegnet. Dann ist die Ehefrau ranghöher als der Chef. Handelt es sich hingegen um eine berufliche Veranstaltung, gilt auch die berufliche Rangfolge. Und hier gibt es andere Prioritäten.

Berufliche Rangfolgen

Die Rangfolge im Beruf orientiert sich einzig und allein an der hierarchischen Stellung der jeweiligen Person innerhalb der Firma. Im beruflichen Alltag sind die gesellschaftlichen Privilegien von Frauen außer Kraft gesetzt.

Die meisten Unternehmen sind hierarchisch strukturiert, das heißt, es gibt ein klar definiertes Oben und Unten. Auch dann, wenn der Umgangston kumpelhaft ist, auch dann, wenn Teamwork praktiziert wird, und auch dann, wenn man einander mit dem Vornamen anspricht und per Du ist.

Die Grundregel

- Die Person, die betrieblich höher in der Hierarchie steht, wird als ranghöher angesehen.

Natürlich zählt im beruflichen Alltag in erster Linie die Praktikabilität dieser Regel. Es bedarf daher großer Sensibilität, abzuschätzen, wann es angebracht ist, diese zu beachten und wann nicht.

Kein „Ladys first"

Das berufliche Verhalten entspricht weitgehend den männlichen Standards. Die gesellschaftliche Bevorzugung von Frauen gilt nicht für den Beruf. Ein „Ladys first" gibt es in der Geschäftswelt nicht – damit müssen sich die Frauen eben abfinden.

Die „goldene Mitte"

Selbstverständlich soll die Frau im Berufsleben männliche Höflichkeit und Zuvorkommenheit akzeptieren und nicht brüsk zurückweisen. Aber sie kann keineswegs darauf zählen, dass ihr irgendwelche Privilegien zustehen. Umgekehrt sollte man als Frau auch nicht die männliche Rolle übernehmen. Am besten wirkt es, einerseits als selbstbewusste, gleichgestellte Kollegin aufzutreten, die sich an den männlichen Verhaltensnormen orientiert, andererseits aber zur eigenen Weiblichkeit zu stehen, ohne „Weibchen" zu sein. Das ist nicht ganz einfach und in gewissem Sinne ein Balanceakt. Den Weg der „goldene Mitte" zu gehen ist die große Kunst, die erfolgreiche Frauen im Beruf beherrschen sollten.

Frauen in Top-Positionen

Je mehr Frauen in Top-Positionen aufrücken, desto eher können sie wieder innerhalb ihrer hierarchischen Stufe Privilegien genießen, die sie aus dem gesellschaftlichen Bereich gewohnt sind. Das heißt z.B., dass sich die Frau in einer Vorstandsposition von ihren männlichen Kollegen durchaus wieder bestimmte Bevorzugungen erwarten kann. Hier gilt wieder das Prinzip: „Ladys first".

Grüßen und Begrüßen

Ein Gruß ist immer eine Geste der Freundlichkeit und des Respekts. Er stammt aus der Zeit, in der ein verbaler Gruß im Freien dem Fremden signalisierte, dass man sein Freund war und er nichts Böses erwarten musste. Feinde, denen man auflauerte, wurden nicht gegrüßt. Wahrscheinlich stammt aus dieser Zeit auch noch die heute übliche Sitte, in der Natur, im Wald und in den Bergen jeden Fremden zu grüßen.

Regeln beim Grüßen

Die Grundregel

- Die rangniedere grüßt die ranghöhere Person.

Im gesellschaftlichen Leben grüßt daher der Mann die Frau, die jüngere die ältere Person usw. Im Beruf zählt wie immer die betriebliche Hierarchie, d.h., dass sowohl Mitarbeiter als auch Mitarbeiterin den Vorgesetzten bzw. die ihnen hierarchisch übergeordneten Personen grüßen – zumindest theoretisch.

Grüßen zeugt von Souveränität

In der Praxis aber wird vor allem im Beruf kein besonderer Wert mehr auf diese Regel gelegt. Es ist immer ein Zeichen von Souveränität und ganz und gar kein Zeichen von Unterwürfigkeit, wenn man andere Menschen zuerst grüßt. Warten Sie daher niemals auf einen Gruß, sondern grüßen Sie, unabhängig von Ihrem Rang, das ist immer ein Zeichen von Selbstbewusstsein.

- Im Vorbeigehen grüßt diejenige Person zuerst, die den anderen zuerst wahrnimmt und erkennt.

Kurzsichtige Personen werden daher immer in der Defensive sein. Deshalb sollten Verzögerungen beim Grüßen nicht unbedingt als ein Zeichen der Missachtung oder schlechten Erziehung gedeutet werden, sondern eher als eines von Fehlsichtigkeit.

- Personen, die auf eine Gruppe stoßen, sowie Personen, die einen Raum (das kann auch ein Aufzug sein) betreten, grüßen zuerst.

Grußformen

Gegrüßt wird im Allgemeinen entweder durch ein Kopfnicken oder durch die im jeweiligen Sprachraum gebräuchlichen Grußformeln. Ob das „Guten Tag", „Grüß Gott" oder „Gruezi" heißt, ist je nach Region verschieden. Wenn möglich, sollten Sie der Grußformel immer den Namen hinzufügen:„Guten Morgen, Frau Frühaufsteher" oder „Guten Abend, Herr Schlafstörung" klingt einfach viel persönlicher.

„Hallo"

Mit dem heute schon weit verbreiteten „Hallo" sollte man allerdings im Betrieb vorsichtig sein. Als gängiger Gruß unter guten Bekannten, unter Jugendlichen und unter Kollegen ist es angebracht. In der „New Economy" sowie in kreativen Branchen wird dieser Gruß auch zwischen Personen unterschiedlicher hierarchischer Stufe in Ordnung sein. In konventionellen Branchen sowie bei älteren Personen müssen Sie schon genau das Umfeld betrachten, um zu erkennen, ob ein saloppes „Hallo" angebracht ist. Mit traditionellen Grußformen liegen Sie hier wahrscheinlich richtiger.

Unelegante Grußformen

„Mahlzeit" ist unter keinen Umständen eine Grußformel, wiewohl es gerne in Großbetrieben und Ämtern verwendet wird. Eine besondere Unart ist es, dieses Wort als Grußersatz von der Mitte des Vormittags bis zur Mitte des Nachmittags zu verwenden. Auch „Tschau", „Tschüssi", „Tschü'" und „Baba" ist höchstens unter Freunden oder Kollegen, aber keineswegs als allgemeiner Gruß angebracht.

Eine besondere Wiener Eigenart sind auch die Formeln „Grüß' Sie" und „Küss die Hand", die vielleicht am Wiener Naschmarkt angemessen sind, aber nicht als Firmengruß.

„Hut lüften"

Männer, die Hüte tragen, sollen im Freien zum Gruß den Hut kurz in die Höhe heben – ihn „lüften". Vor allem ältere Semester sind diese Art des Grüßens gewohnt. Wenn jüngere Männer das nicht tun, wird sich niemand daran stoßen. Beeindrucken kann man mit dieser Geste jedoch allemal.

Schau mir in die Augen, Kleines

Beim Grüßen sieht man einander in die Augen und lächelt freundlich. Das gilt in jeder Situation. Ebenso gilt, dass man jeden Gruß erwidert und dass das Nichterwidern eines dargebotenen Grußes eine besonders grobe Unhöflichkeit und Missachtung einer Person darstellt. Verbales Grüßen bedeutet nicht, dass man mit dem anderen in ein Gespräch kommen möchte, es ist lediglich eine Geste der Freundlichkeit.

Handschlag

Der Handschlag hat ebenfalls historische Gründe und war früher das Zeichen für eine friedliche Annäherung. Die Hand griff nicht zum Schwert, das sich auf der rechten Seite befand, sondern wurde dem Gegenüber dargeboten. „Ich bin dein Freund, ich will dir nichts tun" signalisierte diese Geste.

Kein Platz für Schlaffis

Im europäischen Raum wird der Händedruck nach wie vor als Ausdruck der Höflichkeit verstanden. Er signalisiert ein stärkeres persönliches Interesse am Gegenüber als das distanzierte Sich-gegenüber-Stehen. Der Handschlag sagt viel über eine Person aus. Ein Händedruck kann fest oder weich, trocken oder feucht, schlapp oder rücksichtslos, locker oder verkrampft sein. „Gib mir deine Hand, und ich sage dir, wer du bist" könnte man in Abwandlung eines bekannten Zitates wohl sagen. Alle Informationen, die wir mit dem Händedruck bekommen, speichern wir in unserem Unterbewusstsein und kombinieren sie mit den anderen Eindrücken, wie Kleidung, Haltung, Stimme und Sprache.

Handschlag bedeutet Zeit haben

Der Handschlag bedeutet auch, dass man bereit ist, mit seinem Gegenüber einige Worte zu wechseln. Wenn Sie es sehr eilig haben, oder wenn Sie keine Lust zu einem kurzen Gespräch haben, verzichten Sie daher darauf, jemandem die Hand zu reichen. Wird Ihnen jedoch die Hand gereicht, dann dürfen Sie das keinesfalls abschlagen. Das wäre ein Zeichen von grober Unhöflichkeit.

Regel beim Handschlag

Die Grundregel

- Der Ranghöhere gibt dem Rangniedrigeren die Hand.

Im gesellschaftlichen Leben reicht die Dame dem Herrn die Hand, die ältere Person der jüngeren usw. Im Beruf reicht der oder die hierarchisch höhergestellte Person der rangniederen Person die Hand. Der Gastgeber gibt immer dem Gast die Hand. Die Rangordnung beim Handschlag soll vor allem bei formellen Gelegenheiten immer beachtet werden.

Was ist sonst noch wichtig

Es gibt noch einige weitere Punkte, auf die Sie achten sollten, wenn Sie als Person mit guten Umgangsformen gelten wollen.

Das gilt für Männer und Frauen

- Sehen Sie Ihrem Gegenüber in die Augen.
- Bei geschäftlichen Anlässen stehen sowohl Frauen als auch Männer auf.
- Beachten Sie Ihre eigene Körpergröße und die Ihres Gegenübers. Wenn Sie sehr groß sind, halten Sie etwas mehr Abstand, indem Sie den Arm mehr strecken, ansonsten wirken Sie zu sehr „von oben herab". Dasselbe gilt für kleine Menschen. Halten Sie ebenfalls Abstand, um nicht „hinaufschauen" zu müssen.
- Zigaretten werden selbstverständlich ausgedämpft.
- Neigen Sie zu verschwitzten Händen, dann tragen Sie immer ein Taschentuch in der Rocktasche und trocknen Sie die Hände vor dem Gruß ab.

Das gilt für Männer

- Stehen Sie bei jeder Begrüßung mit Handschlag auf.
- Schließen Sie dabei mit einem „automatischen" Griff einen Knopf der Anzugjacke (bei Zweireihern immer den inneren und den äußeren Knopf). Das hat sich deswegen eingebürgert, weil früher das Herrenhemd ein Teil der Unterwäsche war – und in der Unterwäsche begrüßt man keinen Fremden.
- Tragen Sie eine Weste oder ein Gilet unter der Jacke, muss der Knopf nicht unbedingt geschlossen werden.
- Die linke Hand hat bei der Begrüßung nichts in der Hosentasche verloren. Folgt auf die Begrüßung ein Gespräch, kann sie eventuell wieder darin landen.

Das gilt für Frauen

- Als Dame dürfen Sie bei gesellschaftlichen Anlässen sitzen bleiben, wenn Sie jemand anderen begrüßen.
- Frauen im Berufsleben schließen bei der Begrüßung ebenfalls einen Knopf ihrer Jacke.

No no!

Ein gar nicht so seltenes Negativbeispiel: Ein Jungakademiker stellt sich bei einem potentiellen Arbeitgeber vor. Mit ausgestreckter rechter Hand, die Linke in der Hosentasche, die Jacke offen, stürzt er auf seinen möglichen künftigen Chef zu und kommt sich dabei besonders freundlich vor. Wenn er dann noch seinen Filofax, sein Handy und gar noch seinen Autoschlüssel auf dem Besprechungstisch ablegt, dann werden bei der Beurteilung die mangelnden Umgangsformen etwaige fachliche Qualifikationen wahrscheinlich zunichte machen.

Beobachten Sie sich daher selbst einmal, wie Sie Hände schütteln, und versuchen Sie zu ergründen, welche Botschaften Sie dabei senden. Vielleicht können Sie das eigene Verhalten im einen oder anderen Fall korrigieren.

Vorstellen und bekannt machen

Die Vorstellung von Personen ist die zeremoniellere Art des Bekanntmachens und wird nur bei offiziellen Gelegenheiten angewandt. Dabei spielen gesellschaftliche oder berufliche Rangordnungen, wie oben erwähnt, eine Rolle.

In privaten und durchschnittlichen gesellschaftlichen Situationen sowie in weniger förmlichen beruflichen Situationen macht man einander bekannt. Dabei braucht man keinerlei Rücksicht auf eventuelle Rangordnungen zu nehmen.

Alte Etiketteregeln

Schnee von gestern

Gemäß alten Etiketteregeln hatte das korrekte Bekanntmachen von Fremden untereinander stets durch einen Dritten zu erfolgen, der beide kannte. Man stellte sich nicht selbst vor, sondern man wurde vorgestellt. Ohne dieses Ritual war es nicht schicklich, miteinander zu sprechen.

In feinen Privathäusern gab es Tage, an denen Gäste „empfangen" wurden. Der Gast reichte dem Diener seine Visitenkarte mit dem handschriftlichen Vermerk „p.p." („pour presenter" – zur Vorstellung). Aus dieser Zeit stammt auch die Bezeichnung „Visitenkarte", was eigentlich „Besuchskarte" heißt. Der junge Mann machte also seinen Antrittsbesuch. Der Dienstbote händigte die Karte den „Herrschaften" aus, die dann mit den Worten „Wir lassen bitten" den Gast empfingen.

Heute können wir über diese antiquierte Art der Vorstellungszeremonie, die vor einem Jahrhundert noch praktiziert wurde, nur lächeln. Heute kann jeder jedem vorgestellt werden, und – egal, ob Mann oder Frau – sich auch selbst vorstellen, wenn er das möchte. Im Großen und Ganzen braucht man kein großes Theater um die Vorstellungsregeln zu machen. Die Gelegenheiten, bei denen man sich total daneben benehmen kann, sind eher selten.

Rangfolge bei der Vorstellung

Bei offiziellen beruflichen und gesellschaftlichen Gelegenheiten sollten Sie jedoch wissen, wie korrekt vorgestellt wird und wie man die Rangfolgen beachtet.

Die Grundregel

▷ Die rangniedere wird der ranghöheren Person vorgestellt.

Gesellschaft...

Im gesellschaftlichen Leben wird daher bei offizielleren Anlässen der Herr der Dame vorgestellt. Sind mehrere Damen anwesend, so hat die ältere Dame vor der jüngeren den höheren Rang. (Achtung, das kann auch gefährlich sein, wenn Sie sich verschätzen!) Das Gleiche gilt für mehrere Herren unter sich. Jüngere werden grundsätzlich den älteren Personen vorgestellt, der Gast immer dem Gastgeber.

... und Beruf

Im Beruf entscheidet wiederum die hierarchische Position im Unternehmen, wer ranghöher oder rangniedriger ist. Die hierarchisch ranghöhere Person erfährt zuerst den Namen der rangniederen Person. Machen Sie z.B. mit einem neuen Mitarbeiter eine Vorstellungsrunde, dann wird er sowohl den Kollegen als auch dem Abteilungsleiter vorgestellt, und nicht umgekehrt.

Bei offiziellen beruflichen und gesellschaftlichen Gelegenheiten ist es ratsam, vorerst schnell die Rangfrage zu entscheiden und dann zu überlegen, in welcher Reihenfolge vorgegangen werden soll. Allfällige Fehler übersieht man auf jeden Fall, das bezieht sich sowohl auf eigene als auch auf Fehler, die andere Personen gemacht haben.

Andere Personen vorstellen

Stellt man nun eine Person der anderen vor, wird immer der akademische Grad, der Vor- und der Zuname genannt. Z.B. „Darf ich Ihnen Frau Dr. Isabella Neu vorstellen, sie ist seit gestern in unserer Firma und wird den Marketingbereich leiten."

Wenn immer es möglich ist, nennt man Ehepartner einzeln. „Darf ich Sie mit Herrn Max und Frau Mag. Marlis Maier bekannt machen." Oder: „Darf ich Sie mit dem Ehepaar Maier bekannt machen, Herr Max Maier, Frau Mag. Marlis Maier." Wenn man die Vornamen nicht weiß, kann man natürlich auch sagen „Ich möchte Sie gerne mit Herrn und Frau Maier bekannt machen..." Akademische Titel werden nur bei den Titelinhabern verwendet, nicht aber für die angetrauten Ehepartner, z.B. „Ich möchte Ihnen gerne Herrn Dr. Maier und Frau Maier vorstellen."

Im angloamerikanischen Raum ist es üblich, beide Ehepartner mit dem Vornamen des Mannes vorzustellen. „Darf ich bekannt machen: Herr und Frau George Bush, Herr und Frau Al Gore." Trotz aller Amerikanismen hat sich diese Sitte bei uns noch nicht eingebürgert.

Selbstvorstellung

Stellt man sich selbst vor, sagt man nur den Vor- und den Zunamen, einen allfälligen akademischen Grad sowie das „Herr" und „Frau" lässt man weg. „Darf ich mich vorstellen, mein Name ist Hubert Dollar, ich bin der neue Mitarbeiter im Finanzbereich der Firma Moneymaker. Ich werde mich dort speziell um Devisengeschäfte kümmern." Eine kurze Erklärung, was man so tut in seinem Leben, hilft dem Gegenüber, sich zu orientieren und sich ein besseres Bild zu machen. Außerdem erleichtert es den Einstieg in ein Gespräch.

Ehepartner

Stellt man seinen Ehepartner vor, dann spricht man von „meinem Mann" oder „meiner Frau", keineswegs stellt man „seinen Gatten", „seine Gattin", „seinen Gemahl" oder seine „Gemahlin" vor. Das sind ziemlich antiquierte Ausdrucksweisen. Lebensgefährten werden üblicherweise mit „Partner" oder „Partnerin" sowie mit Nennung des Vor- und Zunamens vorgestellt. „Darf ich Sie mit meiner Partnerin, Frau Elfriede Derzeit, bekannt machen." Wenn man „seinen" Partner nicht mit einem besitzergreifenden Fürwort versehen möchte, dann kann man auch einfach nur dessen Namen sagen.

Floskeln

Das früher gebräuchliche „Gestatten Sie, dass ich mich vorstelle", oder „Gestatten, mein Name ist Maier" wirkt heute lächerlich. Diese Frage hat ja keinen Sinn, niemand wird antworten, dass er es nicht gestattet.

„Sehr angenehm" wird heute ebenfalls nicht mehr verwendet. Am besten ist, Sie sagen, was Sie tatsächlich empfinden, wie z.B. „Schön, dass ich Sie kennen lerne, ich habe schon viel von Ihnen gehört". Aber nur dann, wenn es ehrlich gemeint ist. Sollte man vom Gegenüber noch nie etwas gehört haben, dann genügt ein einfaches „Guten Tag" oder „Guten Abend".

Visitenkarten/Business Cards

Die Visitenkarte ist eine gute Möglichkeit, seinen eigenen Namen unters Volk zu bringen und zu erfahren, wie die anderen Menschen heißen und wie man ihren Namen schreibt. Außerdem sieht man Titel, Funktionen und den Namen der Firma – genügend Anknüpfungspunkte für ein Gespräch.

Überreichen Sie Ihrem Gesprächspartner Ihre eigene Karte, so wird er das ebenfalls tun. Verteilen Sie Ihre Karten aber niemals wahllos in der Menge, also bei gesellschaftlichen Anlässen eher selten.

Jede Visitenkarte verlangt eine würdige Behandlung. Werfen Sie in Gegenwart Ihres Gegenübers einen Blick darauf und prägen Sie sich Titel und Namen ein. Machen Sie nie in Gegenwart der anderen Person Notizen darauf.

Optische Gestaltung

Größere Firmen haben meistens vorgegebene Lay-outs für die Visitenkarten ihrer Angestellten. Wenn Sie aber Ihre eigene Karte entwerfen müssen, beachten Sie,

- dass die optische Gestaltung zu Ihrer Person sowie zu Ihrem Unternehmen passt,
- dass die Schrift klar und deutlich ist,
- dass Titel und Berufsbezeichnungen stimmen,
- dass die Vorwahl für Telefon und Fax angegeben ist,
- dass eine Billigversion vom Copy-Shop um die Ecke sofort als solche erkennbar ist.

Handkuss und Bussi-Bussi

Handkuss

Der Vollständigkeit halber möchte ich noch auf einige ganz spezielle Grußformen eingehen.

Der Handkuss galt früher als Zeichen besonderer Wertschätzung gegenüber ehrwürdigen Damen. Herren durften daher nur verheirateten Frauen die Hand küssen, und das nur in geschlossenen Räumen. Ein Handkuss im Freien galt als peinlicher Fauxpas. Herren lernten, die Hand zu küssen, und Damen lernten, wie man sich die Hand küssen lässt. Das war ein Bestandteil der guten Erziehung.

Nur für besondere Gelegenheiten...

In Deutschland ist der Handkuss gar nicht gebräuchlich, in Österreich und in manchen Staaten Zentraleuropas ist er nach wie vor ein Zeichen der Ehrerbietung in bestimmten Situationen. Auch jüngere Männer beherrschen heute noch diese Geste und wenden sie auch manchmal an.

„Alles Walzer“

Vor einigen Jahren war ich Mitglied eines Komitees, das ein Treffen führender Wirtschaftsbosse aus aller Welt in Wien organisieren sollte. Eine recht heikle Aufgabe, die langwierige Vorbereitungen erforderte. Die Gäste waren nämlich ziemlich verwöhnt – bei den jährlichen Treffen bemühte sich jedes Gastgeberland, das Programm des Vorjahres zu übertreffen. Das Beste vom Besten war gerade gut genug.

Im Betreuungskomitee befanden sich auch einige junge Menschen, die als freiwillige Mitarbeiter bei allen Veranstaltungen dabei sein durften und diverse Hilfestellungen leisteten. Ihre Aufgaben erstreckten sich vom Halten der Mikrophone bei den streng geheimen Sitzungen bis zum Begleiten der Damen beim Shopping.

Der krönende Abschluss der mehrtägigen Veranstaltung war ein Galaabend in der Wiener Hofburg, zu dem die Wirtschaftskapitäne mit ihren Frauen eingeladen waren. Wir wussten: Wenn danach alle zufrieden waren, dann war auch die ganze Einladung ein Erfolg und Österreich konnte bei Meinungsbildnern der ganzen Welt punkten.

Also fieberten alle Organisatoren dieser Veranstaltung entgegen. Die jungen Leute durften ebenfalls dabei sein. Nach einem Empfang beim Bundespräsidenten gab es ein Festbankett in der Wiener Hofburg, begleitet von Darbietungen der Wiener Sängerknaben und des Staatsopernballetts, das als Abschluss den Donauwalzer tanzte.

Alles lief plangemäß, und ein Stein fiel uns allen vom Herzen, als die letzten Takte verklungen waren und das Publikum den Künstlern und dem Gastgeber mit Standing Ovations huldigte. Plötzlich rief einer der Teilnehmer vollkommen ungeplant „Alles Walzer“, und die Kapelle intonierte einen Wiener Walzer. Einige der Gäste begannen zu tanzen.

Einige unserer jungen Mitarbeiter schalteten schnell. Meisterlich in perfekten Umgangsformen, erhoben sie sich, verbeugten sich vor ihren Tischdamen, hauchten ihnen einen formvollendeten Kuss auf die Hand. Nach einem „Darf ich bitten“ wirbelten sie die verblüfften Ladys mit einem perfekten Linkswalzer über das Parkett. Die anderen taten es ihnen gleich.

Sie hätten das Strahlen in den Augen der verwöhnten, durchwegs nicht mehr ganz taufrischen Damen sehen sollen. Junge Kavaliere, Handkuss und Wien. Sie hätten die Lust in den Augen der jungen Männer sehen sollen, die ganz spontan einfach das Richtige getan hatten: Und Sie hätten ebenfalls die Freude der begleitenden Ehemänner sehen sollen, die ihren Frauen das Vergnügen von ganzem Herzen gönnten – und ziemlich erleichtert waren, dass sie selbst nicht tanzen mussten.

Sämtliche Gäste haben Wien in wunderbarer Erinnerung behalten.

In den heutigen Alltag passt der Handkuss natürlich nicht mehr. Wird der Handkuss aber von einem Kavalier, der auch sonst perfekte Umgangsformen hat, in einer festlichen Atmosphäre gekonnt und glaubwürdig zelebriert, dann ist er nach wie vor eine schöne Geste.

Wichtig dabei ist, dass der Herr die Hand der Dame mit den Fingerspitzen ergreift und sie bis etwa zu ihrer Brusthöhe führt. Mit einer kleinen Verbeugung wird ein Kuss auf ihre Hand gehaucht, ohne diese dabei zu berühren.

Wangenküsse

In den letzten Jahren sind Wangenküsse als Begrüßungsritual unter Freunden in Mode gekommen. Diese Geste haben wir von den Südeuropäern übernommen, die geringere Berührungsängste haben als wir. Jetzt wird auch in unseren Breiten bei jeder Gelegenheiten geküsst und geschmatzt, Damen mit Damen, Damen mit Herren und mittlerweile auch Herren mit Herren. Die österreichische Vizekanzlerin küsst den Finanzminister nach seiner Budgetrede im Parlament – alles ist möglich.

Regeln für den Bussi-Bussi-Kult gibt es keine, meistens wird zuerst die linke Wange geküsst, nachher dann die rechte. Unermüdliche Küsser schlagen noch ein drittes, Franzosen gar ein viertes Mal zu. Als Empfehlung kann vielleicht gelten, dass die ranghöhere Person mit der Küsserei anfangen sollte. Ansonsten ist alles eine Sache des Temperaments.

In konservativen Betrieben haben Wangenküsse vor allem in Gegenwart von Kunden oder Gästen nichts verloren. In Branchen, bei denen es etwas lockerer zugeht, wie etwa der Werbebranche, der Medienbranche oder in künstlerischen Berufen, wird das allerdings nicht abzustellen sein. Da wird weiterhin geküsst und geschmatzt werden. Wie auch in der Politik, wenn es Wählerstimmen bringt.

Die wichtigsten Regeln

- Rangfolgen sind historisch gewachsen und kulturell überliefert. Sie bestimmen nach wie vor Begegnungen der feineren Art.
- Berufstätige Personen mit Repräsentationsverpflichtungen müssen die Regeln der Rangordnung kennen und einschätzen, wann sie beachtet werden müssen.
- Gesellschaftliche Rangfolgen unterscheiden sich von beruflichen Rangfolgen.
- Frauenprivilegien gelten in erster Linie im gesellschaftlichen Leben.
- Im Beruf sind die gesellschaftlichen Privilegien von Frauen außer Kraft gesetzt. Es zählt allein die berufliche Hierarchie.
- Frauen in Top-Positionen, die auf gleicher beruflicher Hierarchiestufe stehen wie ihre männlichen Kollegen, können wieder ihre gesellschaftlichen Privilegien in Anspruch nehmen.
- Die Beachtung der Rangfolge beim Vorstellen und beim Handschlag ist in erster Linie bei offizielleren Gelegenheiten wichtig.

Titel-Knigge:

Alles über Anreden und Titel

Über die Wichtigkeit der persönlichen Anrede

Ihr Name ist einzigartig…

Sie kennen die Situation: Sie rufen bei einer Firma, mit der Sie vorher noch nie Kontakt gehabt haben, an. Sie haben ein bestimmtes Problem und möchten das klären. Wohlerzogen, wie Sie sind, nennen Sie Ihren Namen. Der Mitarbeiter auf der anderen Seite der Leitung merkt sich Ihren Namen und spricht Sie im Gespräch immer wieder damit an. Wie sympathisch und wie verbindlich das doch gleich wirkt, so angenehm, dass Sie ihm gar nicht so böse sind, wenn er das Problem nicht lösen kann. Aber höflich und zuvorkommend war er. Mit der persönlichen Anrede wurde sofort eine Vertrauensbasis geschaffen. Sie werden die Firma und deren Mitarbeiter auf jeden Fall in angenehmer Erinnerung behalten.

…und vertraut

Die persönliche Anrede lebt von Namen! Egal, ob Ihr Name schön, klangvoll und edel ist, ob er ein Allerweltsnamen ist oder sogar auf Außenstehende etwas seltsam wirkt. Ihr eigener Name ist Ihnen vertraut, Sie hören ihn gern, denn er begleitet Sie doch (fast) das gesamte Leben.

Deshalb sollten auch Sie stets versuchen, sich Namen von Gesprächspartnern zu merken und Ihr Gegenüber, so oft es möglich und passend ist, namentlich anzusprechen. Das ist zwar manchmal schwierig, denn oft kann man den Namen bei der Vorstellung nicht richtig verstehen. Aber in solchen Fällen können Sie ruhig nachfragen. Das ist besser, als sein Gegenüber gar nicht oder falsch anzusprechen.

Doppelnamen

Doppelnamen hat es immer schon gegeben, aber gerade in letzter Zeit kommen sie immer häufiger vor. Frauen haben immer weniger Lust, ihren Geburtsnamen aufzugeben, und führen vielfach nach der Eheschließung den Geburtsnamen und den Namen ihres Mannes als Doppelnamen. Mittlerweile kommt es auch schon vor, dass Männer Doppelnamen führen.

Bei der schriftlichen Anrede gebraucht man immer beide Namen. Bei der mündlichen Anrede ebenfalls, auch wenn das manchmal elend lang und holprig klingt. Wenn eine Frau sich z.B. Frau Dr. Hermine Schnorrhäusel-Leutbühel nennt, dann steht sie wahrscheinlich zu diesen beiden Namen und legt auch Wert darauf, so angesprochen zu werden. Wenn es allzu langatmig klingt, können Sie bei der mündlichen Anrede auch nur einen Namen verwenden, in der Regel wird es der sein, der an erster Stelle steht. Höflichkeitshalber sollten Sie vorher fragen, ob das auch gestattet ist. Manchen Frauen ist es egal, ob sie mit dem ersten oder zweiten Namen angesprochen werden, sie hören auf beide. Das macht die Sache einfach.

Ihren Titel haben Sie sich redlich verdient

Sind Titelträger die wichtigeren Menschen?

Die meisten Menschen haben sich ihre Titel redlich erworben. Diese Titel stehen vor dem Namen und zeichnen seine Träger immer in irgendeiner Form aus. Sind Titelträger daher immer die wichtigeren Menschen? Grundsätzlich nicht, es gibt viele Menschen in hohen Positionen, die keine Titel haben und dennoch hervorragende Manager sind. Außerdem gebe ich zu bedenken, dass die ältere Generation in ihrer Jugend geringere Chancen für ein Studium hatte als die jungen Leute heutzutage. Viele Studienabbrecher haben sich in ausgezeichnete Positionen gehievt und sind erfolgreich geworden, viele, die als einfache Arbeiter in Betrieben begonnen haben, sind in Führungspositionen aufgerückt. Und manche Menschen haben ein Studium absolviert und sind trotzdem im Berufsleben gescheitert.

Also, lassen wir einfach Titelträger und Nicht-Titelträger in friedlicher Koexistenz nebeneinander leben. Fest steht, dass jede Person mit Titel das Recht hat, mit diesem angesprochen zu werden.

Akademische Titel

Akademische Titel sind immer Bestandteil des Namens und werden gemeinsam mit diesem genannt. Eine „Frau Dr. Elisabeth Müller“ hat bei der schriftlichen Adresse als solche angesprochen zu werden, bei der schriftlichen sowie mündlichen Anrede genügt „Frau Dr. Müller“. Sie wird aber niemals allein als „Frau Doktor“ angesprochen, es sei denn sie ist eine

Ärztin. Ist sie das nicht, wird immer der Nachname hinzugefügt. Nur Ärzte können mit „Herr Doktor“ oder „Frau Doktor“ angesprochen werden.

Dasselbe gilt für weitere akademische Titel, wie z.B. Magister oder Diplomingenieur.

Grundsätzlich sollen Sie bei der mündlichen Anrede den akademischen Titel nennen. Beim Doktortitel wird das leicht möglich sein, denn er ist kurz. Aber ein „Magister“ oder „Diplomingenieur“ in Zusammenhang mit einem Namen klingt ja meistens recht sperrig. Daher sollten Sie unbedingt vorher fragen, ob Sie ihn weglassen dürfen. Bei vielen jungen Akademikern und teilweise international ist es mittlerweile üblich, den Titel überhaupt nicht zu nennen – weder bei der schriftlichen noch bei der mündlichen Anrede.

Nur wer selbst promoviert hat, ist ein Doktor

Akademische Titel gebühren nur dem Titelinhaber. Nur wer sich redlich das Diplom selbst erworben hat, wird mit Titel angesprochen. Dazugehörenden Ehefrauen – oder Ehemännern – gebührt dieser Titel nicht, wiewohl es sich in bürgerlichen Kreisen und vor allem bei älteren Menschen eingebürgert hat, der Ehefrau automatisch die Doktorwürde ihres Mannes zu verleihen. Aber das ist altmodisch und passt nicht in unsere Zeit, in der Frauen selbst studieren und nicht darauf angewiesen sind, von einem „Herrn Doktor“ geheiratet zu werden, um mit „Frau Doktor“ angesprochen zu werden.

Haben Personen mehrere akademische Titel, so wird sowohl bei der schriftlichen als auch bei der mündlichen Anrede immer nur ein Titel, und zwar der höher stehende, verwendet. Herr „Mag. Dr. Klug“ ist daher „Herr Doktor Klug“.

Berufstitel

Titel, wie z.B. Bürgermeister, Stadtrat, Architekt, Bischof oder Rektor, beschreiben den Beruf, den der Titelträger ausübt. Dieser Titel wird in der Briefanschrift sowie bei der schriftlichen Anrede immer, in der mündlichen Anrede nur bei formellen Anlässen verwendet. Ein Bischof wird immer ein „Herr Bischof“ (oder eine „Exzellenz“, siehe nachstehendes Kapitel) sein. Einen Bürgermeister oder einen Stadtrat wird man im alltäglichen Umgang eher nur mit seinem Namen ansprechen, außer es ist in seiner Umgebung anders üblich. Berufstitel stehen immer vor dem akademischen Titel und dem Namen.

Ehrentitel

Diese Titel hat man sich nicht durch eine Ausbildung oder Prüfung erworben, sondern sie wurden aufgrund einer Leistung von einer Institution verliehen. Beispiele für Ehrentitel sind z.B. „Senator", „Konsul", als Vertreter eines Staates zur Wahrnehmung bestimmter Interessen, „Kommerzialrat" als Auszeichnung für besondere Leistungen in der Wirtschaft. Ebenso der vor allem in Österreich gebräuchliche Titel „Hofrat", als Auszeichnung für einen hoch verdienten Beamten, sowie „Professor" als besondere Würdigung für kulturelle oder wissenschaftliche Leistungen.

Adelstitel

Adelstitel werden sowohl in Deutschland als auch in Österreich noch verwendet – auch wenn der Adel in Österreich nach dem Ersten Weltkrieg offiziell abgeschafft wurde, möchte ich der Vollständigkeit halber kurz darauf eingehen. Zwar nehme ich nicht an, dass Sie im Beruf sehr oft mit Grafen, Prinzen und Prinzessinnen zu tun haben werden, aber vielleicht blättern Sie manchmal in den einschlägigen „Yellow-Press"-Magazinen oder lesen „Adabei-Spalten" in Zeitungen, die ja besonderes Interesse an dieser Personengruppe haben.

Ist ein Fürst kein Herr?

Adelstitel wie z.B. Graf oder Gräfin, Baron oder Baronin, Fürst oder Fürstin sind Titel kraft Herkunft oder infolge von Heirat. Diese Titel ersetzen das „Herr" oder „Frau" bei der mündlichen Anrede. Das Adelsprädikat ist immer ein Bestandteil des Namens.

Ein „Prinz Eisenhut" oder ein „Graf Dracula" ist als solcher anzusprechen und keinesfalls als „Herr Prinz Eisenhut", oder „Herr Graf Dracula".

Das Prädikat „von" steht Baronen und Freiherrn zu, also dem niederen Adel. Man kann daher sagen „Guten Abend, Baron Drasche" oder „Guten Abend, Herr von Drasche".

Handbuch

Prinzen werden mit „Erlaucht", „Durchlaucht", „Hoheit" oder „Kaiserliche Hoheit" angesprochen. Wenn Sie an Details interessiert sind, dann schlagen am besten im „Genealogischen Handbuch des Adels" nach, das Sie in allen größeren Bibliotheken finden. Darin stehen alle edlen Menschen, von den Fürstlichkeiten bis zum Briefadel, samt ihrem Rang und den ihnen nach Adelsetikette zustehenden Titeln und Anreden aufgelistet.

Die korrekte Reihenfolge der Titel in der Anrede

Handelt es sich um eine Person mit mehreren Titeln verschiedenster Art, so stellt sich manchmal die Frage, in welcher Reihenfolge diese Titel verwendet werden sollen.

Die korrekte Reihenfolge ist:

Herr oder Frau – Ehrentitel – Berufstitel – Akademischer Titel – Vorname – Zuname

Also:
Herr Kommerzialrat Architekt Dipl.-Ing. Herbert Baustein

Oder:
Frau Professor Stadträtin Mag. Elfriede Lichtblau

Weibliche Anreden

Volljährige Frauen werden immer mit „Frau“ und Nachnamen angesprochen. Die Anrede „Fräulein“ wird grundsätzlich nicht mehr verwendet, es gibt ja schließlich auch kein „Herrlein“. Ganz junge Mädchen kann man eventuell mit „Sie“ und dem Vornamen ansprechen. Sollte allerdings auf der Anrede „Fräulein“ bestanden werden, was ganz selten bei älteren ledigen Frauen vorkommt, dann hat man das zu akzeptieren.

Gnädige Frau, wo war'n Sie gestern?

Die Bezeichnung „Gnädige Frau“ ist vor allem in Österreich üblich und passt als Anrede von Männern für würdige, nicht mehr ganz junge Damen. Männer sollten mit dieser Anrede allerdings vorsichtig umgehen, weil sich manche Frauen dadurch altersmäßig in eine Schublade gesteckt vorkommen. Also, auch hier kommt es darauf an, dass die Anrede mit Gefühl und Hirn verwendet wird.

Keinesfalls soll die Anrede „Gnädige Frau“ als Verlegenheitslösung dienen, wenn man sich den Namen nicht gemerkt hat. Mit „Gnä' Frau“ sprechen in Wien Gemüsehändler und Greißler ihre weiblichen Kunden an.

Weibliche Formen sind nicht nur 90/60/90

Die Benutzung von weiblichen Formen in der Anrede wird individuell gehandhabt. Es gibt zwar die offizielle männliche/weibliche Anrede, wie z.B. Stadtrat und Stadträtin, Architekt und Architektin, Bürgermeister und Bürgermeisterin, Landeshauptmann und Landeshauptfrau. Die Praxis hat jedoch gezeigt, dass manche Frauen großen Wert auf diese weibliche

Bezeichnung legen, andere aber ganz bewusst weiter bei der männlichen Variante der Berufsbezeichnung bleiben.

Daher mein Vorschlag: Gehen Sie bei weiblichen Anreden mit Gefühl und ganz individuell vor und erkundigen Sie sich im Zweifelsfall, wie die betreffende Person angesprochen werden möchte. Will die „Frau Bürgermeister“ so tituliert werden, dann soll man das einfach akzeptieren. Keinesfalls sollten Sie in einem Wahn von emanzipatorischer Verwirklichung z.B. die Anrede „Frau Landeshauptfrau“ benutzen. Das wäre peinlich.

Von Gatten, Gattinnen und sonstigen Relikten

Gatte und Gattin, Gemahl und Gemahlin sind heute nicht mehr zeitgemäße Bezeichnungen. Sie klingen einerseits ziemlich pompös, anderseits irgendwie als „Anhängsel“ einer „wichtigeren“ Person. Zu modernen Menschen passen sie daher gar nicht und sollten weder bei der Anrede, bei der Vorstellung, noch für den eigenen Partner verwendet werden.

Zum Herrn Dr. Max Meier gehört daher die Frau Dipl.-Ing. Erna Meier. Wenn sie als Paar angesprochen werden, dann ist das bestenfalls Herr und Frau Dr. Max und Dipl.-Ing. Erna Meier. Herr Dr. Meier spricht auch von seiner „Frau“ und nicht von seiner „Gattin“. Frau Dipl.-Ing. Meier spricht auch nicht von ihrem „Gemahl“, sondern von ihrem „Mann“.

Von Exzellenzen, Eminenzen und Spektabilitäten

Sehr selten, aber doch, kommt man mit Titeln in Berührung, die ungewöhnlich und seltsam klingen. Wer ist denn überhaupt was, werden Sie sich manchmal fragen. Selten wird man die Gelegenheit haben, derartig hochrangigen Persönlichkeiten im wirklichen Leben zu begegnen. Zufällig wird das wohl kaum der Fall sein, also kann man sich vorher genau über die korrekte Anrede erkundigen.

Das Wichtigste in Kürze: Ein Kardinal ist eine „Eminenz“, und ein Bischof ist eine „Exzellenz“. „Exzellenz“ ist auch ein Botschafter als offizieller Vertreter eines Staates. Als „Magnifizenzen“ wird von Universitätsrektoren gesprochen, Dekane werden bei hochoffiziellen Gelegenheiten mit

„Spektabilität“ (Mehrzahl: „Spektabilis“) angesprochen. Das ist allerdings eine österreichische Besonderheit, die man in Deutschland eher belustigt betrachtet.

Offizielle schriftliche und mündliche Anreden

(in alphabetischer Reihenfolge)

Baron/Baronin

Mündlich:	Baron (+ Name), Baronin (+ Name) oder Herr von (+ Name), Frau von (+ Name)
Schriftlich:	Sehr geehrter Baron (+Name), Sehr geehrte Baronin (+Name)

Bischöfe/ Erzbischöfe

Mündlich:	Exzellenz
Schriftlich:	Exzellenz, Hochverehrter Herr Erzbischof

Botschafter und Gesandte

Mündlich:	Exzellenz
Schriftlich	Exzellenz oder Sehr geehrter Herr Botschafter, Sehr geehrte Frau Botschafterin

Briefanschrift: S.E. (= Seine Exzellenz) Herrn ao. und bev. Botschafter (+ Name),
I.E. (=Ihre Exzellenz) Frau ao. und bev. Botschafterin (+ Name)

Bundesminister/Bundesministerin

Mündlich: Herr Minister, Frau Ministerin
Schriftlich: Sehr geehrter Herr Bundesminister,
Sehr geehrte Frau Bundesministerin

Bürgermeister/Bürgermeisterin

Mündlich: Herr Bürgermeister, Frau Bürgermeisterin
Schriftlich: Sehr geehrter Herr Bürgermeister,
Sehr geehrte Frau Bürgermeisterin

Bundespräsident/Bundespräsidentin

Mündlich: Herr Bundespräsident, Frau Bundespräsidentin
Schriftlich: Hochverehrter Herr Bundespräsident,
Hochverehrte Frau Bundespräsidentin

Direktor/Direktorin

Mündlich: Herr Direktor, Frau Direktorin
Schriftlich: Sehr geehrter Herr Direktor,
Sehr geehrte Frau Direktorin

Doktor (Arzt/Ärztin)

Mündlich: Herr Doktor, Frau Doktor
Schriftlich: Sehr geehrter Herr Doktor,
Sehr geehrte Frau Doktor

Doktor (alle anderen Studienrichtungen)

Mündlich: Herr Doktor (+ Name), Frau Doktor (+ Name)
Schriftlich: Sehr geehrter Herr Doktor (+ Name),
Sehr geehrte Frau Doktor (+ Name)

Graf/Gräfin

Mündlich: Graf (+ Name), Gräfin (+ Name)
Schriftlich: Sehr geehrter Graf (+ Name),
Sehr geehrte Gräfin (+ Name)

Kardinal

Mündlich: Eminenz, Herr Kardinal
Schriftlich: Eminenz, Hochwürdigster Herr Kardinal

Landeshauptmann/ Landeshauptfrau

Mündlich: Herr Landeshauptmann, Frau Landeshauptmann
Schriftlich: Sehr geehrter Herr Landeshauptmann,
Sehr geehrte Frau Landeshauptmann

Landesminister/ Landesministerin

Mündlich: Herr Minister, Frau Ministerin
Schriftlich: Sehr geehrter Herr Staatsminister,
Sehr geehrte Frau Staatsministerin

Landesrat/ Landesrätin

Mündlich: Herr Landesrat, Frau Landesrätin
Schriftlich: Sehr geehrter Herr Landesrat,
Sehr geehrte Frau Landesrätin

Magister

Mündlich: Herr Magister (+ Name), Frau Magister (+ Name)
Schriftlich: Sehr geehrter Herr Magister (+ Name),
Sehr geehrte Frau Magister (+ Name)

Präsident/Präsidentin des Deutschen Bundestages

Mündlich: Herr Bundestagspräsident, Frau Bundestagspräsidentin
Schriftlich Sehr geehrter Herr Bundestagspräsident,
Sehr geehrte Frau Bundestagspräsidentin

Professor/Professorin

Mündlich: Herr Professor (+ Name), Frau Professor (+ Name)
Schriftlich: Sehr geehrter Herr Professor (+ Name),
Sehr geehrte Frau Professor (+ Name)

Stadtrat/ Stadträtin

Mündlich: Herr Stadtrat, Frau Stadträtin
Schriftlich: Sehr geehrter Herr Stadtrat,
Sehr geehrte Frau Stadträtin

Universitäts-Rektor/-Rektorin

Mündlich: Magnifizenz, Herr Rektor, Frau Rektor
Schriftlich: Magnifizenz,
Sehr geehrter Herr Rektor, Sehr geehrte Frau Rektorin

Siezen und Duzen

Ob man im Arbeitsalltag die Kollegen duzt oder beim offizielleren Sie bleibt, hat meistens mehr mit den betrieblichen Spielregeln zu tun als mit persönlicher Zu- oder Abneigung. Es gibt Branchen, in denen das Du-Wort absolut gebräuchlich ist, wie z.B. die Medienbranche sowie kreative Berufe und junge Unternehmen. Junge Leute, die im Team arbeiten, duzen einander meistens. Fest steht, dass das Du im Vormarsch ist.

Siezen kann sowohl Respekt, aber auch Ablehnung oder Distanz ausdrücken. Duzen kann Nähe und Freundschaft signalisieren, aber auch etwas abschätzig klingen.

Wie Sie mit dem Du-Wort im Betrieb umgehen, müssen Sie selbst entscheiden. Dabei wird die Branche, in der Sie arbeiten, Ihr Alter und Ihre hierarchische Position im Unternehmen eine Rolle spielen. Ob Sie zwanglos zum Du übergehen, weil es so üblich ist, oder ob Sie einen geeigneten Anlass abwarten, bleibt Ihnen und Ihrem Fingerspitzengefühl überlassen.

Wer bietet das Du-Wort an?

Grundsätzlich bietet die ranghöhere der rangniederen Person das Du an.

Im Berufsleben

- Hier gilt allein die betriebliche Hierarchie. Daher sind es die Vorgesetzten, die ihren Mitarbeitern das Du-Wort anbieten.
- Bei gleicher Hierarchie bietet die Frau dem Mann das Du-Wort an.

Im gesellschaftlichen Leben

- Hier bietet für gewöhnlich die Frau dem Mann das Du-Wort an.
- Der Mann schlägt der Frau das Du-Wort nur dann vor, wenn er gesellschaftlich weit über der Frau steht.
- Die ältere Person bietet der jüngeren Person das Du-Wort an.

Wann man vorsichtig mit dem Du sein sollte

Keinesfalls sollen Vorgesetzte untergebene Personen automatisch „von oben herab“ und daher einseitig duzen. Eine erlaubte Ausnahme ist das väterlich oder mütterlich gemeinte Du gegenüber deutlich jüngeren Personen, wenn es aufgrund der Situation nicht als Diskriminierung missverstanden werden kann.

Ebenso abzulehnen ist das Duzen von Ausländern und Bedienungspersonal. Das ist keine Jovialität, sondern eindeutig Diskriminierung.

Achtung vor Kunden

Vorsicht ist auch bei der Anwendung des Du-Wortes innerhalb des Betriebes vor Kunden oder Gästen angebracht. Besonders dann, wenn es starke hierarchische Unterschiede gibt. Der Herr Generaldirektor Max Lustig, den man duzt, ist im Dabeisein von Kunden daher niemals „der Max“, sondern immer der Herr Generaldirektor Lustig. Die persönliche Nähe zu Vorgesetzten soll man besonders bei starken hierarchischen Unterschieden diskret handhaben.

In manchen Unternehmen ist es üblich, Mitarbeiter und Vorgesetzte mit Sie und dem Vornamen anzusprechen. Im Umgang mit Kunden und Gästen sind diese Personen selbstverständlich mit dem Titel bzw. dem Nachnamen anzusprechen. Die Prokuristin Eva Schlange, die innerbetrieblich „Frau Eva“ genannt wird, ist vor Kunden selbstverständlich die „Frau Prokuristin Schlange“.

Das Du-Wort ablehnen

Ausgelassene Betriebsfeste lassen leicht die Kontrolle über vergebene Du-Worte verlieren, besonders wenn der Alkoholkonsum hoch ist. Das Gedächtnis der einen oder der anderen Person aber funktioniert nach gemeinsam durchzechten Nächten manchmal noch recht gut. Behalten Sie daher vor allem bei Firmenfeiern die Kontrolle über sich, denn die schlechte Nachrede haben Sie bald.

Das Du-Wort ist reversibel

Haben Sie sich einmal im Zuge eines alkoholgeschwängerten Festes mit allen verbrüdert, dann warten Sie zuerst ab, was am nächsten Tag passiert. Geht der Vorgesetzte wieder zum Sie über, dann vergessen Sie einfach alles, was am Vortag passiert ist, und bleiben Sie ebenfalls bei der offiziellen Anrede.

Werden Sie im Zuge eines rauschenden Festes zum Du gedrängt, dann können Sie selbstverständlich, wenn Ihnen das sehr unangenehm ist, ablehnen. Achten Sie aber vor allem darauf, dass Derjenige, der sich mit Ihnen verbrüdern will, dabei sein Gesicht wahren kann und sich nicht verletzt fühlt. Sie können einfach sagen, dass Sie sich über das Angebot geehrt fühlen, im Moment das Du aber noch nicht für angebracht finden. Schlagen Sie vor, damit noch etwas zu warten. Mit freundlichen, höflichen, aber bestimmten Worten können Sie ablehnen – und man wird das respektieren müssen.

Die wichtigsten Regeln

- Die namentliche Anrede des Gesprächspartners ist besonders wichtig und schafft ein Klima des Vertrauens. Merken Sie sich daher unbedingt den Namen des Gegenübers und verwenden Sie ihn.
- Bei der mündlichen Anrede verwenden Sie allfällige akademische Titel und Doppelnamen. Wenn Sie diese weglassen wollen, fragen Sie zuerst.
- Wenn die Verwendung von akademischen oder Berufstiteln in Ihrem beruflichen Umfeld oder Ihrer Branche nicht üblich ist, brauchen Sie diese auch nicht zu verwenden.
- Achten Sie darauf, dass Titel nur dem Titelinhaber zustehen und nicht dem Ehepartner.
- Benutzen Sie weibliche Anreden mit Verstand und einer gewissen Ungezwungenheit. Verwenden Sie weibliche Berufsbezeichnungen so, wie es in deren Umgebung Usance ist.
- Wenn Sie beruflich mit hoch gestellten Persönlichkeiten zu tun haben, erkundigen Sie sich rechtzeitig nach der üblichen Anrede.
- Gehen Sie mit dem Du-Wort im Unternehmen bedacht um. Das Du in der Firma überbrückt keine hierarchischen Unterschiede.
- Gehen Sie vor allem in Gegenwart von Kunden behutsam mit dem Du-Wort zwischen Kollegen, Vorgesetzten und Mitarbeitern um.

Multimedia-Knigge:
Moderne Kommunikationsmittel

Telefon: der Umgang vor Kunden, Gästen und Mitarbeitern

Empfang am Telefon

„Einen wunderschönen guten Tag, hier ist die Firma Anton Baumeister, Fachhandel mit Elektrobedarf, Ges.m.b.H. und CoKG, mein Name ist Isolde Freundlich-Fleissig, was kann ich für Sie tun?" Dem Wunsch, mich bitte mit Herrn Baumeister zu verbinden, folgt ein kommentarloses Durchstellen auf eine Nebenklappe, dann ein minutenlanges „Düdeldidü" oder eine Musikberieselung. Nach einigen Minuten fliege ich schließlich aus der Leitung. Und mit einem weiteren „Einen wunderschönen guten Tag..." beginnt das Spiel von neuem.

Keine Begrüßungsmonstren

Was wie eine Kabarettszene klingt, ist leider Realität. Freundlich gemeinte Begrüßungsformeln werden zu Begrüßungsmonstren und stehlen sowohl den Mitarbeitern in den Telefonzentralen als auch den Anrufern die Zeit. Abgesehen davon, dass jedes Warten in der Leitung auch Geld kostet. Wenn auf eine eingelernte, aber anscheinend nicht ernst gemeinte Ansage dann ein kommentarloses Weiterverbinden erfolgt, zeigt das von besonders schlechten Umgangsformen.

Kurz – freundlich – informativ

Kurz, freundlich und informativ – das gilt als wichtigste Regel sowohl für den Anrufer als auch für den Angerufenen.

Während man im persönlichen Gespräch mehrere Möglichkeiten hat, Höflichkeit und Freundlichkeit auszudrücken, lässt ein Telefongespräch weder Gestik noch Mimik als Kommunikationsform zu. Gute Umgangsformen zeigen sich beim Telefongespräch nur durch die Sprache. Ein falsches Wort, eine hingeworfene Redensart kann am Telefon gewichtigere Folgen haben als in einem persönlichen Gespräch. Und auch ob jemand wirklich freundlich ist und lächelt, kann man am anderen Ende der Leitung wahrnehmen.

Wenn Sie der Anrufer sind

- Sollten Sie sich auf jedes Telefongespräch vorbereiten und überlegen, was genau die Botschaft sein soll. Niemals sollten Sie unüberlegt zum Telefonhörer greifen und erst danach zu denken beginnen.
- Wenn Sie sich von einer Sekretärin verbinden lassen, müssen Sie sofort sprechbereit sein. Die andere Person warten zu lassen, obwohl man selbst den Wunsch nach einem Gespräch hat, ist besonders unhöflich. Überlegen Sie sich, ob das Verbinden durch die Sekretärin wirklich notwendig oder ob es für Sie nur ein Statussymbol ist.
- Halten Sie eventuell benötigte Unterlagen griffbereit. Gerade als Anrufer wissen Sie ja, worum es geht. Im Laufe des Gespräches den Schreibtisch nach Unterlagen abzusuchen ist unhöflich und raubt dem Gesprächspartner Zeit.
- Die Vorstellung Ihrer Person soll klar und deutlich sein: Nennen Sie Namen und Firma. Beginnen Sie erst zu sprechen, wenn sich der Hörer vor Ihrem Mund befindet.
- Fragen Sie vorerst, ob Sie stören. („Haben Sie drei Minuten Zeit für mich?“) Bedenken Sie immer, dass Sie Ihr Gegenüber gerade in einem Gedankengang, bei seiner Arbeit oder in einer Besprechung unterbrechen.
- Kündigen Sie schon bei der Einleitung an, worum es in diesem Telefongespräch gehen soll. („Haben Sie drei Minuten Zeit für mich, ich möchte mit Ihnen über die weitere Vorgangsweise beim Projekt X sprechen?“)
- Sprechen Sie Ihren Gesprächspartner mit seinem Namen an.
- Bauen Sie den Inhalt des Telefonats logisch auf. Bedenken Sie, dass Ihr Anruf unerwartet kommt und sich Ihr Gegenüber erst geistig auf das Problem einstellen muss.
- Geben Sie Ihrem Gegenüber die Möglichkeit, sich Ihren Namen und Ihr Anliegen kurz zu notieren, sprechen Sie daher nicht zu rasch.
- Sprechen Sie in kurzen Sätzen. Lange Satzgebilde erschweren die Verständlichkeit.
- Rauchen Sie nicht während eines Telefongesprächs, denn Ihr Gegenüber merkt das. Nehmen Sie auch Ihren Kaugummi aus dem Mund.
- Hören Sie aktiv zu und lassen Sie Ihr Gegenüber stets ausreden.

- Unterbrechen Sie das Gespräch nicht, wenn Sie einen anderen Anrufer in der Leitung haben.
- Fassen Sie den Inhalt des Telefongesprächs nochmals kurz zusammen und stellen Sie klar, ob die Sache erledigt ist, oder ob ein weiterer Schritt erfolgen muss. Wenn ja, klären Sie, wer den nächsten Schritt zu machen hat. Sie selbst oder Ihr Gesprächspartner.
- Wenn die Mail-Box eingeschaltet ist, sprechen Sie klar und deutlich. Sagen Sie vor allem Ihren Namen und die Rückrufnummer langsam. Bedenken Sie, dass sich der Angerufene diese Informationen notieren muss. Wiederholen Sie eventuell die Telefonnummer (siehe auch nächster Abschnitt).
- Betrachten Sie eine Sekretärin am Telefon als kompetente Helferin. Je klarer und präziser Sie Ihr Anliegen formulieren, desto eher wird sie Ihnen weiterhelfen können bzw. eine Verbindung mit dem gewünschten Gesprächspartner herstellen. Bestehen Sie nicht auf einem Gespräch mit der ursprünglich gewünschten Person, wenn die Sekretärin oder ein anderer Mitarbeiter Ihre Frage beantworten kann.
- Bedanken Sie sich für das Gespräch (z.B. mit den Worten: „Danke, dass Sie sich Zeit genommen haben" oder „Danke für das Gespräch").

Wenn Sie der Angerufene sind

- Melden Sie sich immer mit Namen, Firmennamen und eventuell Abteilung.
- Zeigen Sie, dass Sie aktiv zuhören, indem Sie Ihrem Gegenüber Ihr Interesse und Ihr Verständnis durch kurze verbale Signale kund tun. Dadurch wird das Gespräch lebhafter. Ihr Gesprächspartner merkt es, wenn Sie desinteressiert sind.
- Beschäftigen Sie sich ausschließlich mit dem Telefonat und nicht mit anderen Dingen. Wenn Sie während des Telefonats Post öffnen oder weiter Ihren Computer benutzen, bleibt das Ihrem Gesprächspartner nicht verborgen.
- Kurze Notizen ersparen Ihnen Nachfragen. Das spart Ihre Zeit und auch die Zeit Ihres Gegenübers.
- Wenn Sie nicht der richtige Ansprechpartner sind, verbinden Sie das Gespräch nur weiter, wenn Sie ganz sicher sind, den richtigen Gesprächspartner zu wissen. Wenn das nicht der Fall ist, bieten Sie

einen Rückruf an, bis das geklärt ist. Dieser Rückruf kann selbstverständlich auch von der Sekretärin erfolgen.

- Wiederholen Sie am Ende klar und deutlich die wichtigsten Absprachen des Telefonates. Stellen Sie klar, ob die Sache erledigt ist oder ob noch etwas getan werden muss. Wenn ja, erörtern Sie, von wem.
- In Situationen, in denen Sie nicht gestört sein wollen (z.B. bei Besprechungen oder bei Terminarbeiten), schalten Sie Ihr Telefon ins Sekretariat, zu einem Kollegen oder auf die Mail-Box. Geben Sie bekannt, wann Sie wieder erreichbar sind oder bieten Sie einen Rückruf an. Anrufer merken immer an Ihrer Stimme, wenn sie nicht willkommen sind.

Anrufbeantworter

Anrufbeantworter sind segensreiche Einrichtungen. Sie halten Kontakt zur Außenwelt, auch wenn Sie im Moment nicht erreichbar sind. Und Sie bekommen originale und unverfälschte Informationen, zu der Zeit, die für Sie günstig ist. Der „Stille-Post-Effekt" fällt weg.

Bandansage

Im privaten Bereich wird man mit einer Fülle von mehr oder weniger originellen Bandansagen konfrontiert. Locker – flockig – witzig. Oft musikalisch umrahmt oder von süßen Kinderstimmen gelispelt. Die meisten dieser kleine Kunstwerke haben jedoch einen Fehler: Sie sind viel zu lang.

Keine Mätzchen

Kreative Mätzchen haben auf einer Bandansage fürs Firmentelefon nichts verloren. Eine solche Aufnahme soll immer:

- freundlich und sachlich klingen;
- gut artikuliert und verständlich sein;
- Ihren Namen, den Namen Ihrer Firma oder Ihrer Abteilung enthalten;
- das Angebot enthalten, eine Nachricht zu hinterlassen. Vermeiden Sie das Wort „Piepston“, sagen Sie lieber „Signalton“ oder lassen Sie das ganz weg. Anrufbeantworter sind mittlerweile so bekannt, dass jedermann weiß, dass man ein Signalzeichen abwarten muss, bevor man spricht.
- Geben Sie bekannt, wann Sie voraussichtlich zurückrufen werden. Sagen Sie z.B. „Ich rufe Sie heute noch zurück“ oder „Ich werde mich spätestens morgen bei Ihnen melden“. Vermeiden Sie „ehebaldigst“ oder andere altmodische Ausdrücke.
- Anrufbeantworter sollen täglich abgehört und beantwortet werden. Wenn Sie länger nicht erreichbar sind, z.B. wegen einer Dienstreise, Urlaub oder Krankheit etc., sagen Sie das. Kündigen Sie an, dass Sie erst wieder ab einem bestimmten Datum rückrufen können.
- Geben Sie, wenn Sie längere Zeit nicht zu erreichen sind, den Namen und die Telefonnummer einer Vertretung an.
- Und fassen Sie sich vor allem kurz und vermeiden Sie unnötige Floskeln.

Aufs Band sprechen

Wenn Sie eine Nachricht auf einen Anrufbeantworter sprechen, sollten Sie:

- Ihren Namen und Ihre Telefonnummer langsam und deutlich sagen und eventuell am Schluss nochmals wiederholen. Bedenken Sie, dass der Angerufene mitschreiben muss;
- den Angerufenen grüßen;

- Datum und Uhrzeit sowie den Grund Ihres Anrufes sagen;
- sich kurz fassen;
- klar sagen, ob Sie zurückgerufen werden wollen oder ob Sie sich noch einmal melden werden;
- sich bedanken und verabschieden.

Kleiner Handy-Knigge

Ein Handy ist heute kein Statussymbol mehr. 70 Prozent aller Österreicher und Deutschen besitzen bereits eines, für die meisten Menschen im Geschäftsleben ist es unverzichtbar geworden. Während noch vor wenigen Jahren die demonstrative Benutzung eines mobilen Telefons von Unabkömmlichkeit und Vielbeschäftigtsein zeugte, wird Telefonieren mit dem Handy unter gewissen Umständen heute als Unart angesehen.

Sensibilität im Umgang mit dem Handy gehört heute zu den guten Umgangsformen. Je höher die Position einer Person ist, desto mehr erwartet man von ihr den diskreten Gebrauch des Handys im Beisein anderer.

Störungsfrei telefonieren

- Ein Handy hält man nur dann betriebsbereit, wenn dies unbedingt erforderlich ist und durch etwaiges Läuten niemand gestört wird.
- Auf der Straße wird grundsätzlich nicht telefoniert. Sollte wirklich ein dringendes Telefonat nötig sein, zieht man sich auf einen Platz, der nicht einsehbar ist, zurück, z.B. in eine Hausecke.
- Bei geschäftlichen Treffen, in Konferenzen, im Restaurant und selbstverständlich bei allen Veranstaltungen wird das Handy abgestellt. Sollte wirklich ein besonders dringender Anruf erwartet werden, informiert man den Gesprächspartner vorher und zieht sich für das Gespräch mit einer kleinen Entschuldigung diskret zurück.
- Der Rufton soll leise und auch in seiner Tonfolge nicht allzu auffällig sein. Ein Vibrationsmodus ist eine elegante Alternative, wenn das Handy am Körper getragen wird.
- Autofahrer dürfen Handys nur über eine Freisprechanlage benutzen.
- Der Platz des Handys ist bei Frauen in der Handtasche (viele Taschen mit modernem Design haben bereits ein Handy-Fach), im Aktenkoffer oder in der Tasche des Kostüms oder des Hosenanzuges. Der Mann trägt das Handy ebenfalls in der Rocktasche oder in der Aktentasche. Moderne Geräte sind schon so klein, dass sie die Kleidung nicht ausbeulen.
- Handys werden keinesfalls am Hosengürtel angebracht, wie ein Kinderlätzchen umgebunden oder in der Hand getragen.
- Bei Besprechungen oder in Restaurants das Telefon demonstrativ auf den Tisch zu legen, zeugt von schlechten Manieren: Dort sollte man sowieso nicht telefonieren.

Aussehen und Rufton

Das Aussehen sowie der Rufton von Handys lässt Rückschlüsse auf seinen Benutzer zu.

Das Handy des Mitarbeiters in konventionellen Branchen ist klein, unauffällig und einfarbig. Menschen in kreativen Berufen oder in der New Economy hingegen dürfen sich auch beim Handy für auffälligere Varianten entscheiden.

Special Effects

Früher sind es Autos gewesen, die man aufmotzen ließ, heute sind es Handys. An diversen Gags mangelt es nicht: „Special Effects", mit transparenten Gehäusen und „Look-through"-Batterien, „Flashing Lights" bei jedem Anruf, durchscheinende Antennen, die blaue Blitze in die Luft schießen, und eine Tastatur in radioaktivem Neonblau. Der ganze Klimbim ist nicht nur eine Geld-, sondern auch eine Geschmacksfrage. Wenn Sie sich dafür entscheiden, sollten Sie sich bewusst sein, welche Wirkung das auf andere Personen hat.

Ruftöne

Je diskreter der Rufton, desto eleganter wirkt sein Besitzer. „Spiel mir das Lied vom Tod", „Guten Abend, gute Nacht" oder Ähnliches wirken in der Geschäftswelt eher befremdlich. Handys klingeln immer und überall. Die Rufmelodien sind ziemlich ähnlich und meistens greifen alle Menschen beim ersten „Pieps" in der Umgebung zum eigenen Gerät. Es wird daher immer schwieriger, eine Tonfolge zu finden, die einerseits unaufdringlich ist und andererseits dem Besitzer eindeutig signalisiert, dass es das eigene Handy ist, das läutet.

Einfache Ruftöne in steigender Lautstärke sind immer elegant. Wenn Ihre Firma eine eigene Kennmelodie oder Signation hat, können Sie die Töne nachkomponieren. Sie können auch die Melodie verwenden, die Ihr Unternehmen als Warteschleifen-Musik bei der Telefonzentrale spielt.

Und: Wenn Sie nicht ganz sicher sind, dass Ihr Handy klingelt, vermeiden Sie ein hektisches Zugreifen beim ersten Pieps.

Handyfreie Zonen

Das Handy wird immer ausgeschaltet

- in Opernhäusern, Kinos, Theatern, Konzertsälen. Das sollte eigentlich selbstverständlich sein, aber die Realität zeigt leider noch immer das Gegenteil;
- in Konferenzen, bei Vortragsveranstaltungen und geschäftlichen Besprechungen;
- in Restaurants;
- in Lokalen und an Orten, die ein durchgestrichenes Handy zeigen;
- in öffentlichen Verkehrsmitteln. Das Mithören („Was gibt es denn zu essen?") auf engstem Raum ist eine Zumutung für die Umgebung.

Übrigens: Sollten Sie einmal in die Residenz von Königin Elizabeth II. geladen sein, müssen Sie ebenfalls Ihr Handy ausschalten. Laut einer Agenturmeldung hat die Monarchin diese Anweisung erteilt, nachdem etliche Familien- und Festessen durch das, wie sie es nannte, „dissonante Gebimmel“ gestört wurden. Die Queen beklagte grundsätzlich den Mangel an guten Manieren, der bei den „Handyphonierern“ zu bemerken sei.

Faxgerät

Vor wenigen Jahren war das Mittelding aus Telefonat und Brief noch eine die absolute Neuheit, heute ist es bereits ein Klassiker, ja fast schon ein Relikt aus alter Zeit.

Im Berufsleben beachten Sie bitte folgende Punkte:

- Botschaften über das Faxgerät sind jedem zugänglich. Versenden Sie daher vertrauliche Mitteilungen niemals über das Faxgerät.
- Lesen Sie niemals Faxmitteilungen, die für andere bestimmt sind.
- Offizielle Mitteilungen, wie z.B. Gratulationen oder Kondolenzschreiben, werden nie per Fax geschickt.

- Faxmitteilungen sind nicht rechtswirksam; sie können per Fax nur darauf verweisen, dass das (rechtswirksame) Original per eingeschriebenem Brief folgt.
- Für Faxmitteilungen sollten Sie immer größere Schrift (ab 14-Punkt-Schrift) verwenden, weil der Inhalt sonst schlecht leserlich ist.
- Sollten Irrläufer auf Ihrem Schreibtisch landen, dann machen Sie sich bitte die Mühe und leiten Sie das Fax an den richtigen Adressaten weiter oder verständigen Sie den Absender.
- Senden Sie niemals Faxe mit handschriftlich hinzugefügten Antworten retour, sondern verwenden Sie immer neues Papier. Sie würden einen Brief ja auch nicht mit einer handschriftlichen Bemerkung retournieren.

Netikette

E-Mails sind eine feine Sache. Mit einem Klick können Sie die gesamte Internet-Gemeinde erreichen. Im Gegensatz zu Briefen wird das Medium oftmals sorglos benutzt, warum, ist nicht ganz einsichtig – schnell und bequem heißt nicht notgedrungen schlampig. Immer mehr Personen werden gedankenlos mit Informationen versorgt und manchmal sogar damit belästigt. Immer schwerer leserlich ist die äußere Form.

Unter der Bezeichnung „Netikette“ (Umgangsformen im Netz) entstehen daher sinnvolle Empfehlungen, wie man Umgangsformen im Internet wahrt.

- Guter E-Mail-Stil fängt bei der Betreffzeile an. Diese soll so klar sein, dass der Empfänger sofort entscheiden kann, ob er die Nachricht öffnet oder die Meldung in den Papierkorb versenkt.
- Verwenden Sie Anrede und Schlussformel genauso wie bei Briefen.
- Achten Sie auf eine ordentliche und lesbare Form des Textes und kontrollieren Sie die Mail vor dem Absenden nochmals.
- Richtige Rechtschreibung und Grammatik sind genauso wichtig wie bei Geschäftsbriefen. Fehlerhafte und schlampig geschriebene E-Mails machen einen schlechten Eindruck auf den Empfänger.
- Gängige Abkürzungen können bis zu einem gewissen Grad verwendet werden. Allerdings sollen Internet-Freaks keine Abkürzungen oder Schreibweisen benutzen, die weniger Geübte nicht verstehen: z.B. tnt, ta4n (until next time, that’s all for now).

- Groß- und Kleinbuchstaben sind immer noch am besten lesbar. Das Verfassen von E-Mails in Kleinbuchstaben hat sich mittlerweile eingebürgert und ist auch in Ordnung. Verwenden Sie aber niemals nur Großbuchstaben, Sie erwecken sonst den Eindruck, als würden Sie die Mail nicht schreiben, sondern schreien.
- Seien Sie vorsichtig bei der Verwendung von Prioritätsfunktionen. „Superwichtig" ist meistens eine Übertreibung, gehen Sie daher sehr gezielt mit solchen Hinweisen um.
- Bei Antworten dürfen nur kurze Originalnachrichten zitiert werden. Lange Originalnachrichten werden in der Antwort entfernt.
- Mailbox-Eingänge sollen immer kontrolliert und beantwortet werden. Wird man hingegen von unbekannten Personen mit E-Mails belästigt, braucht man nicht zu reagieren.
- Unhöflich ist es, aufwändige Attachments mitzusenden. Anhänge sollen daher nie mehr als 0,5 Megabytes betragen.
- Sie sollten auch niemals Attachments senden, die vom Empfänger aufgrund fehlender Computerprogramme nicht geöffnet werden können.

Die wichtigsten Regeln

- Bei Telefongesprächen ist „kurz – sachlich – informativ" die wichtigste Regel. Das gilt sowohl für den Anrufenden als auch für den Angerufenen.
- Wenn Sie jemanden anrufen, fragen Sie immer zuerst, ob Sie stören und wie viel Zeit für das Gespräch zu einem bestimmten Thema veranschlagt werden muss. Nennen Sie das Thema immer ganz am Anfang.
- Halten Sie eventuell benötigte Unterlagen immer griffbereit.
- Bauen Sie den Inhalt von beruflichen Gesprächen immer logisch auf. Bedenken Sie, dass Ihr Anruf unerwartet kommt und sich Ihr Gegenüber erst geistig auf das Problem einstellen muss.
- Besprechen Sie Mail-Boxen klar und deutlich. Bedenken Sie, dass sich der Angerufene Notizen machen muss. Wiederholen Sie eventuell Ihre Telefonnummer, wenn Sie um Rückruf bitten.
- Besprechen Sie Ihren Anrufbeantworter sachlich, freundlich und vor allem kurz.
- Geben Sie bekannt, wann Sie zurückrufen werden (am selben Tag, spätestens am nächsten). Vermeiden Sie antiquierte Ausdrücke wie „ehebaldigst".
- Wenn Sie länger nicht erreichbar sind, z.B. wegen Dienstreise oder Urlaub, sagen Sie das.
- Personen mit Stil benutzen Handys diskret und belästigen mit ihren Telefonaten nicht ihre Umgebung.
- Schreiben Sie E-Mails mit derselben Sorgfalt wie Briefe. Vergessen Sie Anrede und Schlussformel nicht.

Essens-Knigge:

Rund um Speis und Trank

Maßstab für Manieren

Ein wesentlicher Teil der Repräsentationspflichten von Führungskräften steht in einem Zusammenhang mit gepflegtem Essen, ob Sie nun Gast oder Gastgeber sind. Wie Sie sich bei Tisch benehmen und mit welcher Sicherheit Sie mit großem Gedeck und mit Spezialbestecken umgehen, gibt Aufschluss über Ihre Umgangsformen. Esssitten werden zu Recht als Maßstab für Manieren angesehen.

Die Kenntnis, wie ein Menü zusammengestellt wird, sowie die Auswahl der dazu passenden Weine sagt ebenso viel über einen Menschen und seine Lebensart aus wie der Umgang mit dem Personal.

Klassische Speisenfolge

Wenn Sie Gast sind, müssen Sie sich mit der klassischen Speisen- und Getränkefolge nicht auseinander setzen. Sie essen und trinken einfach das, was Ihnen – wahrscheinlich in der richtigen Reihenfolge – serviert wird. Wenn Sie aber Gastgeber sind und z.B. in einem Restaurant für sich und Ihre Gäste bestellen, sollten Sie die Abfolge kennen. Diese ist so aufgebaut, dass sie einen harmonischen Ablauf für Geschmack und Gaumen bietet und das Mahl sich sozusagen von Gang zu Gang zu einem „Gesamtkunstwerk" aufbaut. Die begleitenden Getränke ergänzen harmonisch die Speisen.

Sie werden äußerst selten in die Lage kommen, ein Festmenü aus allen nachstehend erwähnten Gängen auswählen zu müssen. Meist wird es sich um ein drei- bis maximal fünfgängiges Menü handeln. Sie können sich dabei ebenfalls an die nachstehende Reihenfolge halten und lassen einfach einige Gänge aus.

Eine gute Hilfestellung bieten auch die Speisekarten der Restaurants, die meist alle möglichen Gänge in der richtigen Reihenfolge auf ihrer Karte anbieten.

Brot

Brot wird als Erstes gereicht. In einfacheren Restaurants steht es in einem Körbchen auf dem Tisch und jeder Gast bedient sich selbst. In Restaurants gehobener Kategorie geht ein Ober mit einem großen Korb umher, in dem sich mehrere Brotsorten befinden. Man bedient sich selbst (mit Hilfe der beiliegenden Zange) oder bekommt das Brot serviert.

Manchmal gibt es sogar einen Brotwagen. Der Gast deutet auf ein bestimmtes Stück, das dann mit einer Zange vom Ober gereicht wird. Mehr als zwei Stücke sollten Sie sich nicht auf den Teller häufen. Der Ober kommt auf Wunsch sicher wieder.

Die Qualität, die Frische und die Vielfalt des Brotes sagt viel über die Qualität eines Restaurants aus.

„Amuse Gueule" oder „Kleiner Gruß der Küche"

Diese kleinen Happen sind eine Aufmerksamkeit des Hauses, die Sie nicht selbst bestellt haben und die Ihnen in Restaurants von gehobener Qualität zu Beginn des Mahles serviert werden. Damit stillen Sie Ihren ersten großen Hunger, und der Koch gibt einen Vorgeschmack seiner Kochkünste.

Kalte Vorspeise oder Salat

Das eigentliche Mahl beginnt meist mit einer kalten Vorspeise. Das ist eine oft pikant schmeckende kleine Gemüsespeise oder ein Gericht mit Fisch oder Fleisch – geräuchert, gekocht oder gebraten.

Die Auswahl ist groß: Krusten- und Weichtiere, Hummer, Langusten, marinierte oder geräucherte Fische, Räucherlachs, Gravad Lax (das ist ein mit Zucker, Dille und sonstigen Gewürzen gebeizter Lachs), Kaviar, Gänseleber, Pasteten, Terrinen und Galantinen, Geflügel, Rohschinken, Salate entweder pur, besonders in romanischen Ländern beliebt, oder durch diverse Zutaten bereichert.

Die kalte Vorspeise soll klein, leicht und anregend sein und auf das einstimmen, was noch folgen wird.

Suppe

Klare Suppen, mit oder ohne Einlagen, oder kräftig gebundene Suppen auf Gemüse- oder Fleischbasis stimmen auf die Hauptgerichte ein. Sie werden entweder in einer Suppenschale oder in einem Suppenteller serviert.

Warme Vorspeise

Warme Vorspeisen sind meistens Gerichte aus Teigwaren (Pasti), Reis (Risotti), Aufläufe, warme Pasteten oder Ragouts. Die Basis kann Gemüse oder Fleisch sein, verfeinert mit diversen Saucen, Butter und Käse.

Es sind auch zarte Gemüsegerichte, wie z.B. Spargel, gegrilltes Gemüse oder Pilze, möglich.

Fischgericht

Man unterscheidet Süßwasser- (z.B. Forelle, Aal, Barsch, Hecht, Wels, Zander, Karpfen) und Meeresfische (z.B. Lachs, Angler, Scholle, Seezunge, Stein- oder Heilbutt, Kabeljau). Je nach Art der Zubereitung kommen sie gekocht, gedünstet, gebraten oder gegrillt auf den Tisch. In der traditionellen österreichischen Küche werden sie auch oft gebacken.

Fische können auch mit diversen mehr oder minder schweren Saucen, meist auf Weißwein- oder Rotweinbasis, serviert werden. Je unverfälschter der Fisch zubereitet ist, desto mehr kann er seinen Geschmack entfalten.

Sorbet

Zur Geschmacksneutralisierung kann zwischen Fisch- und Fleischgericht ein Sorbet gereicht werden. Das ist ein auf Wasserbasis hergestelltes, leichtes, wenig gezuckertes Fruchteis, das den Gaumen beruhigt und aufnahmefähig für das nächste Gericht macht.

Fleischgericht

Als Fleischgericht kann helles Geflügel, gekocht, gedünstet, gebraten, gegrillt oder gebacken serviert werden. Ente, Gans oder Truthahn haben dunkles Fleisch und werden in der Regel gebraten.

Weitere Hauptgerichte bestehen aus Kalb, Kitz, Schweinefleisch, Spanferkel oder Kaninchen, mit dunklem, oder Rind, Lamm, Wild sowie Wildgeflügel mit hellem Fleisch.

Nicht jedermanns Sache, aber bei Feinschmeckern sehr beliebt sind Innereien wie Bries, Hirn, Zunge, Herz, Lunge, Leber oder Nieren.

Manchmal steht auf einer vorgegebenen Menüfolge „Fisch- oder Fleischgericht". Das bedeutet, dass man zwischen den beiden Möglichkeiten auswählen kann.

Käse

„Käse schließt den Magen." Dieses bekannte Zitat wird oftmals falsch verstanden. Es stimmt nur dann, wenn keine Süßspeise gereicht, und der Käse unmittelbar nach dem Hauptgericht serviert wird. Wenn ein Dessert vorgesehen ist, wird der Käse vorher serviert.

Käse wird manchmal dem Gast portionsweise einzeln serviert. In Restaurants gehobener Kategorie gibt es einen Käsewagen, von dem jeder Gast selbst wählen kann. Der Ober schneidet für den Gast jeweils ein kleines Stück ab und stellt einen kleinen Käseteller zusammen. Beschränken Sie sich bei der Auswahl auf maximal drei bis vier Sorten, beginnen Sie beim Essen immer mit dem leichtesten Käse (z.B. Frischkäse) und enden Sie mit dem geschmackintensivsten.

Zum Käse wird meist auch frisches Gebäck oder Brot und manchmal auch Butter serviert. Versuchen Sie einmal, Käse ohne Brot zu essen und lassen Sie die Butter ebenfalls weg. Sie werden den Geschmack intensiver genießen können.

Süßspeisen und Desserts

Eine kleine, süße Sünde ist die absolute Notwendigkeit jedes gepflegten Mahles. Dabei kann es sich um ein kaltes oder ein warmes Dessert handeln.

Als kalte Nachspeise können leichte Cremes, Mousses, Eisparfaits, Spezialitäten aus Obers, leichte Torten oder Mehlspeisen sowie Früchtedesserts mit Obst serviert werden.

Warme Nachspeisen sind Chaudeaus (das sind warme Saucen), Omeletten, Soufflés und Aufläufe, Strudel, Schmarren, Pfannkuchen, die in Österreich Palatschinken heißen, oder Crêpes.

Der Umgang mit dem großen Gedeck

Üppige Tische

Sie waren bestimmt schon einmal in folgender Situation: Abendessen in einem piekfeinen Restaurant, ausgezeichnet mit Sternchen und Hauben, hoch gelobt von allen Gourmetkritikern und Liebhabern des feinen Essens und guten Geschmacks. Oder Sie waren zu Gast in einem exquisiten Privathaushalt. Die Gastgeberin hat sich die Mühe eines sechsgängigen Menüs gemacht und den Tisch prächtig gedeckt. Vor Ihnen liegt eine Unzahl von Besteck, links und rechts vom Teller, manchmal auch oberhalb des Tellers, Gläser unterschiedlichen Aussehens stehen aufgereiht, Teller befinden sich vor und neben Ihnen, irgendwo ist eine Serviette prachtvoll drapiert. Und Sie sitzen vor diesem eindrucksvollen Stillleben und geraten in schiere Verzweiflung, weil Sie nicht wissen, wie und in welcher Reihenfolge Sie sich an das Werkzeug heranmachen sollen.

Kleine Gedecke sind unproblematisch. Nach internationalen Regeln liegt dabei die Gabel links vom Teller, das Messer und der Suppenlöffel rechts. Oben quer über dem Teller liegt der Dessertlöffel, das Glas steht oben rechts davon. Das bedeutet, dass das Essen aus drei Gängen besteht, und zwar Suppe, Hauptspeise und Dessert. Das ist einfach und bereitet keine Probleme.

Aber kommen wir zum oben beschriebenen, prachtvoll und üppig gedeckten Tisch zurück:

Einige Grundregeln erleichtern Ihnen den Umgang mit dem großen Gedeck.

Lassen Sie sich niemals von der Vielfalt des Gedeckes schrecken. Das Gedeck entspricht immer der vorgesehenen Speisenfolge. Sie müssen nur wissen, wo was liegt bzw. steht, und von welcher Seite jeweils beim Besteck und bei den Gläsern begonnen wird. Dann kann Ihnen auch bei der festlichsten Tafel kein Fauxpas passieren.

Von außen nach innen

Die Besteckteile werden immer von außen nach innen benutzt. Das heißt, dass Sie beim ersten Gang die beiden äußeren Besteckteile verwenden. Nach Beendigung des ersten Ganges wird dieses Besteck gemeinsam mit dem gebrauchten Teller weggeräumt. Für den nächsten Gang verwenden Sie wieder die beiden äußeren Bestecke.

Der Suppenlöffel tanzt manchmal aus der Reihe. Meistens wird er auf der rechten Seite gedeckt, manchmal entdeckt man ihn oben quer über dem Dessertbesteck. Vielfach liegt er auch auf der Untertasse der Suppentasse.

Das Dessertbesteck liegt oberhalb des Tellers und wird zum Schluss benutzt.

Die Messer sind immer mit der Schneide zum Teller gedeckt, die Gabeln zeigen mit den Zinken nach oben. Bei Gelegenheiten, wo altes, ererbtes Familiensilber zum Zug kommt, oder bei offiziellen Staatsbanketten, bei denen historisches Silber verwendet wird, zeigen die Gabelzinken manchmal nach unten, sodass das auf der Rückseite eingravierte Monogramm oder Wappen zu sehen ist.

Die Sprache des Bestecks

Das Besteck gibt in Zeichensprache an, ob man den Gang beendet hat oder ob man nachgelegt haben möchte. Ein gekreuztes Besteck auf dem Teller bedeutet: „Ich hätte gerne noch was". Ein parallel auf dem Teller abgelegtes Besteck, welches von rechts unten nach links oben zeigt, bedeutet: „Ich habe den Gang beendet, bitte abservieren".

Benutztes Besteck soll niemals das Tischtuch berühren. Während einer eventuellen Essenspause wird es auf dem Teller abgelegt. Manchmal wird in Privathaushalten ein Messerbänkchen aufgedeckt, auf dem gebrauchtes Besteck deponiert werden kann. Das bedeutet dann meistens, dass es auch für den nächsten Gang verwendet werden soll.

Eigenes Besteck für Zwischengänge

Aus Platzgründen werden manchmal Besteckteile gemeinsam mit dem Gang serviert, zu dem sie benötigt werden. Wenn der Ober Ihnen eine Speise mit Besteck serviert, z.B. ein Amuse Gueule, das ist ein kleiner Gruß der Küche vor dem eigentlichen Menü, dann verwenden Sie das beigelegte Besteck, meist eine kleine Gabel oder ein kleiner Löffel.

Bei großen Menüs wird manchmal zwischen zwei Hauptgängen ein Sorbet zur Geschmacksneutralisierung serviert. Dem liegt dann auch meistens ein Löffel bei, den Sie verwenden können. Beim nächsten Gang benutzen Sie wieder die beiden äußersten rechten und linken Besteckteile.

Käse als erstes Dessert vor einer süßen Nachspeise wird zuweilen mit einem zusätzlichen Besteck serviert. Das verwenden Sie und benutzen anschließend wieder das bereits oberhalb des Tellers bereit liegende Dessertbesteck.

Gläser von rechts nach links

Gläser werden auf der rechten Seite des Tellers, oberhalb des Bestecks platziert. Sie werden von rechts nach links benutzt, was bedeutet, dass man sich von rechts außen zur linken Seite durchtrinkt. Das Wasserglas steht ganz rechts, es kann auch für andere alkoholfreie Getränke benutzt werden. Links davon finden Sie das oder die Gläser für die Getränke, die zu den Vorspeisen gereicht werden, dann das oder die Gläser zu der (den) Hauptspeise(n) und zum Dessert.

Glashaltung

Langstielige Gläser werden immer am Stiel gefasst. Das hat gute Gründe. Wein wird üblicherweise in der optimalen Temperatur serviert. Wenn man daher das Glas mit den Fingern oder mit der Hand umfasst, wird ein gekühlter Wein schneller, als dem Weinkenner lieb ist, die Idealtemperatur verlieren. Ein weiterer Grund ist, dass es beim Anstoßen nur dann einen schönen Klang gibt, wenn die Gläser am Stiel gefasst werden. Und dass Fingerabdrücke auf einem edlen Glas nicht besonders ästhetisch aussehen, leuchtet ein.

Besteckwechsel

Manchmal haben Sie innerhalb einer Menüfolge die Möglichkeit, zwischen einem Fleisch- oder Fischgericht zu wählen. Wenn Sie sich für ein Fischgericht entscheiden, wird der Ober vor dem Gang das bereits gedeckte Fleischbesteck gegen ein Fischbesteck austauschen.

Bei umfangreichen Gourmetmenüs, die manchmal aus bis zu acht Gängen bestehen, werden Besteck und Gläser meistens nach jedem Gang ausgetauscht. So vermeidet man eine zu große Ansammlung von Esswerkzeugen auf der Tafel.

Platzteller sind reine Dekoration

Platzteller sind besonders große Unterteller aus Porzellan, Glas oder Silber. Sie dienen nur als dekorativer Untersatz für alle anderen Teller. Sie sind nicht dazu gedacht, davon zu essen. Auch das Brot wird nicht über dem Platzteller gebrochen, sondern auf dem beigestellten Brotteller.

Brotteller und Brotmesser

Der Brotteller wird mit dem dazugehörigen Brotmesser links oberhalb der linken Besteckreihe, das sind in der Regel die Gabeln, aufgedeckt. Das Brot wird gebrochen und nicht geschnitten. Das Messer verwendet man, um die Brotteile mit einem Stück Butter zu belegen. Meist wird der Brotteller nach den Vorspeisen entfernt.

Das Verwechseln der Brotteller ist ein häufiger Fehler an der Tafel. Merken Sie sich daher bitte unbedingt, dass der linke Ihnen gehört, und vermeiden Sie somit, dass die ganze Gesellschaft gezwungen ist, den rechten, und somit den Teller des Nachbarn zu verwenden.

Ein weiterer häufiger Fehler ist das Durchschneiden des Gebäcks und das Bestreichen mit Butter. In einfachen Restaurants wird Ihnen das niemand übel nehmen, aber bei Gelegenheiten, wo auf Etikette Wert gelegt wird, sollten Sie darauf achten, dass Brot immer gebrochen wird.

Auch wenn Sie sehr hungrig sind, lassen Sie sich nicht dazu verleiten, sich mit Brot voll zu stopfen. Sie verderben sich damit den Appetit für die kommenden Genüsse.

Buttergefäß

Die Butter wird üblicherweise in einem separaten Gefäß für mehrere Personen auf dem Tisch bereitgestellt. Man nimmt sich mit der dem Buttergefäß beiliegenden Gabel ein Stück auf den eigenen Brotteller und stellt Buttergefäß und Gabel wieder auf den Tisch zurück.

Salatteller

Bei traditioneller Küche kommt der Salatteller als Beilage zu einem Hauptgericht an die Stelle des Brottellers.

Die moderne Küche serviert, in Anlehnung an mediterrane Gepflogenheiten, den Salat als Vorspeise. Dann wird er als eigener Gang auf dem Platzteller serviert.

Fingerschale

Wenn Krustentiere oder Muscheln serviert werden, wird eine Fingerschale mit warmem Wasser und einer Zitronenschale eingestellt. Diese Fingerschale steht auf der linken Seite oberhalb des Bestecks an der Stelle des Brottellers. Dabei liegt meist noch eine separate Serviette, mit der man sich die Finger abtrocknet.

Serviette

Die meist sehr hübsch und ansprechend gefaltete Stoffserviette befindet sich auf dem Platzteller oder auf der linken Seite des Gedecks. Sie wird, bevor der erste Gang serviert wird, einmal gefaltet auf den Schoss gelegt. Bevor man trinkt, tupft man sich mit der Serviette den Mund ab, um auf dem Glasrand keine Spuren zu hinterlassen.

Nach Beendigung des Essen wird sie, lose zusammengeknüllt, auf der rechten Seite, das heißt dort, wo sich ursprünglich Messer und Löffel befanden, abgelegt. Wenn man während des Essens den Tisch verlässt, deponiert man die Serviette ebenfalls auf der rechten Seite.

Papierservietten werden nach Beendigung des Essens zerknüllt auf dem Teller hinterlassen.

Servietten werden für gewöhnlich nicht in den Hemdkragen gesteckt. Wenn aber Speisen serviert werden, bei denen die Gefahr besteht, dass beim Zerlegen die Kleidung beschmutzt wird (z.B. bei Muscheln oder bei

Krustentieren), kann die Serviette auch in den Kragen gesteckt werden. Eine beigestellte Fingerschale beim Gedeck bedeutet, dass man die Serviette in den Kragen stecken kann.

Spezialbestecke

Außer dem normalen Essbesteck, wie Messer, Gabel, Löffel etc., gibt es noch eine Anzahl von Spezialbestecken, von deren Existenz Sie wissen sollten, um gegebenenfalls nicht ratlos vor unbekannten Werkzeugen zu sitzen. Für folgende Speisen gibt es eigene Bestecke:

Austern

werden mit einer kleinen, dreizackigen Austerngabel serviert.

Fische

verlangen nach etwas breiteren Messern. Für Fische, die mit Sauce gereicht werden, gibt es besonders breite Messer, die beinahe wie Löffel aussehen. Üblicherweise wird dieselbe Gabel wie für Fleischspeisen verwendet. Aber manchmal wird auch eine gezackte Gabel gedeckt, mit der man den Fisch besser zerlegen kann.

Fondue

wird mit langen, schmalen Fonduegabeln serviert, mit der das Fleischstück ins Öl bzw. in die Suppe oder Brot in Käse getaucht wird.

Hummer und Langusten

werden mit einer Zange geknackt. Dazu gibt es noch eine schmale Pike, um das Fleisch aus der Karkasse zu ziehen.

Käse

verlangt nach unterschiedlichen Käsemessern, je nachdem, ob es sich um Hart- oder Weichkäse handelt.

Klare Bouillon

kommt in einer Bouillonschale mit einem runden Bouillonlöffel auf den Tisch.

Kaviar

wird mit einem Löffel aus Horn, Elfenbein oder Perlmutt serviert.

Krebse

werden selten im Ganzen serviert. Wenn das der Fall ist, gehört ein gelochtes Krebsmesser und eine zweizackige Gabel dazu.

Obst

wird mit einem langen, spitzen Messer serviert.

Schnecken

werden mit einer runden Zange gehalten. Mit einer zweizackigen Gabel wird das Fleisch aus dem Schneckenhaus geholt.

Spargel

wird üblicherweise mit normalem Besteck gegessen. Spargelgriffe, Vorlegezange und Spargelheber werden meist nur verwendet, wenn von einer großen Platte auf einen Teller serviert wird.

Steak

schneidet sich besser mit einem spitzen, besonders scharfen Steakmesser.

Sushi und Sashimi

werden mit Stäbchen aus Holz oder Kunststoff gegessen.

Die hohe Kunst des Servierens

Klassische Servierregeln

In exquisiten Restaurants oder bei offiziellen Anlässen wird für gewöhnlich gut ausgebildetes Servierpersonal beschäftigt. Es beherrscht die klassischen Servierregeln, die besagen, von welcher Seite das Essen serviert wird, Getränke eingeschenkt oder die Teller eingestellt oder abgeräumt werden. Diese Regeln sollten Sie kennen, um nicht Gefahr zu laufen, eine Dienstleistung in Anspruch zu nehmen, die vielleicht Ihrem Sitznachbarn oder Ihrer Sitznachbarin gilt.

Getränke

Von rechts

werden immer von rechts eingeschenkt. Der geschulte Ober hat dabei seine linke Hand hinter seinem Rücken und füllt aus der Flasche in seiner rechten Hand die rechts vor Ihnen stehenden Gläser.

Für Sie bedeutet das: Ober von rechts mit voller Flasche: Sie werden bedient.

Teller und Gläser

Saubere Teller und Gläser werden vom Servicepersonal immer von rechts eingestellt. Das benutzte Geschirr wird ebenfalls von rechts abserviert.

Tellerservice

Alle auf Tellern angerichteten Speisen, Suppen und Desserts werden Ihnen von der rechten Seite serviert.

Plattenservice

Von links

Bei großen Gesellschaften werden die Speisen oft auf Platten gebracht. Das heißt, dass für alle Gäste, die an einem Tisch sitzen, die entsprechenden Portionen auf einer Platte hergerichtet sind. Der Ober tritt an die linke Seite des jeweiligen Gastes. Dann legt er ihm die Speisen auf den Teller. In seltenen Fällen offeriert er die Platte und erwartet vom Gast, dass er sich mit dem bereitliegenden Vorlegebesteck selbst bedient.

Für Sie bedeutet das: Ober von links mit großer Platte: Nahrung für Sie! Warten Sie bitte immer, bis der Ober zu Ihrer linken Seite steht und bedienen Sie sich keinesfalls gemeinsam mit Ihrem rechten Nachbarn.

Brot- und sonstige Beistellteller

werden immer von links eingestellt und abserviert.

So essen Sie richtig

Artischocken

Die Blätter zupft man einzeln mit den Fingern ab, tunkt sie in die Sauce und zieht sie mit der fleischigen Seite durch die Zähne. Das übriggebliebene Blatt legt man auf dem Tellerrand ab. Vom Artischockenboden hebt man das „Heu" ab, legt es beiseite und isst den Boden mit Messer und Gabel. Die Finger reinigt man in der üblicherweise bereitgestellten Fingerschale, in der eine Zitronenscheibe schwimmt.

Austern

Man nimmt eine Auster in die Hand, beträufelt sie mit Zitrone oder eventuell Tabasco und lockert sie mit einer speziellen Austerngabel. Danach führt man die Schale zum Mund und schlürft sie aus. Die Finger werden in der bereitgestellten Fingerschale gereinigt.

Avocado

Wenn sie in der Schale serviert wird, löffelt man den Inhalt mit einem kleinen Löffel aus. Dabei kann die Avocado mit der Hand festgehalten werden.

Chinesisches Essen

Die meisten Speisen der chinesischen Küche werden mit Stäbchen gegessen. Das erste Stäbchen wird zwischen Daumen und Ringfinger der rechten Hand festgeklemmt, das zweite Stäbchen wird parallel dazugelegt und sollte frei beweglich sein. Wenn in einem Lokal sowohl Stäbchen als auch westliches Besteck gedeckt ist und Sie sich nicht ganz sicher fühlen, benutzen Sie ruhig Messer und Gabel.

Gekochtes Ei

Wenn das Ei in einem Eierbecher serviert wird, klopft man die Schale mit dem Eierlöffel auf und schält sie ab. Man kann auch die Spitze vom Ei mit dem Messer abschneiden und auslöffeln. Dabei wird das Ei nicht aus dem Becher genommen.

Rührei

wird nur mit der Gabel gegessen.

Rührei mit Schinken

wird mit Messer und Gabel gegessen.

Fisch

wird, sofern er gedünstet, gebraten oder gekocht serviert wird, mit einem speziellen Fischbesteck gegessen.

Ganze Fische werden üblicherweise vom Ober zerlegt. Kleinere Fische, wie z.B. Forellen, werden oft im Ganzen serviert und müssen vom Gast selbst zerteilt werden. Dazu wird die Fischhaut am Rücken entlang der Gräte durchtrennt und das freiliegende Filet abgenommen. Dann wird die Hauptgräte mit der Schwanzflosse mit der Gabel gelöst und gemeinsam mit dem Fischkopf entfernt. Die Gräte samt Schwanz und Kopf wird auf einem separaten Teller deponiert.

Marinierte und geräucherte Fische, z.B. Heringe, Aal oder Lachs, können mit Messer und Gabel gegessen werden. Sollten Gräten im Mund landen, nimmt man sie ohne Zuhilfenahme der Finger auf die Gabel und legt sie auf den Tellerrand.

Folienkartoffeln

werden meistens mit einem kleinen Löffel, können aber auch mit Messer und Gabel gegessen werden.

Fondue

Zum Fondue wird eine spezielle Fonduegabel gereicht, mit der die mundgerechten kleinen Fleischstücke in das Fett oder in die Suppe getaucht und wieder herausgeholt werden. Zum Essen benutzt man ein normales Besteck.

Hummer

Das Hummerfleisch wird mit Messer und Gabel aus dem Panzer gegessen. Wenn ein ganzer Hummer serviert wird, was äußerst selten der Fall ist, nimmt man eine Hummergabel, eine Hummerzange sowie die eigenen Finger zu Hilfe. Mit der Zange werden die Scheren geknackt und die Beine an den Gelenken gebrochen, das Fleisch wird mit der Hummergabel herausgeholt. Die Hummerbeine dürfen ausgesogen werden.

Eine Fingerschale mit warmem Wasser und Zitronenschale zum Händereinigen steht bereit, ebenso ein zusätzlicher Teller für den Abfall.

Es ist ausnahmsweise gestattet, die Serviette im Kragen festzustecken, um sich vor Spritzern zu schützen.

Kaviar

wird meist auf Eis gemeinsam mit Zitronenhälften, manchmal mit gehackten Eiern und Zwiebeln serviert. Toast- oder Schwarzbrot wird mit Butter bestrichen, darauf legt man mit einem speziellen Kaviarlöffel, der keinesfalls aus Metall oder Silber sein darf, sondern aus Perlmutt oder Horn, eine kleine Menge Kaviar sowie die übrigen Zutaten.
Kaviar mit Blinis (das sind kleine Fladen aus Buchweizen) wird mit Messer und Gabel gegessen.

Krebse

werden als Vorspeise für gewöhnlich aus den Schalen gelöst serviert und mit normalem Besteck oder einer kleinen Gabel gegessen. Krebsen im Ganzen bricht man zuerst den Schwanz ab. Dann wird mit dem Krebsmesser die Unterseite des Schwanzes aufgeschnitten, um an das Fleisch zu gelangen. Mit dem Loch in der Schneide des Krebsmessers knackt man die Beinchen auf und saugt sie aus. Mit der Zange werden die Scheren geknackt.

Eine Fingerschale, eine Schale für die Abfälle und eine zusätzliche Serviette werden üblicherweise gereicht. Die Serviette kann, wie beim Hummer, im Kragen festgesteckt werden.

Makkaroni

werden im Gegensatz zu Spagetti, die man über eine Gabel wickelt, mit dem Messer geschnitten.

Muscheln

werden mit einem Schalenpaar, das wie eine Zange benutzt wird, direkt aus der Schale gegessen. Für die erste Muschel benutzt man die Gabel. Der Sud kann mit einem Suppenlöffel gegessen werden. Fingerschale, Extraserviette und ein Teller für die Schalen stehen üblicherweise bereit. Die Serviette darf im Kragen festgesteckt werden.

Obst

wird mit einem Obstbesteck, das etwas kleiner als ein normales Besteck ist, gegessen. Manche Obstsorten wie z.B. Weintrauben dürfen mit den Fingern gegessen werden. Dann sollte eine Fingerschale verwendet werden.

Schnecken

werden mit Schneckenzange und kleiner Schneckengabel gegessen. Mit der bauchigen Zange wird das Schneckenhaus gehalten, mit der Gabel das Fleisch herausgeholt. Dazu wird Toastbrot gegessen, von dem man kleine Stücke in die flüssige Butter oder den Schneckensud eintaucht.

Spagetti

werden von Könnern nur mit der Gabel gegessen. Eine kleine Menge Nudeln wird am Tellerrand vollständig aufgewickelt. Es kann aber auch ein

Löffel (in der linken Hand) zu Hilfe genommen werden. Ein Messer wird niemals verwendet.

Spargel

werden mit dem Messer geschnitten. Besonders dicke Spargel (Solospargel) dürfen auch in die Hand genommen werden. Allerdings nur, wenn eine Fingerschale bereitsteht.

Suppen

können in Suppentellern oder Suppentassen serviert werden. Der Rest von nicht gebundenen Suppen wie etwa Bouillons kann aus der Tasse geschlürft werden. Suppenteller werden nicht gekippt.

Sushi und Sashimi

sollen ausschließlich mit Stäbchen gegessen werden. Bei sonstigen japanischen oder chinesischen Speisen kann man westliches Besteck verwenden, wenn man sich im Umgang mit Stäbchen nicht ganz sicher fühlt.

Trüffeln

Schwarze und weiße Trüffeln sind seltene und extrem teure Pilze. Trüffeln oder das billigere Trüffelöl sind meist bereits den Speisen beigemischt. Frische Trüffeln können mit einem kleinen Trüffelhobel auch direkt am Tisch vom Ober über die Speisen gerieben werden.

Manche Restaurants berechnen die Preise anhand der Menge der über die Speisen geriebenen Trüffeln. Sagen Sie daher rechtzeitig stopp, wenn Sie bei der Rechnung keine böse Überraschung erleben wollen.

Essen und Wein – die perfekte Verbindung

Es gibt keine Dogmen mehr

Gepflegtes Essen lebt nicht nur von der Qualität und der gekonnten Zusammenstellung der Speisen, sondern auch zu einem erheblichen Teil von der Auswahl der zum jeweiligen Gang passenden Getränke. Nur wenn beides stimmt, wird das Mahl zu einem perfekten Erlebnis, zu einem Gesamtkunstwerk der Gaumenfreuden in vollendeter Harmonie.

Die alte Faustregel „weißer Wein zu weißem und roter Wein zu dunklem oder roten Fleisch" gilt längst nicht mehr. Viel wichtiger als die Farbe des

Weines ist die gute Qualität und die Harmonie von Speisen und Weinen. Ebenfalls wichtig ist die Abfolge von leichteren zu schwereren Weinen innerhalb einer Speisenfolge.

Sommeliers – Kenner von Küche und Keller

Die Auswahl der passenden Weine ist eine Wissenschaft. Es hat sich bereits eine eigene Berufsgruppe, die so genannten „Sommeliers“ gebildet, die in Spitzenrestaurants die Gäste in der Weinauswahl beraten und Empfehlungen geben. Wenn Sie sich bei der Auswahl der Weine nicht sicher fühlen, sollten Sie die Dienste des Sommeliers oder eines kundigen Kellners in Anspruch nehmen.

Wein = Wissenschaft

Die Weinwirtschaft hat in den letzten Jahren viel experimentiert. Junge, engagierte Winzer haben alte Rebsorten so verändert und verfeinert, dass es nicht mehr allein ausreicht, bestimmte Weine zu kennen und anzunehmen, dass sie zu einem bestimmten Gericht passen. Sommeliers wissen Bescheid über den Reifegrad, die Struktur, die geschmackliche Richtung

und die Eigenheiten und Besonderheiten, wie Restzucker- und Säuregehalt der Weine.

Zum anderen müssen Sommeliers auch über die Zusammensetzung, Zubereitung und Verarbeitung der Speisen informiert sein. Sie müssen wissen, welche Gewürze verwendet werden und welcher Geschmack eine Speise dominiert. Nur die umfassende Kenntnis all dieser Dinge gewährleistet die Auswahl des passenden Weines zu jedem Gericht.

Kompetente Partner

Sommeliers erkennt man in Restaurants manchmal an einer kleinen, silbernen Kostschale, die sie wie ein Amulett an einer Kette tragen.

Ein guter Sommelier berät Sie, ohne Ihnen etwas einzureden. Wenn Sie der Gastgeber sind, wird er Ihnen einen kleinen Probierschluck aus jeder neuen Flasche einschenken. Erst wenn Sie Ihr Okay gegeben haben, schenkt er den Gästen ein und füllt zum Schluss Ihr Glas. Am Probierschluck erkennen Sie, ob der Wein „korkt". Tut er das, war er nicht optimal verschlossen und hat den Geschmack des Korkens angenommen. Dann können Sie den Wein zurückschicken, und man wird Ihnen eine andere Flasche bringen. Ein guter Sommelier aber wird Ihnen niemals eine Flasche anbieten, die nicht in Ordnung ist. Fehler würde er schon vorher erkennen.

Sie können den Wein aber auch zurückgehen lassen, wenn er nicht die richtige Temperatur hat. Wenn der Wein in Ordnung ist, Ihnen aber aus irgendwelchen Gründen nicht schmeckt, können Sie in zwar zurückschicken, müssen ihn aber bezahlen.

Diese Regeln sollten Sie kennen

- Nur die langjährige theoretische und praktische Beschäftigung mit Weinen wird Ihre Geschmacksnerven so sensibilisieren, dass Sie die richtige Auswahl zum jeweiligen Gericht treffen können. Wenn Sie diese Erfahrung noch nicht haben, helfen Ihnen einige Regeln bei der Auswahl.
- Der Aperitif soll den Gaumen aufschließen und neugierig auf das Kommende machen. Es können alle Getränke, die leicht, säuerlich, bitter oder prickelnd sind, angeboten werden. Dazu zählt Bier, Champagner, Sekt, trockener Weißwein, oxidativer Wein und Sherry. Nicht geeignet sind süße Getränke oder Hochprozentiges. Der Aperitif soll einen Alkoholgehalt von unter 20 Prozent aufweisen.
- Leichte Weine werden vor schweren Weinen, junge vor alten und trockene vor süßen getrunken. Sollte aber ein Gericht wie z.B. Gänseleber

einen schwereren Wein mit höherer Restsüße (z.B. einen Gewürztraminer oder eine Spätlese) vertragen, kann trotzdem beim nächsten Gericht ein leichterer, passender Wein gewählt werden. Man sollte allerdings dazwischen etwas Wasser zur Neutralisierung der Geschmacksnerven trinken.

- Einfache, weniger aromatische, körper- und säurearme Weine trinkt man vor qualitativ höherwertigen, aromatischen, körperreichen und säurereichen Weinen.
- Weißweine werden vor Rosé- oder Rotweinen getrunken. Ausnahmen sind Prädikatsweine, wie Beerenauslesen, Eisweine oder Trockenbeerenauslesen.
- Dass Weißwein zu hellem Fleisch und Fisch und Rotwein zu dunklem Fleisch getrunken werden soll, gilt nicht unbedingt. Zu vielen dunklen Fleischarten, wie z.B. gekochtem Rindfleisch passt auch ein kräftiger Weißwein. In südlichen Ländern serviert man auch leichte, frische Rotweine zum Fisch, was hervorragend harmoniert.
- Zu leichten Speisen werden leichte Weine getrunken, zu schweren Speisen schwere und alkoholreiche Weine
- Zu einfachen Gerichten kann man auch einfache Weine trinken.
- Besondere Vorsicht bei der Weinauswahl sollen Sie bei folgenden Speisen walten lassen: alles intensiv Gewürzte, besonders bei Verwendung von Curry, Gerichte mit Schokolade und auf Obersbasis, Speisen mit Zitrusfrüchten und solchen, die mit Likören oder Destillaten zu bereitet sind, sowie Eis.
- Üblicherweise wird innerhalb eines Menüs zur Suppe kein Wein gereicht. Ausnahmen sind kräftige, gebundene Suppen. Sollte bei der Zubereitung der Suppe Wein, Sherry oder Madeira verwendet worden sein, kann derselbe Wein dazu serviert werden.
- Möchte man zu einem Menü nur einen einzigen Wein trinken, soll dieser relativ neutral sein und nicht durch irgendwelche Geschmacksbesonderheiten auffallen. Unauffällige, leichte Weiß- oder Rotweine sind dafür gut geeignet.
- Zu regionalen Spezialitäten sollten jene Getränke getrunken werden, die aus derselben Region stammen – sie harmonieren besser.
- Zu Süßspeisen trinkt man halbsüße Schaumweine, Prädikatsweine oder

diverse Auslesen, wie Spätlesen, Beerenauslesen, Ausbruchsweine oder Trockenbeerenauslesen. Außerdem passen Dessert- und Süßweine, wie Sherry, Portweine, Madeiras, Malagaweine, Samos oder Tokaier.

- Wenn Ihnen ein Wein besonders gut schmeckt, dann bestellen Sie ihn, und wenn Ihr Gast auf einem bestimmten Wein besteht, dann soll er den auch bekommen. Das Wichtigste ist der persönliche Geschmack.

Die richtige Trinktemperatur

Die richtige Temperatur ist die Grundvoraussetzung für eine optimale Entfaltung des Bouquets. Sie sollten darauf bestehen, dass Ihnen der Wein mit dieser Temperatur serviert wird. Wenn der Wein zu warm oder zu kalt ist, können Sie reklamieren.

Schaumwein, Sekt und Aperitifweine:	6 – 8 °C
Trockene Weißweine:	8 – 10 °C
Schwere Weißweine:	ca. 10 °C
Roséweine, Spät- und Auslesen:	11 – 12 °C
Leichte und junge Rotweine, Dessertweine:	12 – 14 °C
Mittelschwere Rotweine:	14 – 16 °C
Schwere und alte Rotweine:	16 – 18 °C bis Zimmertemperatur

Na, Mahlzeit! Prost und Cheers

Eine festlich gedeckte Tafel, man setzt sich zu Tisch. Die Gläser sind bereits eingeschenkt. Noch bevor alle sitzen, tönt es von überall: „Mahlzeit", „Guten Appetit", „Lasst es euch schmecken", „Wohl bekomm's" etc. Aus einer Ecke kommt ein fröhliches „Prost", aus der anderen schmettert ein Gast dem Gastgeber ein munteres „Cheers" entgegen und hebt das Glas in die Menge.

Hoppla, da stimmt doch etwas nicht, oder?

Zutrinken, aber wie?

- Auch wenn die Umgangsformen bei Tisch längst nicht mehr so streng wie früher gesehen werden, ist es üblich, dass der Gastgeber als erster das Glas erhebt und seinen Gästen zutrinkt. Zutrinken kann auch der oder die ranghöchste Person an der Tafel (siehe „Rangordnungs-Knigge" Seite 80ff).

- Der Gastgeber hebt dabei das Glas bis etwas unterhalb der Kinnhöhe. Dann wendet er sich seinem Ehrengast, dann seinem Gegenüber und anschließend seinen Nachbarn zu beiden Seiten mit der gleichen Geste zu. Ein paar kurze Worte, wie z.B. „Ich freue mich, dass Sie da sind", oder auch das etwas antiquierte „Zum Wohl" sind möglich. Die anderen Gäste erheben daraufhin ebenfalls das Glas und nicken einander zu. Ein kurzes „Zum Wohl", „Prosit" oder „Prost" zur ganzen Runde ist möglich, aber nicht unbedingt notwendig. Dann kommt der erste Schluck. Wichtig ist, dass man dabei sitzen bleibt.
- Trinken Sie keinen Alkohol, so können Sie auch ein Glas mit einem alkoholfreien Getränk erheben. Oder Sie erheben das Weinglas, nippen nur kurz daran und wenden sich dann einem anderen Getränk zu.
- An einer feinen Tafel wird niemals mit Getränken angestoßen. Schon aus dem Grund, weil es unmöglich ist, das mit allen Gästen am Tisch zu tun, ohne aufzustehen. Krawatten, Jacketts und Accessoires wie z.B. Schals bei Damen werden dabei meistens über den Tisch gezogen, und Gläser können umfallen. Außerdem ist es kein ästhetischer Anblick, wenn sich viele Körper über bereits serviertes Essen beugen. Es genügt daher, kurz das Glas zu erheben, einander freundlich zuzulächeln und dabei eventuell leicht mit dem Kopf zu nicken.

- Mit Bier wird bei formellen Gelegenheiten nicht zugetrunken.
- Bei formellen Einladungen wird nur zu besonderen Anlässen, wie etwa Geburtstagsfeiern oder Jubiläen, also Gelegenheiten, wo es wirklich etwas zu feiern gibt, angestoßen. Dann genügt es aber, einmal in der Runde anzustoßen. Dabei kann man auch aufstehen. Keinesfalls stößt man mit jedem nachgeschenkten Glas an.

Der Start zum Essen

- Die Gastgeberin oder die ranghöchste Dame bei Tisch beginnt mit dem Essen, sobald alle Gäste die Speise vor sich stehen haben. Das tut sie mit einem kurzen Kopfnicken. Ein kurzes „Guten Appetit" zur unmittelbaren Nachbarschaft ist möglich, aber nicht unbedingt notwendig. Ganz unmöglich ist es, „Mahlzeit" zu sagen. Wenn es nur einen Gastgeber gibt, was bei Firmeneinladungen oft vorkommt, übernimmt dieser den Start zum Essensbeginn. Es kann auch die ranghöchste Dame bei Tisch sein, das ist dann in der Regel die Tischdame des Gastgebers.
- Bei offiziellen Gelegenheiten, bei denen man oft mit Menschen an einem Tisch sitzt, die man möglicherweise gar nicht kennt, unterlässt man sogar das „Guten Appetit". Ein kurzes, freundliches Nicken in die Runde reicht hier durchaus.

Alle anderen, durchaus gebräuchlichen Variationen von Essens- und Trinkwünschen bleiben dem engen Freundeskreis oder Volksfesten vorbehalten.

Essen ist Genuss

Ich möchte bei Ihnen nicht den Eindruck erwecken, dass es am festlich gedeckten Tisch steif und unpersönlich zugehen muss. Essen sollte immer Genuss und Vergnügen sein. Es gibt zwar allgemeine Grundregeln, doch hüten Sie sich davor, sich spießbürgerlich über andere Leute zu mokieren, die diese nicht ganz beherrschen.

Essmanieren gelten als Maßstab für Manieren überhaupt. Daher zeichnen sie denjenigen aus, der sie beherrscht. Sie werden als wahrer Könner gesehen werden, wenn Sie sensibel genug sind, zu bemerken, ob es sich um einen Anlass handelt, bei dem Sie sich an die klassische Etikette halten müssen, oder um einen, bei dem es durchaus lockerer zugehen kann.

Wenn Sie mit Freunden in Ihrer Stammpizzeria essen, die Gläser mit Rotwein fröhlich in der Runde klirren und man einander herzlich „Lasst es euch schmecken", „Wohl bekomm's" oder „Prosit" zuruft, dann behalten Sie diese Sitte bei. Es wird nicht gut ankommen, wenn Sie bei einfachen

Gelegenheiten mit Ihrer Kenntnis der hohen Etikette protzen. Aber achten Sie darauf, dass es Situationen gibt, in denen es wichtig zu wissen ist, wie es „comme il faut“ ist.

Etiketteregeln für alle Tage ...und für besondere Anlässe

Wie weiß man nun, welche Regeln man wann beachten soll? Um Ihnen die Sache leichter zu machen, möchte ich Ihnen Empfehlungen dafür geben, welche Regeln auf jeden Fall, das heißt auch für das Essen in der Kantine oder den Lunch mit dem Kollegen in der Kneipe nebenan gelten, und welche Regeln nur bei „besonderen Gelegenheiten“ angewendet werden.

Das gilt jeden Tag

- Die korrekte Haltung bei Tisch gilt immer (und nicht nur beim Essen). Sie machen eine gute Figur, wenn Sie aufrecht sitzen, etwa eine Handbreit vom Tisch entfernt. Die Unterarme liegen bis zum Handgelenk auf dem Tisch. Aufgestützte Ellenbogen sind auch im privaten Kreis ungezogen. Man bewegt die Arme parallel zum Körper und führt beim Schneiden der Speisen keinen Ententanz auf. Das Essen wird zum Mund geführt und nicht umgekehrt.
- Auch im Alltag soll das Essen eine ästhetische und geräuschlose Angelegenheit sein. Bevor man den nächsten Bissen zu sich nimmt, schluckt man hinunter, ebenso bevor man die Stimme erhebt. Schmatzen, schlürfen und sonstige Geräusche gelten in unseren Breiten als schlechte Manieren.
- Die Serviette, egal ob aus Papier oder Stoff, wird immer benutzt. Sie wird, einmal gefaltet, auf den Schoß gelegt. Bevor man trinkt, tupft man sich damit den Mund ab. Nach dem Essen landet die Stoffserviette zerknüllt rechts neben, die Papierserviette auf dem Teller.
- Besteck, Teller und Gläser werden geräuschlos gehandhabt. Beachten Sie die Besteck-Zeichensprache (siehe „Die Sprache des Bestecks“, Seite 124f.). Auch im Alltag legt man das Besteck bei Essenspausen am Teller ab und bei Beendigung des Essens parallel von rechts unten nach links oben zeigend.
- Langstielige Gläser werden am Stiel angefasst.

- Geraucht wird erst nach dem Dessert.
- Behandeln Sie das Dienstpersonal nicht als Domestiken, sondern als Berater. Aber machen Sie Dienstleistungen, zu denen der Kellner verpflichtet ist, nicht selbst. Zum Gastsein gehört auch, sich bedienen lassen zu können und auch zu wollen.

Das gilt bei besonderen Gelegenheiten

- Der Tischherr rückt seiner Tischdame, die üblicherweise an seiner rechten Seite sitzt, den Stuhl zurecht und setzt sich erst, nachdem sie Platz genommen hat.
- Steht eine Dame von der Tafel auf, so erhebt sich ihr Tischherr. Ebenso, wenn sie an den Tisch zurückkehrt. Der Stuhl wird ihr wieder zurechtgerückt.
- Der Gastgeber erhebt als erster das Glas und gibt mit einem kurzen Nicken oder Begrüßungswort das Zeichen zum Trinken.

- Die Gastgeberin bzw. die ranghöchste Dame am Tisch gibt das Zeichen zum Essensbeginn. Vorher vergewissert sie sich, dass alle Gäste ihr Essen vor sich haben.
- Kein Gast trinkt oder isst, bevor Gastgeber oder Gastgeberin ein Zeichen gegeben haben.
- Wenn nachgeschenkt wird, lässt man das Glas auf dem Tisch stehen und hebt es nicht dem Ober entgegen. In einem Restaurant der Topklasse schenkt man sich auch nicht selbst nach, das ist immer die Aufgabe des Obers. Sollte es passieren, dass er etwas übersieht, kann man ihn durch ein freundliches Zeichen darauf aufmerksam machen.
- Wenn man etwas vom Tisch braucht, wie etwa den Brotkorb oder die Butterschale, steht man nicht selbst auf, sondern bittet den am nächsten sitzenden Gast, das Gewünschte zu reichen. Zuerst bietet man davon seinen Sitznachbarn an, bevor man selbst etwas davon nimmt.
- Wenn Sie etwas brauchen, das nicht auf dem Tisch, sondern z.B. auf einer nebenstehenden Anrichte steht, bitten Sie das Servicepersonal darum und holen es nicht selbst.
- Man stapelt nicht das gebrauchte Geschirr, um dem Ober Arbeit zu ersparen. Diese Geste ist höchstens in einem Privathaushalt angebracht und auch nur dann, wenn es sich um eine informelle Einladung unter Freunden handelt.
- Ebenso streckt man nicht die Hand aus, um dem Ober den Teller abzunehmen. Bei formellen Anlässen muss so gedeckt und so viel Platz sein, dass diese Dienstleistung ohne Verrenkungen vom Servicepersonal übernommen werden kann.
- Es ist eine nette Geste, dem Ober mit einem kleinen Nicken zu danken, wenn man bedient wurde.

Der Umgang zwischen Rauchern und Nichtrauchern

Die Toleranz gegenüber Rauchern hat sich in letzter Zeit dramatisch verschlechtert. Die Anti-Raucher-Lobby und das stark gestiegene Gesundheitsbewusstsein machen Rauchern das Leben schwer. Höfliche Menschen können beim Rauchen eigentlich nichts verkehrt machen, denn sie werden immer alles vermeiden, was andere Menschen stören könnte.

Rauchen bei Tisch

Geraucht wird grundsätzlich erst nach dem Dessert. Eine Ausnahme können ausgedehnte Diners sein, bei denen zwischen den Gängen lange Pausen entstehen und eventuell schon nach dem Hauptgang die Erlaubnis zum Rauchen gegeben wird. Diese Erlaubnis muss immer vom Gastgeber oder der Gastgeberin ausgehen. Der Gast wartet grundsätzlich auf das Ende des Mahles und fragt insbesondere in Privathaushalten um Erlaubnis. In gepflegten Haushalten zieht man sich zum Rauchen in einen anderen Raum zurück.

Rauchen in Gesellschaft

Immer wenn Sie in Gegenwart von anderen Menschen rauchen möchten, fragen Sie höflich, ob ein Einwand besteht.

Sind Sie bei konsequenten Nichtrauchern zu Besuch, müssen Sie es einfach akzeptieren, wenn das Rauchen von Gästen nicht toleriert wird. Es ist nicht jedermanns Sache, an den der Einladung folgenden Tagen den Geruch von Zigaretten in der Wohnung zu haben. Halten Sie es gar nicht ohne Zigarette aus, dann müssen Sie Ihrem Laster halt im Freien frönen und für

kurze Zeit die Wohnung verlassen. Haben Sie als Raucher Probleme mit absolut „rauchfreien" Häusern, dann sollten Sie lieber nicht hingehen.

Bei Einladungen zum Essen kann üblicherweise beim Aperitif geraucht werden. Am besten dann, wenn man noch nicht bei Tisch sitzt, sondern sich in einem anderen Raum aufhält. Die erste Zigarette bei Tisch ist frühestens nach dem Dessert möglich. Sollten hingegen alle Gäste munter zwischen den einzelnen Gängen rauchen, dann können Sie dies selbstverständlich auch tun. Es muss Ihnen aber klar sein, dass Sie Ihre Geschmacksnerven für die kommenden Gerichte beeinträchtigen.

Raucher und Nichtraucher passen nicht zusammen

Als Nichtraucher sollen Sie auf jeden Fall Ihre Ablehnung besonders höflich artikulieren. Mit den Worten „Entschuldigung, aber ich kann Rauch schwer ertragen", oder „Es wäre sehr freundlich von Ihnen, wenn Sie nicht rauchen" kann man sein gutes Recht selbstverständlich vertreten.

Die Kombination von passionierten Rauchern mit ebensolchen Nichtrauchern in einer Gesellschaft ist immer ein Problem. Daher soll schon bei der Zusammenstellung der Einladungsliste darauf Rücksicht genommen werden. Beide Gruppen sollen sich wohl fühlen, und das wird eben schwer möglich sein, außer wenn es sich um tolerante Menschen handelt.

Rauchen in der Öffentlichkeit

Ein generelles Rauchverbot gilt

- in rauchfreien Zonen von Restaurants
- in manchen historischen Gebäuden
- in Krankenhäusern und in Wartezimmern von Ärzten
- in Aufzügen
- in U-Bahn, Straßenbahnen, Bussen
- in den meisten Flugzeugen
- in Parkhäusern
- bei Tankstellen
- und in Räumen, in denen sich Kinder aufhalten

Personen mit guten Manieren rauchen auch nicht auf der Straße. Wenn Sie ein fremdes Haus oder ein öffentliches Gebäude betreten, dämpfen Sie ebenfalls eine brennende Zigarette oder Zigarre ab.

Rauchen im Betrieb

Wenn in Betrieben ein generelles Rauchverbot herrscht, dann ist die Sache klar. Ist das nicht der Fall, sollten Sie immer ihrem unmittelbaren Nachbarn die Frage stellen: „Stört es Sie, wenn ich rauche?"

Ein generelles Rauchverbot kann z.B. bei Besprechungen, Sitzungen oder Konferenzen oder in Großraumbüros ausgesprochen werden. Hingegen kann es eine beschränkte Raucherlaubnis in bestimmten Zonen, wie Kantinen und Aufenthaltsräumen, geben. Rauchverbote sollten Sie immer beachten. Es ist eine grobe Unhöflichkeit, dagegen zu verstoßen.

Die wichtigsten Regeln

- Tischsitten gelten zu Recht als Maßstab für gute Manieren.
- Die wichtigsten Grundsätze bei Tisch sind die absolute Geräuschlosigkeit und der ästhetische Anblick.
- Beim großen Gedeck wird das Besteck immer von außen nach innen benutzt. Gläser werden von rechts nach links verwendet.
- Fassen Sie langstielige Gläser immer am Stiel.
- Bei der Menüzusammenstellung achten Sie darauf, dass diverse Zutaten, wie z.B. Reis, Nudeln, Fisch, Fleisch, Gemüsesorten nur in jeweils einem Gang vorkommen sollen. Die Abfolge soll harmonisch für Gaumen und Augen sein.
- Wenn Sie nicht sicher bei der Auswahl von Speisen und Getränken sind, lassen Sie sich Empfehlungen von Kellnern bzw. Sommeliers geben.
- Behandeln Sie das Servicepersonal als kompetente Berater und nicht als Lakaien. Aber machen Sie Dienstleistungen, die deren Aufgabe sind, nicht selbst.
- Geraucht wird erst nach dem Dessert. Nehmen Sie Rücksicht auf Ihre Umgebung und fragen Sie sowohl als Gast als auch als Gastgeber, ob kein Einwand besteht.

Geschäftsessen-Knigge:

Vom Business-Lunch zum Festbankett

Vergnügen Geschäftsessen?

Viele Kollegen beneiden diejenigen, zu deren Aufgaben auch das gemeinsame Tafeln mit Kunden oder sonstigen Geschäftspartnern gehört. Wenn Sie meinen, dass Geschäftsessen Freizeitvergnügen für alle Beteiligten sind, dann unterliegen Sie leider einem Irrtum.

Bei beruflichen Restaurantbesuchen wird die lustvolle Tätigkeit des Essens immer mit beinharten Interessen verbunden. Man stellt Kontakte her, man baut an Netzwerken, man versucht, den Geschäftspartner zu Abschlüssen zu motivieren oder man feiert gelungene Transaktionen etc. Für beide Seiten, also für den Gast wie für den Gastgeber, ist das Businessessen ein wichtiges Instrument, um strategische Allianzen im Sinne des Unternehmens aufzubauen und zu festigen.

Der Check mit Messer und Gabel

Personalberater berichten, dass Firmen bei beruflichen Auswahlverfahren wieder großen Stellenwert auf die Beherrschung der Tischmanieren legen. Oft werden Jobbewerber bei mehrstufigen Assessments auch zu Testessen eingeladen. Dabei werden die Tischmanieren überprüft und beurteilt, ob sich die Bewerber in Gesellschaft zu benehmen wissen und auch ein vernünftiges Tischgespräch führen können.

Stolperstein

Was vorerst wie eine Belohnung für eine bereits erbrachte positive Leistung aussieht, stellt sich manchmal letzten Endes als Stolperstein für den begehrten Job dar. Bei gleicher fachlicher Qualifikation punktet dann derjenige, der auch bei Tisch gediegene Umgangsformen hat. Und das scheint bei Vertretern der Fast-Food-Generation zuweilen keine Selbstverständlichkeit zu sein.

Kein Geschäftessen ohne Absicht

Wie bereits erwähnt, gibt es selten Geschäftsessen ohne dahinter stehende Absicht. Gerade in Zeiten knapper Budgets legen Firmeninhaber vermehrt Wert darauf, dass Einladungen sofortige oder zumindest mittelfristige Erfolge zeigen. Das neutrale Ambiente eines Restaurants eignet sich natürlich besonders gut dazu, Geschäftspartner ein bisschen besser kennen zu lernen, über mehr als nur über das Geschäft zu reden, vielleicht einige Gemeinsamkeiten zu entdecken oder gegenseitige Sympathien zu vertiefen. Allerdings kann auch das Gegenteil eintreten. Wenn Menschen mit unterschiedlichem Lebensstil aufeinander treffen, kann sich unter Umständen auch eine Kluft auftun, die hinderlich für geschäftliche Beziehungen ist.

Männer dominieren noch immer

In der Vergangenheit war die Mehrzahl der Gruppen, die sich mittags oder abends in Restaurants trafen, männlich dominiert. Die beim Abendessen anwesenden Damen waren vor allem die begleitenden Ehefrauen oder Partnerinnen. Das hat sich mittlerweile zwar etwas geändert, aber auch heute sind Männer in den für Geschäftsessen bekannten Lokalen noch immer in der Überzahl.

Männliche Essensgemeinschaften hat es immer schon gegeben. Helene Karmasin sieht in ihrem Buch „Die geheime Botschaft unserer Speisen" Ähnlichkeiten zwischen den heutigen „In-Restaurants" und früheren Ritualen bei Stammesgesellschaften. Heute wie damals treffen einander Männer zwecks gemeinsamer Nahrungsaufnahme und erwerben dadurch soziales Kapital, das Frauen nicht zur Verfügung steht.

Sehen und gesehen werden

Eine Wiener Tageszeitung stellt allwöchentlich Restaurants vor und beschreibt genau, wer dort aus und ein geht und wer wo sitzt. Sehen und Gesehenwerden ist also ebenfalls ein wichtiges Element bei der Auswahl des geeigneten Restaurants für Geschäftsessen. Jedes Treffen ist demnach öffentlich. Geschäftstreffen, bei denen Transaktionen besprochen werden, die noch nicht für die Allgemeinheit bestimmt sind, sollten daher nicht in Restaurants stattfinden. Es gibt kaum einen gastronomischen Betrieb, in dem man nicht auf Leute trifft, die unter Umständen Vermutungen anstellen, die keine Berechtigung haben.

Restaurant statt privater Einladung

Restaurantbesuche ersetzen heute die früheren Einladungen der Adeligen und großbürgerlichen Mittelschicht in private Haushalte. Aber immer noch haben diese Einladungen den Zweck, Verbindungen zu schaffen und zu intensivieren. Auch heute noch gibt es eine kleine elitäre Gruppe von Personen, die Einladungen in ihren privaten Haushalt mit geschäftlichen Interessen verbindet. In Zeiten der Berufstätigkeit der Frauen sind solche Einladungen selten geworden und als besonderes Privileg zu werten.

Das richtige Restaurant

Wenn Sie der Gastgeber sind, beachten Sie bitte, dass der Auswahl des richtigen Restaurants für geschäftliche Zusammenkünfte enorme Bedeutung zukommt. Orientierung bieten Ihnen die folgenden Kriterien:

Ihr Unternehmen (Branche, Größe und Bedeutung)

Je größer, internationaler und bedeutender Ihr Unternehmen ist, desto hochklassiger können Sie auch das Lokal auswählen.

Ihre hierarchische Stellung

Ihre Stellung im Unternehmen bestimmt die Art des Lokals. Wenn z.B. eine Sekretärin, die die Kollegin einer befreundeten Firma einmal persönlich kennen lernen möchte, zu einem Lunch in dasselbe Lokal einlädt, in dem ihr Chef mit seinen Geschäftspartnern speist, dann macht das kein sehr gutes Bild. Wenn Sie eine hochrangige Position im Unternehmen bekleiden, dann wird es Ihnen Ihr Gast wahrscheinlich übel nehmen, wenn er mittags in die Pizzeria um die Ecke eingeladen wird, in der die Belegschaft Ihrer Firma schnell das Mittagessen einnimmt. Auch innerhalb eines Betriebes soll es Lokale geben, die in erster Linie der Firmenleitung oder dem obersten Management vorbehalten sind.

Die hierarchische Stellung des Gastes

Ebenso wie Ihre eigene hierarchische Position bei der Auswahl des passenden Lokals eine Rolle spielt, muss auch die Stellung des Gastes in seinem Unternehmen beachtet werden. Es spricht sich auch innerhalb von Firmen herum, wer wohin eingeladen wird. Wenn z.B. ein bedeutender geschäftlicher Abschluss der Firmenspitze in demselben Lokal gefeiert wird, in dem Sie mit ihren Mitarbeitern ein Arbeitsessen abhalten, so kann Ihnen das übel genommen werden. Es sei denn, Sie wollen einen Mitarbeiter oder eine Mitarbeiterin für eine ganz besondere Leistung auszeichnen und mit der Wahl eines hochklassigen Lokals ein besonderes Dankeschön vermitteln. Dann ist auch das Spitzenlokal okay.

Die Bedeutung der geschäftlichen Transaktion

Wie bereits gesagt, sollten Sie sich als Gastgeber eine kleine Auswahl von Lokalen zurecht legen, in die Sie je nach Bedeutung des Anlasses einladen. Von der eigenen Firmenkantine zur Pizzeria gleich neben dem Büro, dem gutbürgerlichen Lokal im Ort bis zum Spitzenrestaurant. Manche Firmen haben innerhalb der Firmenkantine auch separate Räume für die Gästebewirtung. Diese Räumlichkeiten werden von Gästen meist besonders geschätzt, weil sie einen privateren Eindruck als ein Restaurant vermitteln und man meist auch ungestört und unbeobachtet sprechen kann.

Ihre Sicherheit in Etikettefragen

Laden Sie bitte nur in Spitzenrestaurants ein, wenn Sie sich dort absolut sicher fühlen. Nur dann, wenn Sie mit den dortigen Abläufen vertraut sind, wenn Sie die Größe der Menü- und der Weinkarte nicht verwirrt, lassen Sie sich auf das Abenteuer Spitzengastronomie ein. Machen Sie nicht den Fehler, zu denken „da würde ich gern mal hingehen, das kann ich mir aber privat nicht leisten, also lade ich meinen Geschäftspartner dazu ein", das kann fatal enden.

Das Gleiche gilt für ausländische Restaurants. Nur wenn Sie sich hundertprozentig sicher im Umgang mit Stäbchen fühlen und wenn Sie sich schon vorher einmal die Schuhe vor dem Essen ausgezogen haben, laden Sie Ihren Gast in den japanischen Gourmettempel. Wenn nicht, dann üben Sie vorher einmal privat. Aber es ist ohnedies besser, traditionellen Lokalen den Vorzug zu geben: Schließlich weiß man nicht, ob der Gast sich kniend und in Socken beim Essen so wohl fühlt.

Mit Geschäftspartnern im Restaurant

Sie haben sich also für ein passendes Restaurant entschieden. Wie geht's nun weiter? Müssen Sie sich im kleinen Gasthaus um die Ecke genauso verhalten wie in einem Hauben-Restaurant? Sie können unbesorgt sein, das müssen Sie nicht. Ihr Verhalten und das Verhalten Ihrer Gäste richtet sich ganz nach dem Stil des Restaurants. In einem einfacheren Lokal wird niemand von Ihnen hundertprozentig etikettemäßiges Verhalten verlangen, der Umgang kann durchaus etwas lockerer sein. In einem Lokal der

Spitzenklasse sollten Sie allerdings alle Regeln beachten, die einen perfekten Auftritt garantieren.

Darauf sollten Sie achten

Telefonische Reservierung

Einen Tisch zu reservieren ist in jedem Restaurant empfehlenswert – außer es handelt sich um ein Fast-Food-Lokal, aber in dieses werden Sie wohl kaum Gäste einladen. Fallen Sie niemals, womöglich noch in Begleitung mehrerer Gäste, in einen Gourmettempel ein und fragen arglos, ob noch ein Tisch frei sei. Man wird Sie sofort als Greenhorn enttarnen.

Üblicherweise genügt eine Reservierung ein bis zwei Tage, spätestens einige Stunden vor dem geplanten Zusammentreffen. Bedenken Sie aber bitte, dass Sie in manchen Top-Restaurants viel früher reservieren müssen – der Zulauf ist mitunter beachtlich. Erkundigen Sie sich daher bitte, ob wirklich noch Platz frei ist, bevor Sie Ihrem Gast das Lokal nennen.

Sollten Sie einmal in die Situation kommen, völlig ungeplant, etwa nach einem Theaterbesuch, ein anspruchsvolles Restaurant besuchen zu wollen, gehen Sie bitte folgendermaßen vor: Bitten Sie Ihre Gäste, kurz vor der Tür zu warten, und erkundigen Sie sich beim Empfang, ob ein Tisch frei ist, obwohl Sie nicht reserviert haben. Erst wenn Ihnen ein Platz zugesichert wurde, bitten Sie Ihre Gäste ins Lokal.

Absage

Korrektes Business-Verhalten verlangt es, dass Sie im Falle der Nichtanspruchnahme des Tisches rechtzeitig absagen. Besonders die Spitzengastronomie ist aus ökonomischen Gründen auf die Belegung jedes Tisches angewiesen. Ein leerer Tisch, der unter Umständen mit anderen Gästen besetzt hätte werden können, schädigt jeden Restaurantbesitzer. Bedenken Sie außerdem, dass derlei Gedankenlosigkeit Ihrer eigenen Reputation und natürlich auch der Reputation Ihres Unternehmens schadet. Und sie könnte der Grund dafür sein, dass Sie in diesem Restaurant nie wieder einen Tisch bekommen.

Wenn Sie sich mehr als 15 Minuten verspäten, dann rufen Sie im Restaurant an und bitten, den Tisch zu halten.

Der Wunsch des Gastes zählt

Wenn möglich, nehmen Sie auf den Wunsch Ihres Gastes Rücksicht. Fragen Sie aber nicht: „Wo sollen wir hingehen?“, sondern bieten Sie ihm zwei möglichst gleichrangige Alternativen an. „Ich würde Ihnen das Lokal x vorschlagen, das ist bekannt für seine exzellente regionale Küche und den wohl sortierten Weinkeller. Eine weitere Möglichkeit wäre das Lokal y, da kocht der Patron selbst und das gekochte Rindfleisch dort ist wirklich ausgezeichnet.“

Wichtig ist, dass Sie dem Gast die Kategorie des Lokales vorgeben und er nicht vor dem Problem steht, ein Lokal auszuwählen, das unter oder über dem von Ihnen als Gastgeber ins Auge gefassten Standards ist. Des Weiteren haben Sie bei der Abstimmung noch die Möglichkeit, auf eventuelle Vorlieben des Gastes einzugehen, zum Beispiel, wenn er Vegetarier ist.

Eintreffen im Lokal

Als Gastgeber sollten Sie wenigstens einige Minuten vor dem vereinbarten Zeitpunkt im Lokal sein. Schließlich wollen Sie nicht erst nach Ihren Gästen eintrudeln, und es ist außerdem empfehlenswert, den bestellten Tisch vorher zu inspizieren. Falls Sie Beschwerden haben – wenn es zu laut ist oder von der Klimaanlage zieht –, wollen Sie das sicher nicht in Anwesenheit Ihres Gastes mit dem Personal erörtern. Wenn Sie allerdings im Restaurant bekannt sind und sich auf das Personal verlassen können, brauchen Sie den Tisch natürlich nicht in Augenschein zu nehmen.

Am besten, Sie vereinbaren mit den Gästen einen Treffpunkt in einem Vorraum des Lokals oder noch besser an der Bar, an der Sie auch den Aperitif einnehmen und warten können, bis alle Teilnehmer da sind. Wenn es keine Bar oder keinen anderen geeigneten Raum als Treffpunkt gibt, dann begrüßen Sie Ihre Gäste am vorgesehenen Tisch.

Treffen Sie mit Gästen gemeinsam in einem Lokal ein, dann öffnen Sie ihnen als Gastgeber die Eingangstür. Ins Lokal gehen Sie aber als Erster und besprechen mit dem Empfangspersonal die Tischreservierung.

Garderobe

Bevor Sie zum Tisch gehen, legen Sie die Garderobe ab. Es ist immer der Mann, der seiner Partnerin aus dem Mantel hilft, und nicht der Ober. Dasselbe gilt, wenn ein Geschäftspartner in Begleitung einer Partnerin Ihr Gast ist. Es ist seine Aufgabe, ihr aus dem Mantel zu helfen. Nur für Damen, die ohne männliche Begleitung in der Runde dabei sind, können Sie sich als Gastgeber zuständig fühlen, wenn sie Hilfe brauchen. Die abgelegte Garderobe können Sie natürlich ohne weiteres dem Ober oder einer Garderobiere reichen.

Sitzposition

Denken Sie schon vorher darüber nach, wer wo sitzen soll. Der wichtigste Gast hat das Recht, so zu sitzen, dass er in den Raum blickt. Damen und Herren sollen jeweils abwechselnd sitzen. Bei mehr als sechs Personen an einem Tisch empfehle ich, sich vorher eine Tischordnung zu überlegen. Bei formalen Gelegenheiten ist es jedenfalls Ihre Aufgabe als Gastgeber, eine

Sitzordnung vorzuschlagen. Bedenken Sie, dass es strategisch recht wichtig sein kann, wer neben wem sitzt.

Ein wahrer Gentleman rückt seiner Tischdame den Sessel unaufgefordert zurecht. Damen nehmen grundsätzlich vor den Herren Platz, dabei sollten die Jüngsten am Tisch nicht unbedingt den Anfang machen. Der höchstrangige Herr setzt sich ebenfalls zuerst. Mit dem Wer-darf-Wann zurecht zu kommen verlangt zugegebenermaßen etwas Fingerspitzengefühl.

Bestellung

Grundsätzlich bestellt jeder Gast für sich selbst. Als Gastgeber können Sie allerdings Vorschläge machen, was besonders bei unterschiedlichen Preisniveaus auf der Speisekarte sinnvoll ist. Mit Ihren Vorschlägen legen Sie gleichzeitig die ungefähre Preiskategorie fest. Wenn Sie die Trüffelvorspeise oder Hummer vorschlagen, dann wissen die Gäste, dass sie sich nicht mit Lasagne begnügen müssen.

Für einen harmonischen Ablauf bei Tisch ist es empfehlenswert, wenn die Anzahl der Gänge bei allen Personen am Tisch gleich ist. Es ist nicht angenehm, wenn einige Personen schon essen, während die anderen auf den nächsten Gang warten. Wenn mehr als vier Personen an einer Tafel sitzen, empfiehlt es sich, sich jeweils auf ein bis zwei Varianten eines jeden Ganges zu beschränken. Wenn, was in Spitzenrestaurants ja üblich ist, jedes Gericht separat gekocht wird, wird es Ihnen der Koch danken und es wird die Wartezeit verkürzen.

Gastgeber zum Schluss

Also, jeder Gast bestellt für sich, der Gastgeber bestellt zum Schluss. Machen Sie nicht den Fehler, als Gastgeber zuerst zu bestellen – das sieht man leider sehr oft. Übrigens: Viele Etikettebücher geben die Empfehlung, dass die Herren für die Damen bestellen. Diese Ansicht teile ich absolut nicht. Selbstverständlich bestellen weibliche Gäste für sich selbst. Es sei denn, ein Paar bestellt das gleiche Gericht oder Menü. In diesem Fall kann natürlich der Mann für beide bestellen.

Für die Weinauswahl sollten Sie als Gastgeber ebenfalls Vorschläge machen oder den Rat eines Obers oder des Sommeliers einholen. Der Probierschluck steht dann ebenfalls Ihnen zu. Machen Sie von Ihrem Recht Gebrauch, bei „korkigem“ Wein oder bei falscher Temperatur die Flasche mit höflichen Worten zurückgehen zu lassen.

Der Umgang mit Kellnern und Köchen

Das Verhältnis zwischen Gastgebern und dem Servicepersonal ist eine diffizile Sache. Ober sind keine Lakaien, sondern haben die Aufgabe, Ihnen und Ihren Gästen den Abend so angenehm wie möglich zu machen und mit

Kompetenz und Know-how beiseite zu stehen. In guten Lokalen sind sie üblicherweise entsprechend ausgebildet und haben große Erfahrung. Daher merken sie schnell, ob sie es mit jemandem zu tun haben, der tatsächlich was vom Essen und Trinken versteht, oder mit einem, der bloß angibt.

Machen Sie sich beim Servicepersonal durch Augenkontakt und Handzeichen bemerkbar, wenn Sie Hilfe brauchen. Schreien Sie keinesfalls „Bedienung" oder Ähnliches durch den Raum. Das Servicepersonal mit dem Vornamen anzusprechen ist eine herablassende Unsitte, nur in manchen gutbürgerlichen Restaurants ist es noch üblich, den „Herrn Franz" oder die „Frau Annie" so zu titulieren.

Außerdem sollten Sie Dinge, die Aufgabe des Dienstpersonals sind, nicht selbst erledigen. Dazu gehört z.B. das Einschenken des Weines.

Sollte am Schluss des Mahles der Küchenchef seine Honneurs machen, dann zollen Sie ihm die entsprechende Anerkennung. Lassen Sie ihn aber niemals zwischen den Gängen aus der Küche rufen, das machen nur Parvenüs.

Reklamationen

Sollten Sie oder einer Ihrer Gäste eine Reklamation haben, so geben Sie als Gastgeber diese Reklamation mit höflichen Worten an das Bedienungspersonal weiter. Der perfekte Gastgeber vergewissert sich immer, ob seine Gäste zufrieden sind, und handelt entsprechend, wenn er ein Problem erkennt.

Rechnung begleichen

Der Abend neigt sich dem Ende zu, die Rechnung soll beglichen werden. Hoffentlich haben Sie klargestellt, dass Sie der Gastgeber sind und daher die Rechnung übernehmen, sodass es zu keinen Diskussionen bei Tisch kommt.

Bar zahlen

Die Rechnung, um die Sie den Oberkellner bitten, wird Ihnen meist in einer Lederhülle, die auf einer Tasse liegt, gebracht. Wenn Sie bar zahlen, legen Sie den Rechnungsbetrag und das entsprechende Trinkgeld (7 bis 10 Prozent des Rechnungsbetrages) zur Rechnung in die Lederhülle. Der Ober wird Ihnen das Wechselgeld und die Rechnung zurückbringen. Sie nehmen die Rechnung an sich und lassen den als Trinkgeld vorgesehenen Betrag in der Hülle liegen. Die Höhe der Geldtransaktion sollte von Ihren Gästen nicht unbedingt wahrgenommen werden.

Für den Fall, dass es beim Restauranteingang eine Kassa gibt, zahlen Sie dort. Das Trinkgeld hinterlassen Sie in diesem Falle am besten diskret auf dem Tisch.

Kreditkarte Wenn Sie mit Kreditkarte bezahlen, dann legen Sie diese zur Rechnung in die Lederhülle. Der Ober wird Ihnen den Kreditkartenbeleg, Ihre Karte und die Rechnung zurückbringen. Wenn beim Beleg eine Zeile „Tip" oder „Service" vorgesehen ist, dann schreiben Sie den Betrag, den Sie geben wollen, einfach dazu. Wenn nicht, dann unterschreiben Sie den Kreditkartenbeleg und legen das Trinkgeld bar dazu.

Da Sie ja wahrscheinlich die Rechnung kontrollieren wollen und das bei mehreren Personen etwas aufwändig ist, empfehle ich Ihnen, mit dem Ober zu vereinbaren, dass Sie nicht am Tisch, sondern in einem anderen Raum bezahlen. Sie haben damit die Möglichkeit, in aller Ruhe die Rechnung zu kontrollieren und außerhalb der Blicke Ihrer Gäste die Geldtransaktion vorzunehmen.

Rechnung schicken Eine besonders elegante Version ist es, in Lokalen, in denen man bekannt ist, nur die Visitenkarte zu hinterlassen. Die Rechnung wird dann in die Firma geschickt. Sie wird dann einfach, erhöht um ein entsprechendes Trinkgeld, überwiesen. Natürlich können Sie auch das Trinkgeld bar auf dem Tisch hinterlassen.

Rechnung teilen Wenn jeder der Teilnehmer für sich bezahlen will, dann ist es empfehlenswert, den Betrag einfach durch die Anzahl der entsprechenden Personen zu teilen. Bringen Sie sich und das Personal nicht in die Verlegenheit, die Gesamtsumme minutiös nach einzelnen Speisen und Getränken aufzuteilen. Vor allem dann nicht, wenn es nicht von Anfang an klargestellt wurde und die Ober nicht getrennt bonieren. Nehmen Sie einfach an, jede Person am Tisch hätte etwa dasselbe konsumiert. Das gilt übrigens auch unter Freunden.

Konversation, Small Talk, Tischgespräch

Sicher: Jede Einladung verfolgt ein bestimmtes Ziel. Aber auch bei Geschäftsessen fällt man nicht gleich mit der Tür ins Haus. Die ersten Minuten verwendet man immer zum Austausch von Höflichkeiten und kommt erst später auf das eigentliche Thema des Treffens zu sprechen. Wenn konkrete Dinge zu bereden sind, ist es empfehlenswert, erst nach Beendigung des Hauptganges zur Sache zu kommen. Wenn sich der Termin dem Ende zuneigt, kann man sich wieder allgemeineren Themen zuwenden.

Was tut man aber, wenn man mit Menschen, die man nicht oder nur wenig kennt, bei einem Empfang oder an einer Tafel zusammensteht oder sitzt? Hat man bekannte Gesichter um sich, ist es nicht schwierig, ins Gespräch zu kommen. Doch worüber redet man, wenn man einander nicht kennt, oder wenn man sowohl mit bekannten als auch mit Personen, die man vorher noch nie gesehen hat, zusammentrifft?

Tischgespräche, wie man früher dazu sagte, brauchen nicht unbedingt steif und unverbindlich zu sein. Fein ist man raus, wenn man zu einer Runde stößt, in der sich bereits ein Thema entwickelt hat, zu dem man auch etwas beitragen kann. Dann kommt es nur darauf an, dass man sich richtig einklinkt, und schon ist man dabei. Aber worüber reden Sie, wenn Sie selbst ein Gespräch in Gang bringen müssen?

Interesse am Gegenüber

Je ungezwungener und je interessierter Sie an anderen Menschen sind, desto leichter wird es Ihnen gelingen, mit unbekannten Personen in Kontakt zu kommen. Mit taktvollen Fragen, die wirkliches Interesse am Gegenüber zeigen, und ein wenig Übung werden Sie kein Problem mit Tischgesprächen haben. Zuhören ist eine Voraussetzung dafür.

Wenn Sie selbst ein Thema anschneiden müssen, eignen sich Gespräche rund um das Restaurant oder Lokal, in dem man sich befindet. Der Anlass des Abends, das Essen, die Zusammenstellung des Menüs sowie die Qualität der Getränke sind weitere Themen, die man als Einstieg in ein Tischgespräch wählen kann. Alle positiven Bemerkungen über Lokal, Küche und Keller geben einen guten Einstieg ab.

No no's

Sind Sie ein Fachmann in Sachen Wein, dann wird Ihnen schon das Passende einfallen. Achten Sie aber bitte darauf, dass Sie immer damit rechnen müssen, dass Ihr Tischpartner ebenso viel oder vielleicht auch mehr davon versteht, und hüten Sie sich vor Fachvorträgen, die auf Laien lähmend und auf Fachleute naiv wirken können.

Meiden Sie auf jeden Fall Selbstdarstellungen, Klatsch über Abwesende, Kritik über die Unternehmenspolitik der eigenen Firma, Indiskretionen und weltanschauliche Fragen, wenn Sie die Position des Gesprächspartners nicht genau kennen, sowie Gespräche über Krankheiten.

Test: Der perfekte Gastgeber

1. Sie haben gerade einen Geschäftsabschluss getätigt und laden Ihren Kunden anschließend zum Essen ein. Welches Restaurant wählen Sie?

a) Neben Ihrem Firmengebäude befindet sich eine Pizzeria. Sie wissen, dass der Kunde gerne nach Italien auf Urlaub fährt. Daher können Sie damit nicht falsch liegen.

b) In der Stadt hat ein neues japanisches Lokal aufgemacht. Sie haben noch nie japanisch gegessen und möchten das einmal versuchen. Mit der Kundeneinladung ergibt sich eine passende Gelegenheit für Sie.

c) Sie wählen ein bürgerliches Restaurant, von dem Sie wissen, dass die Qualität immer in Ordnung und die Bedienung freundlich ist. Außerdem haben Sie den Medien entnommen, dass das Lokal erst kürzlich mit einer zweiten Haube ausgezeichnet wurde.

2. Sie sind Gastgeber eines Geschäftsessens. Ihr Gast bekommt sein Steak „medium" und nicht „well done", wie er es bestellt hatte. Was tun?

a) Sie rufen den Ober und ersuchen ihn höflich, Ihrem Gast das Steak in der bestellten Qualität zu bringen.

b) Sie sind diskret und reklamieren nicht. Der Gast lässt seine Unzufriedenheit durch eine Bemerkung gegenüber dem Bedienungspersonal erkennen.

c) Ihr Gast winkt den Ober herbei und beschwert sich.

3. Was ist gemeint, wenn man sagt, die Gastgeberin hebt die Tafel auf?

a) Sie legt ihr Besteck parallel auf den Teller und signalisiert, dass sie fertig gegessen hat.

b) Sie nimmt die Serviette vom Schoß und legt sie auf den Tisch zurück.

c) Sie stemmt den Tisch in die Höhe.

4. Sie haben mehrere Kunden und einige Ihrer Mitarbeiter in ein Restaurant eingeladen und möchten bezahlen. Wie begleichen Sie die Rechnung?

a) Sie rufen nach dem Ober, kontrollieren die Rechnung und zahlen bar.

b) Sie bitten den Ober diskret, die Rechnung vorzubereiten, begleichen diese abseits von den Gästen mit Kreditkarte und hinterlassen ein Trinkgeld in bar.

c) Sie begleichen die Rechnung; Trinkgeld ist Ihrer Meinung nach Geldverschwendung.

5. Mit welchen der folgenden Getränke wird grundsätzlich nicht angestoßen?

a) Wein

b) Sekt und Champagner

c) Longdrinks

d) Bier

Auflösung:

1. c); **2.** a) **3.** b) **4.** b) **5.** c) und d)

Ergebnis:

0 – 1 richtige Antwort: Sie wissen es selbst, der Verhaltenskodex bei Geschäftsessen ist für Sie ein Buch mit sieben Siegeln. Lesen Sie beherzt weiter.

2 – 4 richtige Antworten: Es fehlt Ihnen zwar noch der letzte Schliff, aber Ihre Manieren sind ausbaufähig.

5 – 6 richtige Antworten: Sie wissen, worauf es ankommt. Bleiben Sie dran.

Kleine und größere Pannen

Pannen passieren einfach, oder es kommt zu außergewöhnlichen Situationen, die den Ablauf der Gesellschaft stören. Wie soll man nun reagieren, wenn einem diese Peinlichkeit selbst unterläuft? Was tut man, wenn sich jemand vorbeibenimmt und man direkt betroffen ist? Soll man als unbeteiligter Zuschauer auf schlechtes Benehmen überhaupt reagieren?

Kleine Pannen sind verzeihbar

Kleine Pannen kommen vor, und Sie sollten sie niemals überbewerten. Wichtig für Sie ist, immer der Situation gemäß zu reagieren.

- Wenn Sie ein volles Weinglas bei einer Tafel umstoßen und der Inhalt ergießt sich über den Tisch, brauchen Sie nicht in Panik zu geraten. Ein kurzes „Entschuldigung" zu Ihren Tischnachbarn genügt. Wenn nicht sofort ein Ober kommt, um das Missgeschick zu beseitigen, legen Sie die eigene Serviette über den angerichteten Schaden. Geben Sie dann dem Bedienungspersonal ein kurzes Handzeichen, es wird umgehend den Tisch wieder in Ordnung bringen. Greifen Sie niemals als unbeteiligter Dritter in solche Situationen ein.

- Wenn Ihnen ein Besteckteil oder die Serviette zu Boden fällt, sollten Sie nicht unter dem Tisch danach suchen. Winken Sie den Ober herbei, er wird Sie mit frischem Material versorgen.
- Diskretes Niesen oder Husten an einer Tafel – unter Zuhilfenahme eines Taschentuches (und nicht der Serviette) – ist durchaus menschlich und in Ordnung. Sie brauchen sich auch nicht unbedingt abzuwenden. Bei regelrechten Hustenanfällen verlassen Sie kurz die Tafel und nehmen, wenn Sie wieder Luft kriegen, mit einer Entschuldigung Ihren Platz wieder ein. Wenn fremde Personen an einer Tafel niesen, übergehen Sie das taktvoll. Ein herzhaftes „Zum Wohl!" quer über den Tisch ist in solchen Situationen unangebracht.

Größere Pannen und außergewöhnliche Situationen

Wie reagiert man nun auf tiefere Tritte in den Fettnapf? Über welche Situationen kann man nicht einfach hinweggehen, sondern muss versuchen, die Scharte auszumerzen? Wann ist die Sache zwar unangenehm, aber ein aktives Handeln nicht nötig?

Hier einige Beispiele:

Unpünktlichkeit

Bei einer Tafel erst zu erscheinen, wenn die anderen schon mit dem Essen begonnen haben, bedarf einer intensiven Entschuldigung und Begründung beim Gastgeber und den Tischnachbarn. Kommen Sie wirklich einmal in eine solche Lage, können Sie die Situation noch halbwegs retten, wenn Sie von unterwegs im Restaurant anrufen und Ihr Zuspätkommen avisieren. Der Gastgeber muss danach entscheiden, ob er mit dem Essen auf Sie warten will oder nicht.

Verletzen im Gespräch

Sollte es Ihnen passieren, dass Sie jemand im Gespräch verletzen, dann ist es am besten, Sie bereinigen die Situation nicht vor allen Gästen, sondern zu einem späteren Zeitpunkt unter vier Augen.

Alkohol

Etliche Gläser über den Durst zu trinken gehört in die Kategorie schlechtes Benehmen. Wenn Sie sich daneben benommen haben, bleibt nur, sich am nächsten Tag höflich und in aller Form zu entschuldigen. Am besten schriftlich.

Sollten Sie einmal in die unangenehme Situation kommen, ein Glas

Rotwein über ihren Sitznachbarn zu schütten, dann können Sie erste Hilfe leisten, indem Sie Ihre Serviette zur Schadensbegrenzung anbieten. Winken Sie einen Ober herbei und rubbeln Sie keinesfalls selbst am Betroffenen herum. Eine sofortige aufrichtige Entschuldigung sowie ein paar Zeilen und ein Blumenstrauß am nächsten Tag, begleitet von dem Angebot, für die Reinigung aufzukommen, ist angebracht.

Unbeteiligter Dritter

Als nicht unmittelbar Betroffener brauchen Sie in solchen Situationen gar nicht zu reagieren. Sehen Sie einfach darüber hinweg, begeben Sie sich bei verbalen Ungehörigkeiten keinesfalls auf dieselbe Ebene, versuchen Sie allenfalls, die Situation mit Humor zu retten. Vor allem sollten Sie vermeiden, Partei zu ergreifen oder durch weitere Provokationen alles noch schlimmer zu machen, als es ohnehin schon ist.

Missverständnisse

Es gibt auch verbale Peinlichkeiten, bei denen man am besten gar nicht reagiert: wenn Sie z.B. die jugendliche Begleiterin eines älteren Herren als dessen Tochter oder den jugendlichen Begleiter einer etwas älteren Dame als deren Sohn ansprechen, aber im Laufe des Abends erkennen müssen, dass dem ganz und gar nicht so ist. Nehmen Sie Ihren Irrtum einfach zur Kenntnis, aber reagieren Sie nicht darauf, auch nicht im Nachhinein. Gehen Sie einfach über Ihren Fehler mit Grandezza hinweg, ansonsten machen Sie alles nur noch schlimmer.

Reagieren oder nicht reagieren, das ist die Frage...

Bei Pannen ist es besonders wichtig, ein Gefühl dafür zu entwickeln, ob und inwieweit man reagieren soll. Die Reaktion muss immer dem Anlass entsprechen. Ihre Entschuldigung darf nie über- oder unterdimensioniert sein. Außerdem müssen Sie einschätzen, wann der richtige Zeitpunkt für eine Entschuldigung gegeben ist. In den meisten Fällen wird das sofort sein, manchmal etwas später unter vier Augen, hie und da tut man sich mit einer schriftlichen Entschuldigung leichter und in wenigen Fällen (siehe oben) tut man gar nichts.

Üben Sie, indem Sie Menschen und deren Reaktionen beobachten, und entscheiden Sie, was Sie an deren Stelle tun würden. So werden Sie nicht in Verlegenheit kommen, wenn Ihnen Ähnliches passiert.

Suchspiel: Ein Fettnapf kommt selten allein

Die folgende Geschichte könnte sich genau so zutragen. Ähnlichkeiten mit Ereignissen der Vergangenheit sind rein zufällig.

Eine große Firma eines kleinen Landes eröffnet eine Geschäftsstelle in London. Büroräume, natürlich in bester Lage, werden präsentiert, eine Pressekonferenz wird abgehalten, das übliche Pipapo. Mittags sind die Spitzen der britischen Wirtschaft zu einem festlichen Essen in einem bekannten Fünf-Sterne-Hotel eingeladen, bei dem der Repräsentant vorgestellt werden soll.

Dieser betritt den Festsaal in letzter Sekunde, in der Hand einen Blumenstrauß. Am Eingang des Saales hält ein Ober ein Blatt Papier mit der Sitzordnung in Händen, um die Gäste über den für sie vorgesehenen Platz zu informieren. Hektisch reißt der Repräsentant dem Ober die Sitzordnung aus der Hand, weil er meint, es wären noch kleine Änderungen notwendig. Die ersten Gäste treffen ein, der Repräsentant schleicht um die Tische und wechselt Kärtchen aus, in der Hand den Blumenstrauß.

Der Blumenstrauß ist für die Frau des Botschafters gedacht. Denn diese Dame kennt und verehrt er, außerdem weiß er, dass sie Blumen sehr schätzt. Da der Botschafter äußerst behilflich bei der Kontaktaufnahme zu britischen Persönlichkeiten war, ist ein Dank für die Gemahlin der Exzellenz doch angebracht, meint er.

Der Repräsentant erblickt die Gemahlin der Exzellenz und beglückt Sie mit den Blumen. Die Dame, etwas irritiert, überlässt das Gebinde dem daneben stehenden Ober.

Die Gäste nehmen Platz. Das heißt, sie bemühen sich redlich, denn durch das Umwechseln der Kärtchen stimmt die Tischordnung nicht mehr mit dem Aushang überein: Der Rest ist Chaos.

Ein hochrangiges Mitglied der Geschäftsleitung sitzt neben dem Botschafter. Stolz erzählt er diesem von seinem neuesten Buch, und wie der Zufall es will, hat er gerade eines dabei. Seine Aktentasche steht unter dem Tisch, daraus zaubert er das Werk und präsentiert es dem Botschafter. Dieser bedankt sich für das vermeintliche Geschenk. Das Mitglied der Geschäftsleitung hingegen bedauert und beteuert, dass es sich um das einzige Exemplar handle, das er in London mit habe, und es daher noch gebraucht wird. Er wird aber gerne eines nachsenden. Flugs wird das Buch wieder eingezogen und verschwindet in der Aktentasche unter dem Tisch.

Das Essen ist zu Ende, die Gäste würden gerne wieder in ihre Büros eilen. Der Repräsentant hingegen hat noch ziemlich lange Zeit bis zum nächsten Termin. Unter Hinweis auf diese Tatsache schlägt er dem Botschafter vor, auch noch ein wenig zu bleiben.

Wie oft ist in dieser Geschichte jemand in den Fettnapf getreten?

Auflösung: Sechsmal

- Ein Gastgeber trifft niemals in letzter Sekunde ein, sondern immer rechtzeitig vor seinen Gästen. Es muss genug Zeit sein, in Ruhe einen Blick auf die Tafel und die Sitzordnung zu machen.
- In Restaurants werden keine Blumen mitgebracht. Ein Blumenstrauß kann mit einigen persönlichen Zeilen am selben oder am nächsten Tag nach Hause gesandt werden.
- Tischkarten dürfen vom Gastgeber nur verändert werden, wenn auch der dementsprechende Aushang verändert wurde. Änderungen in letzter Sekunde verursachen immer Chaos.
- In Lokalen gehobener Kategorie lässt man die Aktentasche in der Garderobe.
- Eine Tafel ist nicht der geeignete Platz, um ein Buch herzuzeigen. Eine besondere Unhöflichkeit ist es, das vermeintliche Geschenk nachher wieder einzuziehen.
- Ein Ehrengast darf niemals genötigt werden, zu bleiben.

Die Schlacht ums Buffet

Buffets sind eine feine Sache, werden von Gästen und Veranstaltern sehr geschätzt und auch immer beliebter. Sie bieten viele Vorteile gegenüber gesetzten Essen. Jeder Gast kann aus einer großen Anzahl von kalten und warmen Speisen selbst wählen; durch die Vielfalt der angebotenen Gerichte erhöhen sich die Chancen, dass jeder für seinen Geschmack etwas findet.

Für jeden etwas

Zudem sind Buffets gleichermaßen passend für Vielesser wie für Personen, die nur wenig Hunger haben, für Vegetarier wie für Fleischtiger. Gerade wenn viele Gäste erwartet werden, sind Buffets eine praktische Sache. Ob ein paar Leute mehr oder weniger kommen, spielt keine Rolle. Außerdem braucht man weniger Personal als bei vorgegebener Menüfolge.

Und schließlich sind Buffets zwanglos. Sie bieten die Möglichkeit, mit mehr Menschen in Kontakt zu kommen als bei gesetzten Essen mit festgelegter Speisenfolge. Außerdem gibt es in den seltensten Fällen eine vorgegebene Sitzordnung, man kann sich daher seine Tischpartner selbst aussuchen, was auch sehr geschätzt wird.

Man sollte annehmen, dass Geschäftsleute wissen, welche Umgangsformen angesagt sind, wenn sie zu Buffets geladen sind, und sich dementsprechend benehmen. Die Realität sieht aber manchmal ganz anders aus:

Buffets stecken voller Tücken. Die anscheinende Zwanglosigkeit verleitet nämlich manchmal dazu, nachlässig zu werden. Zur Erinnerung im Folgenden einige Verhaltensstandards:

Buffet-eröffnung

Ein Buffet wird immer vom Gastgeber oder der Gastgeberin eröffnet. Wenn Sie in dieser Rolle sind, denken Sie daran, dass Sie den offiziellen Startbeginn geben müssen. Wenn es einen Ehrengast gibt, gehen Sie mit ihm als Erster zum Buffet.

Wenn Sie Gast sind, warten Sie daher, bis der Gastgeber den „Startschuss“ gegeben hat, und bedienen Sie sich keinesfalls vor der offiziellen Freigabe. Üblicherweise gibt es am Anfang ein ziemliches Gedränge. Entscheiden Sie daher selbst, ob Sie sich in der Schlange anstellen oder ob Sie warten wollen, bis der erste Ansturm vorbei ist. Meistens wird bei Buffets nachgelegt (d.h. die einzelnen Speisen werden ergänzt), Sie brauchen daher keine Angst zu haben, dass Sie zu kurz kommen.

Achten Sie darauf, dass Sie auf der richtigen Seite des Buffets beginnen. Dort, wo Besteck und Teller sind, ist immer der Anfang. Auch wenn die Tische bereits eingedeckt sind, Reservebesteck und Servietten liegen immer auch am Anfang des Buffets bereit.

Speisenfolge

Buffets sind immer in der klassischen Menüfolge angerichtet. Erst kommen die Vorspeisen, dann die Suppen, dann die Hauptspeisen, zum Schluss der Käse und die Desserts. Man bedient sich daher so, dass man sich, analog der Speisenfolge bei einem servierten Essen, jeden Gang separat auf einem eigenen Teller nimmt.

Ziemlich stillos ist der oft gesehene Fehler, kunterbunt den Teller vollzuladen, um sich einen Weg zu ersparen. Selbstverständlich können Sie von einem Gang auch mehrmals nehmen, aber immer nur kleine und übersichtliche Portionen. Mischen Sie vor allem nicht einzelne Gänge sowie Fisch- und Fleischgerichte. Wenn Ihnen z.B. bei den Vorspeisen nach mehreren Dingen gelüstet, dann nehmen Sie zuerst den Fisch und holen sich dann auf einem sauberen Teller eine weitere Vorspeise, z.B. eine Gänseleberpastete. Das ist durchaus in Ordnung.

Selber nehmen oder vorlegen lassen?

Warme Hauptspeisen werden oft vom Personal angerichtet. Meistens sind das Köche, die hinter den dampfenden Töpfen und Gefäßen stehen und den Gast bedienen. Wenn daher Bedienungspersonal hinter den Speisen steht, nehmen Sie sich nicht selbst, sondern lassen sich bedienen.

Oft steht auch bei den Vor- und Nachspeisen Servicepersonal zur Verfügung. Wenn das der Fall ist, bedienen Sie sich ebenfalls nicht selbst, sondern nehmen dessen Dienste in Anspruch.

Manchmal kommt es vor, dass nach den Vorspeisen eine Suppe vom Ober am Tisch serviert wird. Das erkennen Sie in der Regel am eingedeckten Suppenlöffel. Warten Sie daher mit der Hauptspeise, bis der Suppenteller oder die Suppentasse abserviert ist.

Getränke

Die Getränke werden entweder vom Ober eingeschenkt oder stehen in Flaschen auf dem Tisch bereit. Wenn dies der Fall ist, können Sie sich sowie ihre Tischnachbarn selbst bedienen. Wenn Ihnen eingeschenkt wird, lassen Sie das Glas auf dem Tisch stehen und heben es nicht in die Höhe.

Teller, Besteck und Gläser

Gebrauchte Teller, Besteck und Gläser werden nach jedem Gang vom Dienstpersonal abgeräumt. Gehen Sie niemals mit einem bereits gebrauchten Teller nochmals zum Buffet, sondern nehmen Sie immer neues Geschirr. Warten Sie mit dem nächsten Gang, bis das Servicepersonal das gebrauchte Geschirr vom Tisch abserviert hat, und tun Sie das niemals selbst. Das macht man nur in Fast-Food-Lokalen und bei Mutti zu Hause. Vielleicht noch bei guten Freunden oder dort, wo kein Personal zur Verfügung steht.

Rauchen

Sie sollten erst zur Zigarette greifen, bis alle Tischpartner ihr Dessert beendet haben. Vorher fragen Sie höflich, ob Rauchen gestattet ist.

Stehbuffets und Cocktailpartys

Manchmal gibt es bei Buffets keine oder nur wenige Sitzgelegenheiten. Meistens gibt es so genannte „Lümmeltische", das sind hohe runde Tischchen, auf denen man Teller und Glas abstellen kann. Das Servicepersonal geht mit Platten durch die Menge. Jeder Gast kann sich davon selbst etwas auf einen kleinen Teller laden.

Vorteile und Tücken

Stehbuffets haben viele Vorteile, aber auch einige Tücken. Einerseits ist das eine gute Gelegenheit, vielen Menschen zu begegnen und neue Bekanntschaften zu schließen. Man kann herumgehen, Geschäftspartner dabei gezielt suchen, treffen und Gespräche führen. Das Essen im Stehen ist aber selten ein wahrer Genuss. Denn nur dann, wenn alle Speisen wirklich in ganz kleinen Häppchen angeboten werden, die man ohne Schwierigkeiten auf einmal im Mund verschwinden lassen kann, macht man als Gast einen ästhetischen Eindruck. Meistens aber hat man noch ein Glas in der Hand. Dann einen anderen Gast mit Handschlag zu begrüßen, ist reine Akrobatik.

Wer aus beruflichen Gründen eine Cocktailparty besucht, sollte das deshalb nicht unbedingt mit der Absicht tun, sich den Bauch voll zu schlagen. Begnügen Sie sich wenigstens vorerst mit einem Getränk. Erst dann, wenn die wichtigsten Leute begrüßt und die notwendigen Gespräche geführt sind, kann man ein paar Happen zu sich zu nehmen.

Machen Sie einen Diättag

Menschen mit guten Manieren

- drängen sich nicht vor und beginnen an der richtigen Seite des Buffetts
- langen nicht mitten in angerichtete Platten hinein und zerstören dadurch die Optik der meist kunstvoll aufgebauten Speisen
- laden sich die Teller nicht zu voll
- schlagen sich auf Cocktailbuffets nicht den Bauch voll
- trinken oder essen nicht im Gehen
- lassen nicht viel auf den Tellern übrig
- laden sich nicht Fisch- und Fleischgerichte gemeinsam auf einen Teller
- nehmen nicht zwei Gänge (z.B. Vor- und Hauptspeise) zugleich auf einen Teller
- packen nichts für zu Hause ein (kaum zu glauben, aber schon selbst beobachtet)

Das Festbankett

Als Bankett bezeichnet man ein Festmahl mit offiziellem Charakter. Meist gibt es dazu einen besonderen Anlass, wie z.B. einen in- oder ausländischen Ehrengast, ein besonderes Jubiläum, eine Ehrung, eine Preisverleihung oder andere bedeutende Ereignisse. Dabei gibt es immer eine Tischordnung, die meistens streng nach protokollarischer Rangordnung ausgelegt ist, es gibt offizielle Tischreden und auch längere Menüfolgen. Man sitzt an prächtig gedeckten Tischen, es gibt zahlreiches Servicepersonal, der Ablauf ist besonders gut durchdacht und organisiert, nichts bleibt dem Zufall überlassen. Oftmals musiziert während des Essens ein Kammerorchester dezent im Hintergrund.

Ein Festbankett ist einer der seltenen Anlässe, wo alle Regeln der offiziellen Etikette gelten und natürlich auch eingehalten werden sollen. Wenn

Sie einmal die Gelegenheit zu einer derartigen Einladung haben, können folgende Hinweise für Sie nützlich sein:

- Noch bevor das eigentliche Essen beginnt, wird in separaten Räumen einen Aperitif eingenommen. Dabei werden Sie dem Gastgeber sowie dem Ehrengast vorgestellt. Bei hochoffiziellen Gelegenheiten kann es vorkommen, dass Ihnen beim Eintritt eine kleine Karte mit Ihrem Namen und Ihrer Position in die Hand gedrückt wird. Diese Karte überreichen Sie dann der neben dem Gastgeber stehenden Person. Das ist in den meisten Fällen der Protokollchef, der anhand der Karte den Gastgeber informiert, um wen es sich handelt.
- Es kann Ihnen noch eine weitere Karte überreicht werden, auf der steht, welcher Sitzplatz an der Festtafel für Sie bestimmt ist. Partner sitzen dabei niemals nebeneinander, sondern werden immer getrennt. Wenn runde Tische vorgesehen sind, setzt man zusammen gehörende Personen zwar an denselben Tisch, aber platziert sie gegenüber. Bei langen Tafeln oder U-Tafeln können Partner an verschiedene Enden der Tafel gesetzt werden. In diesem Fall sollen die Herren ihre Partnerinnen zuerst zu ihrem Platz führen, bevor sie sich selbst setzen.
- In ganz seltenen Fällen gibt es so genannte „Führungskarten". Darauf stehen dann die Namen der jeweiligen Tischdamen und -herren. Die Herren haben die Aufgabe, ihre Tischdame, die wie gesagt niemals die eigene Partnerin ist, zu Tisch zu führen. In meiner geliebten Pippi-Langstrumpf-Geschichte führt in der Villa Kunterbunt der Affe Nilsson immer die kleine Annika zu Tisch. Daran muss ich immer denken, wenn mir ein Tischherr den Arm reicht (Verzeihung!).
- Vor dem Festsaal befindet sich meistens ein Sitzplan und eine Übersicht, wie die Tische angeordnet sind. Wenn Sie den Saal betreten, finden Sie anhand der Information auf Ihrer Karte und den Tischkärtchen rasch Ihren Platz. Sie bleiben aber noch stehen und warten, bis Gastgeber und Ehrengast eingezogen sind. Erst dann dürfen Sie Platz nehmen.
- Bei Tisch gelten die Etiketteregeln für besondere Anlässe (siehe Seite 142ff).
- Nach einer meist langen Menüfolge wird die Tafel von den Gastgebern aufgehoben. Dabei richtet man sich üblicherweise nach den Wünschen des Ehrengastes. Alle anderen Gäste haben daraufhin ebenfalls die Tafel zu verlassen. Sitzen bleiben, weil man vielleicht noch nicht fertig gegessen hat oder weil man sich gerade so gut unterhält, gibt es nicht.

Essen mit ausländischen Gästen

Grundsätzlich können Sie davon ausgehen, dass ausländische Gäste internationale Erfahrung haben, weit gereist sind und mit unseren westlichen Tischmanieren und Essensgepflogenheiten vertraut sind. Außerdem können Sie annehmen, dass sich der Gast dem Gastgeberland anpasst. Trotzdem gibt es Besonderheiten bei Gästen aus aller Welt und selbst innerhalb Europas. Wenn Sie diese kleinen Unterschiede kennen und darauf Rücksicht nehmen, kann das vorteilhaft für Ihre Geschäftsbeziehung sein.

Unterschiedliche Tischsitten

Engländer

Wundern Sie sich nicht, wenn englische Gäste die Gabel mit dem Gabelrücken nach oben gerichtet verwenden. Auch der Suppenlöffel wird anders als bei uns verwendet, und zwar steckt man die Spitze in den Mund.

Amerikaner

Bei Gästen aus den Vereinigten Staaten werden Sie ein eigenartiges Wechselspiel von Händen, Messer und Gabel beobachten können. Schneiden, Messer ablegen, Gabel in die rechte Hand, rein in den Mund usw. Was bei uns nach schlechten Tischsitten aussieht, ist dort vollkommen in Ordnung.

Franzosen

Vielleicht mutet es Ihnen etwas seltsam an, wenn Ihre französischen Gäste den ganzen Tisch mit Weißbrotkrümeln überziehen. Was bei uns in die Kategorie mangelnde Manieren gehört, ist für Franzosen ganz normal.

Chinesen

Chinesen, die sich bei Tisch wohl fühlen, werden ihr Wohlbefinden durch diverse Laute und Geräusche ausdrücken. Bei uns gilt das als absolut schlechtes Benehmen, bei Besuchern aus dem Reich der Mitte aber ist das ein Zeichen, dass es ihnen schmeckt und dass es ihnen gut geht. Stellen Sie sich daher von vornherein darauf ein und zeigen Sie Toleranz. Keine Geräusche wären wahrscheinlich ein schlechtes Zeichen.

Geschäftsgespräche

Japaner

Japaner sprechen ständig über das Geschäft. Ob Arbeitstag, ob während des Essens, ob am Abend in der Bar oder beim Golfspiel, mit Japanern kann man nie genug über geschäftliche Belange reden.

Engländer

Engländer hingegen wollen bei Abendeinladungen eher nicht mit geschäftlichen Dingen belästigt werden.

Essenszeiten

Südeuropäer

Südeuropäer legen besonderen Wert auf ein gepflegtes Mahl und nehmen sich auch viel Zeit dafür. Schnelle Business-Lunches, die nur eine halbe Stunde dauern, sind nicht ihre Sache. Planen Sie daher viel Zeit ein für solche Gäste. Abendeinladungen sollen Sie nicht zu früh ansetzen. Für Spanier z.B. ist üblich, erst um 22 Uhr zu Abend zu essen. Suchen Sie einen Mittelweg zwischen unseren und deren Gewohnheiten und vereinbaren Sie einen Abendtermin nicht vor 20 Uhr 30.

Essensmengen

Araber, Chinesen, Russen

Araber, Chinesen, Russen, aber auch manche europäische Gäste, wie z.B. Ungarn erwarten, dass bei Einladungen große Mengen an Essen aufgetischt werden. Sie sehen das als Beweis der Gastfreundschaft und sie könnten es als Missachtung verstehen, wenn sich die Tische nicht unter der Last der Speisen biegen.

Speiserituale

Unterschiedliche Religionen haben unterschiedliche Speiserituale. Servieren Sie daher praktizierenden Moslems kein Schweinefleisch und seien Sie vorsichtig bei Alkohol, der im Islam verboten ist. Hindus essen weder Rind- noch Schweinefleisch, sie sind sehr oft Vegetarier. Japaner und Chinesen essen grundsätzlich keine Milchprodukte. Außerdem sind sie mit der Handhabung von großen Fleischteilen ungeübt. Achten Sie daher darauf, dass Sie Gästen aus Speisen anbieten, die klein geschnitten sind.

Orthodoxen Juden darf man nur koscher zubereitetes Essen servieren, das ist ein nach bestimmten Vorschriften zubereitetes Mahl.

Kaffee

Bieten Sie einem Griechen niemals einen türkischen Kaffee an. Das, was bei uns als türkischer Kaffee gilt, d.h. ein kleiner, gebrühter, meist süßer Kaffee mit starkem Bodensatz, ist für Griechen eindeutig griechischen Ursprungs.

Im Kapitel „Ausland-Knigge“, Seite 221ff. finden Sie wichtige weitere Informationen.

Die wichtigsten Regeln

- Geschäftsessen sind Arbeit und nicht nur Vergnügen. Hinter jeder geschäftlichen Einladung steckt eine Absicht.
- Für Mitarbeiter mit Repräsentationspflichten ist die Beherrschung der Etikette äußerst wichtig. Angenehmes Verhalten bei Tisch und intelligente Tischgespräche sollten eine Selbstverständlichkeit sein.
- Wählen Sie Restaurants für Geschäftsessen mit Bedacht aus und lassen Sie sich auf keine Experimente ein.
- In Zeiten der Berufstätigkeit von Frauen gelten Einladungen in Privathaushalte für berufliche Zwecke als besondere Auszeichnung.
- Als Gastgeber sind Sie für das Wohlergehen Ihrer Gäste zuständig. Reagieren Sie daher, falls es einem Gast an etwas mangelt.
- Gehen Sie bei allfälligen Pannen bei Tisch behutsam vor und reagieren Sie der Situation entsprechend.
- Auch Buffets sollen nicht dazu verleiten, die gute Kinderstube zu vergessen. Wie an der Tafel gelten auch hier Etiketteregeln.
- Denken Sie daran, dass es bei Stehbuffets besonders schwierig ist, sich gleichzeitig um Kunden und Geschäftspartner zu kümmern und zu essen und zu trinken. Verzichten Sie daher auf das Essen, bis Sie Ihre Pflicht erfüllt haben.
- Nehmen Sie Cocktailpartys nicht zum Anlass, sich den Magen voll zu schlagen. Sie ersetzen keineswegs eine richtige Mahlzeit.
- Die Art des Restaurants und der jeweilige Anlass bestimmen auch die Umgangsformen. Das große Festbankett erfordert andere Etiketteregeln als der Besuch der Pizzeria.
- Bedenken Sie, dass ausländische Gäste unterschiedliche Tischsitten und Gepflogenheiten haben können, und stellen Sie sich darauf ein.

Gastgeber-Knigge:

So verwöhnt man Kunden

Der Gastgeber als Feldherr

„Der Gastgeber ist wie ein Feldherr: Erst wenn etwas schief geht, zeigt sich sein wahres Talent.“ Das soll vor zweitausend Jahren der römische Dichter Horaz gesagt haben. Er hat in der Tat Recht. Denn eine perfekte Einladung erfordert generalstabsmäßige Planung und Durchführung. Wie ein Feldherr ist ausschließlich der Gastgeber für die Strategie und den Erfolg der Kampagne verantwortlich. Er wird Ruhm und Ehre einheimsen, wenn's gut gelaufen ist, und er wird eine schlechte Nachrede haben, wenn irgendetwas nicht funktioniert hat.

Einladungen verstärken die Kundenbindung

Die Leistungen eines Unternehmens werden nicht allein an seinen Produkten, seiner Marktposition und seinen Gewinnen gemessen. Eine wesentliche Marketingmaßnahme ist die Verstärkung der Kundenbindung durch Einladungen. Neben Kunden und Geschäftspartnern werden dazu oft auch Persönlichkeiten des öffentlichen Lebens gebeten. Denn diese sind Meinungsbildner, und auf deren Wertschätzung kommt es ebenfalls an.

Großen Wert legen Unternehmen darauf, dass ihre Mitarbeiter, und besonders diejenigen in Führungspositionen, auf dem gesellschaftlichen Parkett eine gute Figur machen. Sie sollen mit der Gastgeberrolle vertraut sein und wissen, wie man seine Firma verantwortungsvoll repräsentiert. Das ist eine wichtige Aufgabenstellung, die neben allen anderen Leistungen zählt. Sichere und gewandte Mitarbeiter in Gastgeberrollen sprechen für die Korrektheit und die Vertrauenswürdigkeit einer Firma.

Gäste in der Firma

Zur Gastgeberrolle gehören aber nicht nur Auftritte auf dem gesellschaftlichen Parkett. Auch wenn Kunden oder Lieferanten in den Firmenräumlichkeiten empfangen werden, sind diese letztendlich Gäste und haben ebenfalls das Recht auf höfliche und zuvorkommende Behandlung. Und diese Aufgabe kommt nicht nur Führungspersönlichkeiten zu, sondern nahezu jedem. Von der Sekretärin bis zum Sachbearbeiter, vom Portier bis zum Generaldirektor. Je wohler sich die Gäste dabei fühlen, desto besser wird die Bindung ans Unternehmen sein, und das hat wiederum positive Auswirkungen auf die Geschäftsbeziehung.

Dafür sind Sie als Gastgeber zuständig

Organisation der Veranstaltung

Jede Veranstaltung hat einen Anlass. Diese Anlässe können einen konkreten Hintergrund haben, wie z.B. ein Firmenjubiläum, die Eröffnung eines neuen Werkes, die Vorstellung eines neuen Geschäftsführers oder eine Firmenfusion. Oder aber man sucht einen Grund, mit Mitarbeitern, Kunden, Lieferanten und Freunden des Hauses zusammenzutreffen und dadurch die Kundenbeziehung zu festigen.

Einladungen dienen dem Geschäft

Sie wissen, dass jeder Mensch im Berufsleben eine Fülle solcher Einladungen bekommt. Je höher und wichtiger seine Position ist, desto mehr Einladungen stapeln sich tagtäglich auf seinem Schreibtisch im Büro oder stecken im Postkasten zu Hause. Dass jemand ausschließlich deswegen eingeladen wird, weil er eine interessante Persönlichkeit ist oder so anregend plaudern kann, ist Illusion. Geschäftliche Einladungen erhält man in erster Linie deswegen, weil irgendjemand irgendetwas bezweckt. Geschäfte, Kontakte, Verbindungen – kurzum etwas, was fürs Geschäft dienlich ist.

Punkten durch außergewöhnliche Ideen

Und das muss Ihnen als Gastgeber bewusst sein: Ihre Veranstaltung wird nur ein Erfolg, wenn Sie dem Gast ein besonderes Erlebnis vermitteln können. Ein Erlebnis, das sich von den Hunderten 08/15-Veranstaltungen, die jeden Tag in einer Großstadt über die Bühne gehen, unterscheidet. Eine schlecht oder lieblos organisierte Veranstaltung in einem nichtssagenden Ambiente mit schlaffen Häppchen und warmem Wein wird wenig Eindruck hinterlassen. Das tut weder Ihnen als Organisator noch Ihrer Firma gut.

Versuchen Sie deshalb, dem Gast etwas zu bieten, das er bisher noch nicht erlebt habt. Gestalten Sie die Einladung persönlich, reizen Sie seine Sinne und heben Sie sich von dem typischen Veranstaltungseinerlei deutlich ab. Wenn es Ihnen selbst an Ideen mangelt, dann nehmen Sie die Hilfe und Kreativität von professionellen Veranstaltungsagenturen in Anspruch.

Tipps zur Ideenfindung

Finden Sie einen ungewöhnlichen Veranstaltungsort

Jede Einladung führt automatisch zum Erfolg, wenn Sie etwas Unbekanntes oder Ungewöhnliches anbieten – fernab vom Palais X oder dem Restaurant Y, das notorische Veranstaltungsbesucher schon bis in den hintersten Winkel kennen. In Ihrer eigenen Firma etwa gibt es in Räumlichkeiten, die normalerweise nicht für Gäste bestimmt sind: Produktionshallen, das Lager oder die Garage. Der bekannte und besonders kreative Hotelier Adi Werner, Chef des Hospiz am Arlberg, bei dem die Crème de la Crème der Wirtschaft und Gesellschaft ein und aus geht, hat die größten Erfolge mit seinen Küchenpartys. Honorige Männer und Frauen tanzen in der Hotelküche und naschen zwischendurch aus den Töpfen. Und alle haben unendlichen Spaß dabei.

Erfinden Sie ungewöhnliche Anlässe

Ein Fest, weil die ersten Veilchen der Saison gesichtet wurden oder weil gerade Vollmond ist oder weil die Sterne des Chefs zu diesem Datum besonders günstig stehen oder weil der Mitarbeiter X zum ersten Mal keinen Fehler gemacht hat, ist noch allemal lustiger und interessanter als eine Feier zum Zehnjahresjubiläum des ersten Auftrages. Ungewöhnliche Anlässe machen neugierig und geben auch Ihnen als Gastgeber ungleich

mehr Möglichkeiten der Gestaltung. Die eigentliche Botschaft, die man mit der Veranstaltung kund tun möchte, kann man ja immer noch in den Ablauf hineinpacken.

Gehen Sie neue Wege beim Catering

Snacks, Brötchen, Kanapees, kalte und warme Buffets – beim Catering hat sich seit den neuen Ideen, welche die Firma Do&Co vor etlichen Jahren in Wien brachte, nichts wirklich Neues getan. Kein Wunder, dass der Besitzer Attila Dogudan mittlerweile an der Börse notiert und in der ganzen Welt catert, ähnlich wie die Firma Käfer aus München. Innovation, Qualität und Kreativität zeichnen diese beiden Firmen aus.

Wie wohltuend ist es für Gäste, einmal nicht das übliche Partyverpflegungs-Einerlei aufgetischt zu bekommen. Bei honorigen Veranstaltungen sollten Sie allerdings keine Experimente machen. Da sind Sie auf der sicheren Seite, wenn Sie sich auf bekannte Cateringfirmen verlassen, deren Qualität Sie kennen und die Ihr Vertrauen auch in puncto Organisation und Service genießen.

Ansonsten ist Experimentieren erlaubt. Die größten kulinarischen Erfolge habe ich z.B. einer kleinen Wiener Firma namens „Adventure Catering" gehabt. Vor den Augen der Gäste wurden kleine Palatschinken (Pfannkuchen) mit verschiedensten Füllungen zubereitet. Jeder Gast konnte sich dabei die Füllung selbst zusammenstellen.

Themenbuffets

Buffets zu verschiedenen Themen kommen auch immer gut an, wie z.B. „Wellness-Buffets", mit biologischer Kost und Molkegetränken und Kombucha statt Bier und Wein. Oder das Motto „Die Lieblingsspeisen von Johann Strauß" anlässlich einer gleichnamigen Buchpräsentation. Oder „Authentic Food", das ist einfachstes regionales Essen mit Bier aus kleinen Privatbrauereien. Die Dekoration kann dann ebenfalls dem Thema angepasst sein. Die Besonderheit der Speisen und die außergewöhnliche Dekoration bleiben den Gästen sicher in angenehmer Erinnerung.

Erstellung der Gästeliste

Die Gästeliste kann unter Umständen der Gegenstand erbitterter Auseinandersetzungen in Ihrem Unternehmen sein. Jede Abteilung liefert Ihnen eine Unzahl von Namen, bis zum letzten Tag werden Personen nominiert, die unbedingt noch eingeladen werden müssen. Das geht so lange, bis Sie total den Überblick verloren haben.

Nicht zu wenige und nicht zu viele

Es kann natürlich sein, dass Sie für die Erstellung der Gästeliste allein verantwortlich sind und keinerlei Unterstützung von der Firmenleitung bekommen. Wehe aber, wenn dann zu wenige Leute kommen, wehe aber auch, wenn das Gedränge zu groß wird oder wenn Sie wichtige Leute vergessen haben. Das Schlimmste: Es beschwert sich einer, der nicht eingeladen wurde. Dass er bisher immer eingeladen wurde, aber noch nie gekommen ist, ist keine Ausrede.

Wie kommt man zur richtigen Anzahl?

Folgende Vorgangsweise ist empfehlenswert: Bringen Sie in Erfahrung, wie viel Prozent der eingeladenen Personen normalerweise bei Veranstaltungen Ihres Unternehmens auftauchen. Allgemeine Werte gibt es dazu nicht, Sie müssen Ihre eigenen Erfahrungen sammeln. Je persönlicher die Einladung ist, desto größer wird der Prozentsatz der Teilnehmer sein. Je mehr die Einladung nach Massensendung aussieht, desto kleiner. Je außergewöhnlicher das Programm ist, desto mehr Personen werden kommen. Je belangloser der Inhalt, desto weniger.

Schätzen Sie dann die Gesamtzahl der einzuladenden Personen, die sich natürlich auch nach den räumlichen Möglichkeiten sowie den vorhandenen Budgets richtet. Geben Sie jeder Abteilung eine bestimmte Personenanzahl bekannt, die sie nominieren kann. Sie können diese Personen auch mit verschiedenen Prioritäten versehen lassen, sodass Sie etwas Spielraum gewinnen.

Gesamteinladungsliste

Die von Ihnen zusammengestellte Gesamteinladungsliste ergänzen Sie dann noch mit Vorschlägen aus dem Bereich des öffentlichen Lebens und eventuell der Medien und legen sie der Geschäftsleitung vor. Denken Sie vor allem auch an diverse Firmengremien, Beiräte, Aufsichtsräte, Betriebsräte und was da noch alles wichtig sein könnte oder sich wichtig fühlt. Achten Sie auch auf eventuelle Unverträglichkeiten. Die gemeinsame Einladung eines Konzernbosses und seines obersten Betriebsrates z.B. zu einer Veranstaltung kann ins Auge gehen.

Gesamtzusagenliste

Die Gesamtzusagenliste legen Sie ebenfalls der Geschäftsleitung vor. Meine Erfahrung hat gezeigt, dass man von der Anzahl der Zusagen immer noch mindestens 10 oder 20 Prozent abziehen kann, bis man zur tatsächlichen Teilnehmerzahl kommt. Viele Leute melden sich an, und kommen dann doch nicht.

Empfang und Begrüßung der Gäste

Begleiten Sie Ihre Gäste

Wenn der Tag der Veranstaltung gekommen ist, sind Sie als Gastgeber für den Empfang und die Begrüßung der Gäste zuständig. Jeder Besucher soll schon vom Eingang des Firmenareals oder Veranstaltungsgebäudes an begleitet werden. Freundliche Mitarbeiter, die mit dem Inhalt und dem Ablauf der Veranstaltung vertraut sein müssen, empfangen die Gäste weiter, weisen sie auf Garderobemöglichkeiten hin und leiten sie weiter. Vielleicht liegt auch schon am Eingang das Programm auf.

Eingangskontrolle

Beim Eingang Zusagenlisten aufzulegen und die Anwesenheit der Gäste zu kontrollieren wirkt zu bürokratisch. Wenn Sie vermeiden wollen, dass nicht eingeladene Personen an der Veranstaltung teilnehmen, dann genügt es schon, wenn die Mitarbeiter beim Empfang eine derartige Liste in der Hand halten, ohne die Namen tatsächlich zu kontrollieren. Veranstaltungsschmarotzer schreckt eine solche Liste meistens automatisch ab.

Wenn Sie ein wertvolleres Gastgeschenk austeilen, dann können Sie natürlich anhand der Teilnehmerliste die einzelnen Namen abstreichen. Das ist legitim und das wird Ihnen keiner der Gäste übel nehmen. Bei kleinen Streugeschenken aber wirkt auch das kleinlich. Grundsätzlich ist es

allerdings günstiger, Geschenke sowie Informationsmaterial erst am Ende auszuteilen, damit die Gäste während der Dauer der Veranstaltung die Hände frei haben.

Eine weitere Möglichkeit, den Einlass ein wenig zu kontrollieren, ist auch der Vermerk auf der Einladungskarte „Wir bitten höflichst, die Einladung zur Veranstaltung mitzubringen". Meistens haben dann die Besucher brav die Einladung bei der Hand. Kann jemand nichts vorweisen, muss der Mitarbeiter einfach mit viel Know-how und Taktgefühl entscheiden, ob er diese Person einlässt oder nicht. Wenn es sich um kein gesetztes Essen handelt, ist Großzügigkeit in den meisten Fällen angesagt.

Geschultes Security-Personal, das man über entsprechende Firmen bucht, kennt meist die professionellen Partyschmarotzer und auch Möglichkeiten, ihnen den Eintritt zu verwehren.

Receiving Lines

Der oder die Gastgeber empfangen die Gäste am Saaleingang. Die begrüßenden Personen stellen sich in einer Receiving Line immer in abfallender Hierarchie auf. Das heißt, der höchstrangige Vertreter steht am Anfang und schüttelt als Erster den Besuchern die Hand. Alle anderen stehen neben ihm, aufgereiht nach Position innerhalb der Firma. Als Gastgeber sollen Sie daher nicht den Fehler machen, während der Zeit, in der die Gäste eintreffen, in der Menge unterzutauchen. Denn wohlerzogene Gäste wissen, dass sie zuerst den oder die Gastgeber zu begrüßen haben, und sie in einer großen Menge suchen zu müssen ist sehr unangenehm.

Geleiten

Gäste sollen immer zu ihren Sitzplätzen geführt werden, wenn diese nicht nummeriert sind. Hochrangige Gäste werden immer von ebenso hochrangigen Firmenvertretern oder einem für das Protokoll zuständigen Mitarbeiter geleitet. Überlegen Sie sich daher schon rechtzeitig, wer in welcher Reihenfolge die Gäste empfängt und wer sie auf die Plätze geleitet.

Geben Sie Ihren Gästen vor allem das Gefühl, willkommen zu sein, begrüßen Sie jeden Besucher freundlich, zumindest mit Blickkontakt, und vor allem: lächeln Sie. Diese Empfehlung kommt nicht von ungefähr, denn ich habe schon Gastgeber erlebt, denen der Unmut über ihren Auftritt ins Gesicht geschrieben war: Von weitem sagte ihre Miene deutlich, dass sie sich bei Gott etwas Interessanteres für diesen Abend als einen Firmenempfang vorstellen konnten.

Gästebetreuung

Bei kleineren Veranstaltungen kümmern sich die Gastgeber persönlich darum, die Gäste miteinander bekannt zu machen. Sie achten darauf, dass sich die Gäste wohl fühlen und dass Einzelpersonen, die vielleicht unsicher sind, zu Gruppen geführt werden, zu denen sie passen. Die Gastgeber kümmern sich darum, dass Kontakte vermittelt werden und gewünschte Gesprächspartner aufeinander treffen.

Die Aufgaben der Mitarbeiter

Ist die Veranstaltung größer dimensioniert, werden für diese Aufgaben Mitarbeiter herangezogen. Besprechen Sie daher schon in den Vorbereitungen, wer was zu tun hat. Manche Mitarbeiter scheuen sich, auf die Gäste zuzugehen, weil sie annehmen, dass sie ihre Kompetenzen überschreiten. Sie müssen daher eindeutig den Auftrag dazu bekommen. Denn auch das sieht man leider immer wieder: Gruppen von Mitarbeitern stehen schwätzend und lachend beisammen, während die Gäste nicht recht wissen, was sie tun sollen. Firmenveranstaltungen sind keine Unterhaltung für Mitarbeiter, sondern Arbeit für das Unternehmen.

Offizielle Begrüßungsreden

Technisches Equipment

Als Gastgeber erwartet man von Ihnen, dass Sie Ihre Gäste auch verbal begrüßen. Ob Sie dazu Mikrofon und Verstärkeranlage brauchen oder ob Ihr Stimmvolumen für eine kleinere Gästeanzahl ausreicht, muss schon vorher geklärt werden. Bis zu einer Gästeanzahl von 50 Personen kann

man meist ohne Mikrofon sprechen. Bei einer größeren Anzahl empfiehlt sich eine entsprechende Technik, die unbedingt vor Eintreffen der Gäste getestet werden muss.

Achten Sie darauf, dass Sie ein Standmikrofon und ein Rednerpult zur Verfügung haben, wenn Sie Unterlagen zu Ihrer Rede brauchen. Für ungeübte Redner ist ein solches Pult „zum Anhalten" empfehlenswert, denn schriftliche Notizen machen sicherer. Keinesfalls sollten Sie sich aber wortwörtlich an den geschriebenen Text halten – das wirkt immer gestelzt.

Besser und natürlicher ist es, wenn Sie frei sprechen. Dann genügt ein Hand- oder ein Knopfmikrofon, das an Ihrer Kleidung angebracht wird. Damit können Sie sich gut bewegen, Ihre Hände bleiben für Gesten frei und Sie wirken persönlicher und weniger offiziell.

Empfehlenswert ist auch eine etwas erhöhte Position für den Sprecher. Das kann eine Treppe sein, die sich ohnehin im Raum befindet, oder eine kleine Bühne. Der Redner soll auf alle Fälle etwas über dem Publikum stehen, vor allem bei einer größeren Gästeanzahl.

Reden kurz und schmerzlos

In Ihrer Begrüßungsrede heißen Sie Ihre Gäste herzlichst willkommen, begrüßen die Ehrengäste einzeln (siehe „Begrüßung von Ehrengästen", Seite 213f.), sagen etwas über den Anlass des Zusammentreffens und geben einen Überblick über den Verlauf der Veranstaltung. Dann danken Sie für das Kommen und wünschen eine angenehme Unterhaltung. Ufern Sie nicht aus: Die kürzesten Reden sind immer die besten.

Allfällige weitere Redner kommen – folgend den Rangordnungen – nach dem Gastgeber dran. Achten Sie darauf, dass alle Reden kurz sind. Es gibt nichts Langweiligeres als uninteressantes, lang gezogenes Eröffnungspalaver. Wenn Sie einen Festredner engagieren, versuchen Sie Menschen mit Witz und Verstand zu bekommen. Ungewöhnliche Ansätze und Querdenker beleben Veranstaltungen ungemein. Wenn Ihre Besucher nur einen

Satz aus der Eröffnungsrede behalten, dann ist das schon ein Erfolg, denn Belanglosigkeiten merkt man sich nicht.

Bewirtung

Für die Auswahl des Essens und der dazugehörigen Getränke ist ebenfalls der Gastgeber verantwortlich. Er bürgt auch für die Qualität des Gebotenen – ganz egal, ob es sich um einen Stehcocktail, ein Buffet oder um ein gesetztes Essen handelt. Wählen Sie daher nur Lokale, deren Qualität Sie genau kennen. Überlegen Sie sich immer die Zusammenstellung der Speisen (siehe „Klassische Speisenfolge", Seite 120ff.) und nehmen Sie Einfluss darauf.

Es ist immer der Gastgeber, der das Zeichen zum Essensbeginn gibt. Tun Sie das nicht, bleiben Gäste, die mit Etikettefragen vertraut sind, hungrig.

Verabschiedung der Gäste

Bei Konferenzen, Vortragsveranstaltungen oder Symposien haben Sie als Gastgeber auch immer das Schlusswort. Sie bedanken sich für die Anwesenheit, die Aufmerksamkeit und das Interesse, freuen sich über den gelungenen Verlauf und den Applaus und beenden damit die Veranstaltung.

Bei gesellschaftlichen Anlässen sollten Sie als Gastgeber bis zum Ende der Veranstaltung anwesend sein. Unter Umständen ist es möglich, dass

eine Gruppe von „Sitzenbleibern" von einem Mitarbeiter des Hauses betreut wird, während sich der Gastgeber bereits verabschiedet hat. Ohne die Anwesenheit des Gastgebers oder der von ihm bestimmten Personen sollten keine Gäste zurück bleiben.

Was tun mit Sitzenbleibern?

Wenn die Veranstaltung in den Firmenräumlichkeiten stattfindet und Sie es mit einer kleinen Gruppe von notorischen Sitzenbleibern zu tun haben, können Sie auch empfehlen, den Abend an einem anderen Ort, wie z.B. in einer Hotelbar, ausklingen zu lassen. Das wird jeder verstehen. Außerdem kommt es billiger, als wenn eine Anzahl von Bedienungspersonal, Security-Personal und sonstigen Mitarbeitern warten muss, bis sich der letzte Gast verabschiedet.

Wenn Sie perfekt sein wollen, dann begleiten Sie Ihre Gäste noch bis zum Ausgang und verabschieden Sie diese dort. Eventuell sind Sie noch bei der Organisation eines Taxis behilflich.

Hungrig vor vollen Schüsseln

Diese Geschichte könnte sich genauso zugetragen haben. Ähnlichkeiten mit lebenden Personen sind rein zufällig.

Ein festlicher Abend in einem noblen Stadtpalais an einem prächtigen Sommerabend. Ein Benefizabend ersten Ranges, zu dem Prominenz aus Wirtschaft und Gesellschaft geladen wurde. Beginn der Veranstaltung: 20 Uhr.

Die Festgäste trudeln ein. Abendlich gekleidete Menschen drängeln sich auf der Feststiege in den ersten Stock. Im Vorraum wird ein Aperitif gereicht. Menschen stürzen kühlen Sekt in leere Mägen. Auf dem Programm steht außer Festreden und musikalischen Darbietungen ein üppiges, mehrgängiges Festmenü. Bei einem Benefizkonzert will man sich schließlich nicht lumpen lassen. Die Gäste haben ja auch tief in die Tasche gegriffen. In Erwartung der abendlichen kulinarischen Genüsse haben daher die meisten Gäste tagsüber kaum etwas gegessen.

Aperitif, Small Talk, Händeschütteln, Küsschen hier und Küsschen dort. Um 21 Uhr werden die Gäste in den Festsaal gebeten und nehmen an festlich gedeckten Tischen Platz. Wein wird eingeschenkt. Fein, denken alle, jetzt bekommen wir wahrscheinlich bald etwas in unsere leeren Mägen.

Der Gastgeber spricht. Nach der Begrüßung der Ehrengäste beleuchtet er lang und ausführlich Sinn und Zweck der Stiftung, denn die Gäste sollen ja wissen, was mit ihrem Geld geschieht. Langatmig dankt er allen wichtigen Personen im Publikum, und derer sind es viele.

Es spricht der Bundeskanzler. Es folgt ein erst kürzlich für seine wissenschaftliche Arbeit ausgezeichneter Festredner. Die Mägen knurren immer lauter.

Mittlerweile ist es 22 Uhr 30. Wein wird nachgeschenkt. Auf dem Tisch kein Bissen Brot, kein Krümel, der den ärgsten Hunger stillen könnte.

Der Präsident des Vereines hat ebenfalls Bedeutendes zu vermelden. Mit nochmaligem Dank an die versammelte Festgemeinde wird das Glas erhoben. Ein Aufatmen geht durch die Menge: Gleich gibt's Futter. Irrtum, denn es folgt das musikalische Programm. Ein junger Nachwuchskünstler, ein Meister auf der Violine, wird vorgestellt. Auf sein virtuoses Spiel folgt höflicher, wenngleich ermatteter Applaus. Die Gesichter der Gäste sind bereits bleich und blutleer; eingefallene Wangen, Gedanken schweifen zum Würstelstand an der Ecke.

Mittlerweile ist es 23 Uhr. Brav absolviert der junge Künstler sein gesamtes Programm, schwermütig hallt die Serenade durch die festlichen Räume. Schwermütig hängen die Festgäste in ihren goldenen Stühlchen und begleiten mit lautem Magenknurren das Spiel.

Gegen Mitternacht ist es so weit. Das Festessen beginnt. Zermürbte Gäste, zermürbter Koch, der anscheinend nicht über den späten Beginn des Essens informiert wurde, und ebenso zermürbtes Essen, dem das Warten in der heißen Sommernacht auch nicht gut getan hat. Einige haben schon nach der Vorspeise, die meisten nach der Hauptspeise den Ort des Geschehens verlassen. Schade, es hätte so schön sein können...

Der Gast in Ihrem Büro

Personen, die Sie in Ihrem Büro empfangen, sind in erster Linie Ihre Gäste und nicht nur Kunden, Lieferanten oder Bittsteller. Denn Gast ist jeder, der einen anderen besucht, egal zu welchem Zweck. Er soll sich wohl fühlen, und wenn er das tut, wird das auch positive Auswirkungen auf die Geschäftsbeziehung haben.

Doch zuweilen muss ein Besucher etliche Hürden überwinden, bevor er den Gesprächspartner trifft, mit dem er verabredet ist.

Anlaufstelle Portier oder Empfang

Die erste Anlaufstelle eines Gastes sind üblicherweise der Portier oder die Mitarbeiter des Empfanges. Schon die Art, wie die Begrüßung an der Pforte abläuft, sagt viel über die Kultur eines Unternehmens aus. Freundliche Portiere, die dem Gast die Tür öffnen, machen ein besseres Bild als Menschen, die hinter einer Glaswand sitzen und nur unwillig ein kleines Fenster öffnen, durch das man seine Wünsche kund tun kann.

Wenn möglich sollten Mitarbeiter am Empfang tagtäglich eine Namensliste derjenigen Personen bekommen, die erwartet werden, am besten auch mit dem Termin. Anhand dieser Listen können die Gäste dann gleich mit dem Namen angesprochen und der Besuch beim Gastgeber avisiert werden. Ein freundliches „Sie werden schon erwartet“, eine kurze Beschreibung, wie man in das entsprechende Büro kommt, macht einen guten ersten Eindruck.

Besonders wichtige Gästen und auch solche, die zum ersten Mal kommen, sollten entweder vom Gastgeber selbst oder einem seiner Mitarbeiter vom Empfang abgeholt werden. Vor allem in großen und unübersichtlichen Firmengebäuden ist das eine nette Geste, die vermeiden hilft, dass sich der arme Mensch verläuft.

Abholung durch die Sekretärin

Wie verhält sich die Sekretärin, Assistentin oder Büromanagerin, wenn Sie einen Gast vom Eingang abholt? Wer reicht wem die Hand, wer geht voraus; redet man miteinander und vor allem: worüber?

Zu unterscheiden ist dabei, ob es sich um eine erfahrene, selbstsichere Büromanagerin handelt oder um eine junge, unerfahrene Nachwuchskraft.

Beide werden sich zuerst vorstellen, indem sie den Namen nennen und ihre Funktion. „Ich bin Sabine Fleissig, die Sekretärin von Herrn Wichtig, darf ich Sie in unser Büro führen, Herr Wichtig erwartet Sie schon...“ oder so ähnlich.

Die erfahrene Sekretärin...

Die „gestandene“ Sekretärin kann dann kurze Zeit gerne die Gastgeberrolle übernehmen und dem Gast die Hand reichen, die junge Nachwuchskraft wartet, bis der Gast ihr die Hand reicht. Beide werden für den Gast den Lift rufen und die Türen für ihn öffnen, wenn er dies zulässt. Beide werden vorausgehen, um den Weg zu zeigen.

...und die junge Nachwuchskraft

Die geübte, selbstbewusste Sekretärin wird mit dem Gast einige Worte wechseln, die junge Nachwuchssekretärin wird warten, ob der Gast sie in ein Gespräch verwickelt.

Beide werden den Gast zum Büro führen und ihn bitten, die Garderobe abzulegen. Sie braucht ihm nicht aus dem Mantel zu helfen, aber sie kann ihm die Garderobe abnehmen. Dann führt sie ihn entweder sofort zum Gastgeber oder bittet ihn mit einer kurzen Entschuldigung, Platz zu nehmen, bis Herr Wichtig frei ist. Sie kann eine Zeitung oder eine kleine

Bewirtung anbieten, ansonsten darf sie sich an ihren Arbeitsplatz zurückziehen, für die weitere Unterhaltung ist sie nicht zuständig. Sollte die Wartezeit etwas länger dauern, erkundigt sie sich von Zeit zu Zeit, ob sie etwas für den Gast tun kann.

Anlaufstelle Sekretariat

In der täglichen Praxis sind die Mitarbeiterinnen in den Sekretariaten die erste Anlaufstelle für Geschäftspartner, Gäste, Kunden und Lieferanten. Ihre Aufgabe ist es, Gäste zu empfangen, und je professioneller und stilvoller sie das tun, desto positiver wird der Eindruck der Gäste sein.

Rolle als Gastgeberin

Die erfahrene Sekretärin oder Assistentin wird beim Empfang eines Gastes die Rolle einer Gastgeberin bzw. stellvertretenden Gastgeberin einnehmen. Selbstverständlich steht sie auf, wenn ein Gast das Büro betritt, und begrüßt ihn freundlich und mit Händedruck. Sollte der Gast hierarchisch sehr hoch angesiedelt sein, dann wartet sie, bis ihr die Hand gereicht wird. Selbstverständlich bietet sie ihm an, die Garderobe abzulegen. Sie braucht ihm dabei nicht aus dem Mantel zu helfen, sie kann ihm aber eventuell den Mantel abnehmen und ihn verstauen.

Falls sie gerade beschäftigt ist, z.B. mit einem Telefonat, nickt sie vorerst

dem Besucher freundlich zu. Damit gibt sie ihm zu verstehen, dass sie ihn wahrgenommen hat und sich sofort nach Beendigung des Telefonates um ihn kümmern wird. Eine kleine verbale Entschuldigung nach Beendigung des Telefongespräches ist eine nette Geste.

Während der Zeit des Avisos beim Chef kann der Besucher kurz stehen, sofern es nur einige Sekunden dauert. Wenn der Chef etwas von guten Umgangformen versteht, wird er seinem Gast ins Sekretariat entgegengehen. Tut er das nicht, dann öffnet die Sekretärin wenigstens die Tür für den Gast.

Der Gast muss sich wohl fühlen

Wenn der Gast warten muss, bietet die Sekretärin einen Sitzplatz an. Am besten geeignet dafür ist natürlich eine einnehmend gestaltete Besucherecke mit bequemen Stühlen und einem kleinen Tisch, auf dem Zeitungen aktuellen Datums bereitliegen. Tageszeitungen der Vorwoche oder längst veraltete Magazine haben in der Besucherecke ebenso wenig verloren wie Mitarbeiterzeitungen. Falls es sich nicht um ein Nichtraucherbüro handelt, soll selbstverständlich auch ein sauberer Aschenbecher bereitstehen.

Was tun, wenn ein Gast rauchen möchte, man selbst aber Zigarettenrauch nicht ausstehen kann? Der höfliche Gast wird fragen, ob er rauchen darf. Dann kann man natürlich darauf hinweisen, dass man selbst den Rauch nicht gut verträgt, und ihm anbieten, seine Zigarette eventuell in einem anderen Raum, z.B. in einem anderen Besprechungszimmer, zu rauchen. Geschieht das mit freundlichen Worten, wird das sicherlich akzeptiert.

Die Sekretärin bietet dem Gast eine kleine Erfrischung, Tee oder Kaffee an. Die hübsche Präsentation der Bewirtung (auf einem Tablett, in sauberen, nicht abgeschlagenen Tassen oder Gläsern, eventuell mit Serviette etc.) sagt viel über den Stil der Firma aus. Es ist nicht die Aufgabe der Sekretärin, den Gast während der Wartezeit zu unterhalten. Sie kann sich selbstverständlich wieder an ihren Arbeitsplatz zurückziehen. Telefonate über firmeninterne Belange sowie Privatgespräche sollen in Anwesenheit eines Gastes niemals geführt werden.

Was Ihr Arbeitsplatz über Sie aussagt

Der Alltag in heimischen Büros

Haferschleim und Kinderkunst

Der magenkranke Kollege ernährt sich zur Zeit nur von Haferschleim und Babykost. Damit er alles griffbereit hat, sind die Säcke und Tüten aus dem Reformhaus hübsch auf seinem Schreibtisch aufgereiht. An der Wand sind die Kinderzeichnungen seines Herzblattes vom ersten Lebensjahr an aufgepinnt. Da das Kerlchen mittlerweile zehn Jahre alt ist und viel produziert hat, sieht die Wand dementsprechend aus.

Plüschhunde und Knackepo

Eintritt in ein Sekretariat. Auf dem Tisch zwei bereits geleerte Teetassen, eine davon mit ausgeprägten weiblichen Formen, das Geschenk von lieben Kollegen in Anspielung auf die Figur der Sekretärin. Die Sushi-Ration für die Mittagspause liegt schon bereit. In einer Ecke des Schreibtisches sind an die 50 Stofftiere platziert. Darunter steht die gefüllte Einkaufstüte vom nahe liegenden Supermarkt sowie ein Paar hochhackiger Schuhe für den Abend. Als Bildschirmschoner flimmert ein zugegebenermaßen äußerst attraktives männliches Unterhosenmodel einer bekannten Wäschefirma.

Kind und Hund

Auf dem Schreibtisch eines bedeutenden Generaldirektors stehen zwei hübsch gerahmte Bilder unterschiedlicher Größe. Das kleinere Foto zeigt die beiden Söhne, das größere den Hund der Familie. Ein Bild der Ehefrau, obwohl vorhanden, gibt es nicht.

Ansprechende, neutrale Arbeitsplätze

Klar: Auch am Arbeitsplatz sehnt sich der Mensch nach Wärme und Geborgenheit. Dennoch haben Dinge, die Intimes preisgeben, an der Stätte des beruflichen Wirkens nichts verloren. Die eigene Magenkrankheit ist eine persönliche Angelegenheit und braucht nicht von jedem Gast wahrgenommen zu werden. Dass der Hund einen höheren Stellenwert genießt als andere Familienmitglieder geht Gäste ebenfalls nichts an. Und Stofftiere haben bestenfalls in einem Jugendzimmer Berechtigung, keinesfalls aber in einem Büro.

Die Gestaltung des Arbeitsplatzes sagt ziemlich viel über seinen Besitzer aus. Das sollte Ihnen bewusst sein. Sehen Sie sich daher einmal Ihr Büro und Ihren Schreibtisch möglichst emotionslos an und entfernen Sie alle Dinge, die in dieser Umgebung nichts verloren haben. Meist sammelt sich im Laufe der Zeit so mancher Schrott an, und aus Zeitmangel oder Bequemlichkeit lässt man alles stehen und vergisst, wie viele Rückschlüsse auf den Gastgeber dadurch gezogen werden können.

Die persönliche Gestaltung

Mit Grünpflanzen oder Blumen in einer ansprechenden Vase (keinesfalls Plastikblumen in Pressglasvasen) können Büros trotzdem eine persönliche Note bekommen. Qualitativ hochwertige Seidenblumen oder Gestecke sind ebenfalls in Ordnung. Bilder oder Zeichnungen an den Wänden machen sich immer gut, es müssen nicht unbedingt Originale sein, Druckgraphiken oder Poster tun es auch, sie müssen aber unbedingt gerahmt oder unter Glas sein.

Eine Bücherwand mit Fachliteratur schafft ebenfalls ein ansprechendes Ambiente. Oder eine Vitrine, in der man einige persönliche, aber eher neutrale Gegenstände aufbewahrt. Sehr apart und anheimelnd kann auch ein Teppich wirken. Ich habe z.B. einen alten Perserteppich, der bei mir zu Hause keinen geeigneten Platz hatte, für viele Jahre hindurch in meine verschiedenen Büros mitgenommen und er hat mir immer das Gefühl gegeben, etwas „Persönliches" an meinem Arbeitsplatz zu haben.

Die wichtigsten Regeln

- Der Gastgeber ist für Erfolg oder Misserfolg einer Veranstaltung verantwortlich. Nehmen Sie sich daher immer genügend Zeit für die Planung und überwachen Sie auch die Durchführung.
- Sichere und gewandte Mitarbeiter in Gastgeberrollen sprechen für die Korrektheit und Vertrauenswürdigkeit eines Unternehmens.
- Bedenken Sie, dass jede Einladung etwas Besonders sein soll, und punkten Sie durch außergewöhnliche Ideen.
- Unterscheiden Sie jedoch, wann Sie Experimente wagen können und wann Sie lieber auf Traditionelles und Herkömmliches zurückgreifen.
- Die Zusammenstellung der Gästeliste sowie die richtige Anzahl der Gäste (d.h. nicht zu viele und nicht zu wenige) ist besonders wichtig.
- Als Gastgeber legen Sie besondere Aufmerksamkeit auf die Begrüßung, die Begleitung, die Betreuung sowie die Verabschiedung der Gäste. Jeder Gast soll das Gefühl vermittelt bekommen, dass er besonders geschätzt wird.
- Achten Sie darauf, dass genügend Mitarbeiter für die Betreuung der Gäste abgestellt sind.
- Prüfen Sie technisches Equipment, bevor die Gäste eintreffen, und lassen Sie allfällige Redner eine Sprechprobe machen.
- Begrüßungs- und Tischreden sollen in der Länge abgesprochen sein und dem Servicepersonal avisiert werden.
- Legen Sie besonderes Augenmerk auf einen stilgerechten Empfang von Gästen im Büro. Wenn sie sich wohl fühlen, hat das positive Auswirkungen auf die Geschäftsbeziehung.

Besucher-Knigge:

Hilfe, ich bin eingeladen!

Das steht auf der Einladung

Üblicherweise enthält eine schriftliche Einladung mehrere Informationen, die der kundige Gast deuten muss.

Wer ist der Gastgeber?

Das ist die erste wichtige Information. Der Einladende kann eine Firma oder eine Personengruppe innerhalb einer Firma (z.B. der Vorstand) sein. Es können auch einzelne Mitglieder eines Unternehmens (z.B. der Vorstandsvorsitzende, ein Mitglied der Direktion oder ein Abteilungsleiter) die Gastgeberrolle übernehmen.

Je höher der Rang der einladenden Person ist, als desto hochwertiger kann die Einladung angesehen werden. Je größer der hierarchische Unterschied zwischen Gastgeber und Gast ist, desto größer ist die Auszeichnung.

Wer ist geladen?

Üblicherweise ist der Name der eingeladenen Person nur aus dem Adressfeld des Kuverts ersichtlich. Achten Sie darauf, ob Ihr Name, der Name Ihrer Firma sowie die Adresse richtig geschrieben sind. Das sagt schon viel aus. Falsch geschriebene Namen, veraltete Funktionsbezeichnungen oder Firmenadressen deuten auf eine gewisse Sorglosigkeit des Gastgebers hin. Das lässt den Schluss zu, dass ungewartete Adressdateien verwendet bzw. unter Umständen sogar Adressen zugekauft wurden.

Eine Datenverarbeitungsnummer oberhalb des Adressfeldes deutet auf den Urheber im Sinne des Datenschutzesgesetzes hin und bietet Ihnen die Möglichkeit, bei allfälligen Beanstandungen den richtigen Reklamationspartner zu finden.

Finden Sie Fehler in Ihrer Adresse oder hat sich Ihre Funktion oder Ihr Name erst in letzter Zeit geändert, machen Sie sich bitte die Mühe und informieren Sie den Gastgeber bzw. sein Sekretariat darüber. Man wird

Ihnen dankbar sein, denn fehlerlose Adressdateien sind wertvoll für jedes Unternehmen.

Besonders hochwertige Einladungen

Ein direkt beschriebenes Kuvert, unter Umständen sogar mit handgeschriebener Adresse und mit Briefmarken beklebt, weist auf eine besonders hochwertige Einladung hin. Sie unterscheidet sich eben dadurch von Masseneinladungen, die üblicherweise mit Klebeetiketten versehen sind und von Postämtern mit „Postgebühr bar bezahlt" gestempelt wurden.

Wenn im Innenteil der Einladung Ihr Name sowie eventuell der Name Ihres Partners handschriftlich mit Füllfeder vermerkt ist („Fritz Gastgeber freut sich, Herrn Franz und Frau Franziska Gast einzuladen"), dann handelt es sich ebenfalls um eine hochwertige Einladung, die als besondere Auszeichnung gesehen und der entsprechende Aufmerksamkeit gewidmet werden sollte.

Weitergabe von Einladungen

Ziemlich unhöflich ist es, eine Einladung weiterzugeben, denn diese gilt immer derjenigen Person, an die sie gerichtet ist. Wenn Sie verhindert sind, keine Zeit oder Lust haben, dann sagen Sie – höflich – ab.

Eine Einladung weiterzugeben, weil man weiß, dass z.B. Tante Luise gute Buffets mag oder Onkel Max Konzerte liebt und ohnedies Zeit hat, weil er bereits in Pension ist, ist ein Verstoß gegen die guten Umgangsformen. Auch Sekretärinnen oder andere Mitarbeiter haben sich nicht der Einladungen ihrer Chefs zu bedienen. Es sei denn, der Eingeladene nominiert

einen Stellvertreter. Da aber gebietet es die Höflichkeit, erst den Gastgeber um seine Zustimmung zu fragen.

Keinesfalls darf eine Einladung mit persönlicher Widmung an andere Personen weitergegeben werden. Das käme einem Affront gegen den Gastgeber gleich.

Was ist der Anlass?

Manchmal wird auf der Einladung auch der Anlass angegeben. Z.B. ein Firmenjubiläum, die Präsentation eines neuen Produktes, die Eröffnung einer neuen Werkhalle, der runde Geburtstag des Firmenchefs oder Ähnliches. Daraus können Sie ersehen, ob Sie sich auf die Veranstaltung vorbereiten müssen und z.B. ein Gastgeschenk mitbringen sollen.

Und auch wenn kein konkreter Anlass auf der Einladung vermerkt ist, hat jede berufliche Einladung einen Zweck: Man will mit Ihnen ins Geschäft kommen, die Geschäftsbeziehung vertiefen oder erweitern, Sie bei der Veranstaltung dabei haben, weil Sie prominent sind und man sich mit Ihnen schmücken kann. Kurzum, im geschäftlichen Bereich lädt man Sie in erster Linie ein, weil man etwas von Ihnen will.

Datum und Zeitpunkt

Wesentlich sind klarerweise Datum und Zeitpunkt der Veranstaltung. Üblicherweise wird Ihnen eine Einladung mindestens drei Wochen vor dem tatsächlichen Ereignis zugestellt, sodass Sie sich rechtzeitig den Termin reservieren können. Bei besonders wichtigen Anlässen kann Sie der Gastgeber eventuell schon Wochen vorher telefonisch informiert haben und lässt die schriftliche Einladung später nachfolgen.

Akademische Viertelstunde

Wenn nur die Uhrzeit ohne Zusatzinformation auf der Einladung steht, dann wird eine so genannte „akademische Viertelstunde“ als Verspätung toleriert. Unter Umständen kann nach der Uhrzeit eine Zusatzinformation gegeben werden:

s.t. (sine tempore)

bedeutet, dass der Beginn ganz genau mit der auf der Einladung gedruckten Uhrzeit übereinstimmt und Sie deshalb pünktlich sein müssen. Das kann z.B. bei Einladungen sein, an denen hohe Repräsentanten des Staates teilnehmen, oder bei akademischen Feiern.

„Wir bitten um pünktliches Erscheinen“
weist ebenfalls darauf hin, dass der Gastgeber auf besondere Pünktlichkeit Wert legt.

c.t. (cum tempore)
bedeutet, dass Sie es mit der Pünktlichkeit nicht ganz so genau nehmen müssen und daher ruhig etwas später kommen können. Das kann z.B. bei einem Empfang sein.

Pünktlichkeit ist eine Zier

Absolut pünktlich

Absolut pünktlich sollen Sie sein:

- wenn Sie selbst der Gastgeber sind,
- wenn ein Hinweis auf der Einladung, wie z.B. „Um pünktliches Erscheinen wird gebeten“ oder „s.t.“ geschrieben steht,
- bei Essenseinladungen in Privathaushalte,
- bei Einladungen zum Brunch, Mittagessen oder Abendessen im geschäftlichen Bereich,
- zu Veranstaltungen mit künstlerischem Programm,
- zu Konferenzen und Vorträgen,

- wenn der Kreis der Eingeladenen klein ist. Je größer die Anzahl der zu erwartenden Gäste, desto größer kann die Zeitspanne zwischen der Uhrzeit auf der Einladung und dem tatsächlichen Eintreffen bemessen werden.

Etwas später

Etwas später kommen können Sie:

- zu Veranstaltungen mit großem Teilnehmerkreis,
- wenn auf der Einladung „c.t." vermerkt ist, das kann ein so genanntes „akademisches Viertel" bis maximal eine Stunde bedeuten,
- zu Cocktailempfängen,
- zu Ballveranstaltungen,
- zu Vernissagen.

Niemals zu früh

Zu früh sollten Sie niemals kommen. Auch dann nicht, wenn Sie annehmen, sich dadurch besonders gute Plätze zu sichern. Das zu frühe Eintreffen bei Vortragsveranstaltungen z.B. bringt den Gastgeber meistens ziemlich in Verlegenheit, weil bis zum Beginn der Veranstaltung noch Vorbereitungen laufen und die Technik gecheckt wird. Bei privaten Essenseinladungen zu früh zu kommen ist nicht gerade rücksichtsvoll den Gastgebern gegenüber.

Veranstaltungsort

Planen Sie rechtzeitig, wie Sie zum Ort des Geschehens kommen. Ist der Veranstaltungsort zu Fuß zu erreichen, nehmen Sie öffentliche Verkehrsmittel, müssen Sie mit dem Auto hinfahren und besteht eine Parkmöglichkeit? Oder fahren Sie mit dem Taxi, was im Innenstadtbereich vielleicht mehr Zeit kostet, als den Bus zu nehmen?

Wenn der Veranstaltungsort nicht allgemein bekannt ist und Sie einen aufmerksamen Gastgeber haben, wird er der Einladung eventuell noch einen Lageplan oder eine Fahrtroutenbeschreibung beilegen. Der Hinweis, ob und wo Parkplätze vorhanden sind, zeugt ebenfalls von einer sorgfältigen Planung und geübten Gastgebern.

Programm

Die Aufzählung verschiedener Programmpunkte auf einer Einladung ist ebenfalls eine wichtige Information. Ein umsichtiger Gastgeber wird seinem Gast ankündigen, was er zu erwarten hat. So gibt es keine unangenehmen Überraschungen, denn es ist z.B. nicht jedermanns Sache, sich stundenlange Laudationes oder Reden anzuhören, wenn er vielleicht ein ganz gemütliches Beisammensein erwartet hat. Ein Liebhaber klassischer Musik hat vielleicht Probleme mit einem Programmpunkt, der eine einstündige Klangperformance für ein Triangel und zwei Kochtöpfe vorsieht.

Weiß der Gast, was auf ihn zukommt, so erleichtert ihm das die Entscheidung, ob er an der Veranstaltung teilnimmt oder nicht. Außerdem kann er dadurch auch einschätzen, wie viel Zeit er für die Veranstaltung vorsehen muss.

Je besser sich der Gast informiert fühlt, desto höher ist die Chance, dass er wirklich aus Interesse zusagt und zufrieden die Veranstaltung wieder verlässt, weil seine Erwartungen erfüllt worden sind.

Antwortvermerk

Jede qualifizierte Einladung trägt einen Antwortvermerk. Die Reaktion des Gastes gibt dem Gastgeber einen Anhaltspunkt über die zu erwartende Personenanzahl und die Namen der Teilnehmer. Folgende Abkürzungen sind dabei möglich:

U.A.w.g.

„Um Antwort wird gebeten" bedeutet dieses Kürzel. Dabei steht dann meist eine Telefonnummer oder eine E-Mail-Adresse, eventuell auch der Name eines Ansprechpartners für eventuelle Rückfragen. Als Gast wird von Ihnen erwartet, dass Sie sowohl Ihre Teilnahme als auch eine eventuelle Absage telefonisch bekannt geben.

U.A.w.g. bis spätestens...

Einen solchen angegebenen Termin sollten Sie unbedingt einhalten, weil Sie sonst den Gastgeber in Planungsschwierigkeiten bringen. Viele Restaurants und Cateringfirmen verlangen eine garantierte Teilnehmerzahl einige Tage vor dem Veranstaltungstermin und verrechnen auch nach dieser Personenanzahl. Daher ist es ziemlich rücksichtslos, zu spät zu antworten. Bei diesem Vermerk geben Sie ebenfalls sowohl Teilnahme als auch Absage bekannt.

U.A.w.g. (nur bei Zusage)

Wenn dieser Vermerk auf der Einladung angegeben ist, erwartet der Gastgeber, dass Sie ihm nur Ihre Teilnahme avisieren.

U.A.w.g. mit beiliegender Antwortkarte

Der Einladung liegt eine Karte bei. Man erwartet von Ihnen, diese mit der Post zu retournieren oder zu faxen. Sie können aufgefordert werden, entweder nur Ihre Teilnahme bekannt zu geben, oder man möchte von Ihnen, dass sie auch schriftlich absagen. Oft ist auf der Karte noch ein Vermerk, ob Sie allein oder in Begleitung kommen. Das ist für den Gastgeber wegen der Festlegung der Gesamtpersonenanzahl sehr wichtig.

R.s.v.p.

Heißt „Repondez s'il vous plaît" und ist ein veralteter Antwortvermerk, der aber noch manchmal verwendet wird und ebenfalls bedeuet: „Um Antwort wird gebeten".

p.m.

Diese Abkürzung steht für „pour memoire" und bedeutet, dass Sie die Einladung nur zur Erinnerung bekommen. Wahrscheinlich sind Sie schon vorher telefonisch oder auf anderem Wege eingeladen worden und haben Ihr Kommen bereits zugesagt.

Kein Vermerk

Einladungen, die keinerlei Antwortvermerk tragen, sind als Masseneinladungen zu betrachten. Wenn Sie an Massenveranstaltungen interessiert sind, dann gehen Sie hin, wenn Sie auf Exklusivität Wert legen, sind Sie hier wahrscheinlich fehl am Platz.

Zusagen bitte ernst nehmen

Ich empfehle Ihnen, Antwortvermerke ernst zu nehmen und sich auf jeden Fall an Ihre Zu- oder Absage zu halten. Jeder Gastgeber muss die Dimension seiner Veranstaltung planen und hat mit der (im Zunehmen begriffenen) Undiszipliniertheit der Gäste Schwierigkeiten. Sollten Sie trotz Zusage im letzten Moment verhindert sein, so empfiehlt sich ein kurzer Telefonanruf im Sekretariat des Gastgebers bei Veranstaltungen mit größerer Teilnehmerzahl bzw. eine persönliche Entschuldigung beim Gastgeber selbst, wenn es sich um einen kleineren Kreis handelt. Je früher Sie Ihre Entschuldigung deponieren, desto eher hat der Gastgeber die Möglichkeit, für Ersatz zu sorgen.

Viele Personen aus Wirtschaft und Gesellschaft oder deren Sekretariate sagen automatisch bei jeder Einladung, die ins Haus flattert, zu. Gesehen werden sie dann in den seltensten Fällen oder nie. Wahrscheinlich ist die automatische Zusage eine Vorsorge, nicht von den diversen Einladungslisten gestrichen zu werden, die Unhöflichkeit wird dadurch nicht geringer.

Kleidungsvermerk

Wenn auf der Einladung ein Kleidungsvermerk angegeben ist, bedeutet das, dass eine bestimmte Kleidung für den Besuch der Veranstaltung empfohlen wird bzw. manchmal sogar zwingend ist. Diese Hinweise sollten aus eigenem Interesse und vor allem als Reverenz gegenüber dem Gastgeber unbedingt beachtet werden.

Traditionsgemäß wird bei diesen Vermerken nur die Kleidung der Männer benannt, von den Damen erwartet man die dazu passende Garderobe:

Straßenanzug

Der Herr trägt die übliche formelle Geschäftskleidung, einen Anzug, eventuell auch eine Kombination, sowie eine Krawatte. Die Frau trägt ein Kostüm, einen nicht zu sportlichen Hosenanzug oder ein Kleid.

Dunkler Anzug

Der Herr trägt einen dunklen Anzug in gedeckten Farben, ein einfarbiges weißes oder ganz helles Hemd mit Krawatte. Ein dunkles Hemd, Ton in Ton mit dem Anzug, ist ebenfalls möglich. Die Dame trägt ein elegantes Kleid, Kostüm oder Hosenanzug.

Smoking (Cravate noire / Black tie)

Der Herr trägt einen Smoking mit Fliege und Smokinghemd sowie schwarze Lack- oder Glattlederschuhe. Die Dame trägt ein kurzes Cocktail- oder langes Abendkleid, eventuell einen festlichen Hosenanzug.

Frack (Cravate blanche/ White tie)

Der Frack ist das eleganteste Kleidungsstück des Mannes und wird mit weißem Pikeehemd, weißer Weste und weißer Fliege getragen. (Wenn ein Frackträger eine schwarze Fliege trägt, dann ist er ein Ober.) Die Dame trägt ein Abendkleid, echten Schmuck und einen langen Abendmantel.

Bei weniger traditionellen Anlässen geht man vermehrt dazu über, die Kleidungsvermerke geschlechtsneutral zu halten. Es heißt dann z.B. Casual (was ein Mittelding zwischen Freizeit- und Geschäftskleidung bedeutet), Cocktailkleidung oder Abendkleidung.

So bedanken Sie sich für eine Einladung

Dank für private Einladung

Menschen mit guten Umgangsformen bedanken sich grundsätzlich immer nach privaten Einladungen. Auch wenn sie das bereits bei der Verabschiedung getan haben, ist es ein Zeichen von gutem Benehmen, am Tag nach der Veranstaltung nochmals eine kleine Geste zu setzen. Diese kann auf unterschiedliche Art erfolgen.

Mündlicher Dank

Nach kleineren Einladungen, (z.B. einem Abendessen im privaten Haushalt von Freunden oder Bekannten) genügt ein kurzer Anruf am nächsten Tag. Man bedankt sich nochmals (selbstverständlich auch im Namen des Partners) für den netten Abend, sagt, dass man gut nach Hause gekommen ist und dass man sich sehr über die Gastfreundschaft gefreut hat. Es freut jeden Gastgeber, wenn er hört, wie gut man sich unterhalten und wie nett und anregend man die anderen Gäste gefunden hat. Wenn die Gastgeber selbst gekocht haben, kann man auch darauf zurückkommen. Der Anruf sollte wirklich nur sehr kurz sein und möglichst in der Zeit zwischen 9 und 12 Uhr bzw. 15 bis 19 Uhr erfolgen.

Bei berufstätigen Gastgebern muss man abschätzen, ob ein Telefongespräch eventuell stören könnte. Sollte das der Fall sein, ist schriftlicher Dank besser.

Telefonische Danksagungen nach großen Gesellschaften sind nicht angebracht, weil die Zeit der Gastgeber dadurch zu sehr in Anspruch genommen werden würde.

Schriftlicher Dank

Nach privaten Einladungen mit größerer Personenanzahl ist ein schriftliches Dankeschön eine nette Geste. In einem kurzen, möglichst handgeschriebenen Brief oder auf einer Karte artikuliert man einige freundliche und persönliche Zeilen. „Bread and Butter Letter" heißen diese Dankschreiben in Großbritannien. Sie gehören in feineren Kreisen zu den Selbstverständlichkeiten guter Umgangsformen. Natürlich schließt man den begleitenden Partner in diese Danksagung mit ein.

Gedruckte Dankkarten sind nur bei Jubiläen, Hochzeiten und Beerdigungen üblich. Jüngere Gastgeber und modernere Haushalte akzeptieren selbstverständlich auch eine E-Mail am nächsten Tag.

Blumen

Eine weitere Möglichkeit der Danksagung ist einen Blumenstrauß mit einigen persönlichen Zeilen. Das ist aber nur nötig, wenn man kein Gastgeschenk mitgebracht hat. Ein Blumenstrauß am nächsten Tag bleibt meist in besserer Erinnerung als am eigentlichen Einladungstag, an dem die meisten der Gäste mit einem Strauß antanzen.

Ein „Dankeschön", egal in welcher Art es erfolgt, ist der definitive Schlusspunkt einer Einladung. Der Gastgeber braucht auf den Dank des Gastes nicht nochmals zu reagieren.

Dank für geschäftliche Einladungen

Nach einer geschäftlichen Einladung dankt man nur, wenn es sich um eine Veranstaltung im kleinen Kreis gehandelt hat oder wenn die Zusammenkunft besonders gelungen war. Der schriftliche Dank auf offiziellem Firmenpapier geht immer an den Gastgeber persönlich und ist nur dann sinnvoll, wenn er wirklich ein paar persönliche Bemerkungen enthält. Standarddankschreiben von Sekretärinnen, womöglich noch mit i.A. (in Auftrag) unterzeichnet, sollten Sie sich lieber sparen.

Natürlich können Sie ein telefonisches oder schriftliches „Dankeschön" dazu verwenden, Ihre geschäftlichen Interessen weiter zu verfolgen. Firmenveranstaltungen dienen ja letztendlich der Ausweitung oder Verfestigung von Geschäftsbeziehungen.

Gastgeschenke

Gastgeschenke haben Tradition. Schon von jeher haben Gäste ihren Gastgebern Geschenke mitgebracht. Der Wert der Geschenke hat die Bedeutung und den Reichtum des Gastes gezeigt und war ein Gradmesser für die Wertschätzung des Beschenkten.

Materieller Wert spielt keine Rolle

Es ist zwar weiterhin üblich, als Gast ein Geschenk mitzubringen, aber die Bedeutung des materiellen Wertes hat stark abgenommen. Der einzige Zweck ist es, dem Beschenkten Freude zu machen. Personen, die man näher kennt, kann man mit persönlicheren und phantasievolleren Geschenken überraschen. Je vertrauter Sie mit dem Gastgeber sind, desto ausgefallener kann auch das Geschenk sein. Bei Menschen, die Sie nicht so gut oder gar nicht kennen, bleiben Sie bei konventionellen Geschenken.

Keine Geschenke

Als Ehrengast bringt man kein Gastgeschenk mit. Laut Etikette auch nicht bei Kondolenz- bzw. Antrittsbesuchen, die heute sowieso selten geworden sind. In Restaurants bringt man auch keine Geschenke mit, außer wenn es sich um Geburtstagsfeiern oder Jubiläen handelt, da ist dann meistens ein Tisch vorbereitet, auf dem man das Gastgeschenk abstellen kann, bei dem jedenfalls eine Glückwunsch- oder wenigstens eine Visitenkarte mit ein paar netten Worten dabei sein sollte.

Bei privaten Einladungen

Es ist durchaus üblich, ein Gastgeschenk mitzubringen, wenn man in einen privaten Haushalt eingeladen ist. Besonders dann, wenn die Einladung mit einem Essen verbunden ist. Die Hausfrau und der Hausherr haben sich Mühe gemacht, eine Menge Arbeit gehabt und vielleicht keine Kosten gescheut. Das sollte man würdigen.

Blumen

Bei Einladungen im privaten Kreis kann man mit frischen Blumen niemals falsch liegen. Das sollen aber immer Schnittblumen in Form eines Straußes oder Gesteckes sein. Bei einem kleinen Strauß (bis zu etwa 11 Blumen) schenkt man eine ungerade Zahl, weil sich das besser in einer Vase arrangieren lässt. Bei größeren Sträußen braucht man keine Rücksicht auf die Zahl zu nehmen.

Wenn die Gäste als Paar auftreten, werden die Blumen immer vom Mann überreicht, und zwar üblicherweise der Gastgeberin. Weibliche Singles übernehmen selbstverständlich diese Aufgabe. Wenn es nur einen männlichen Gastgeber gibt, der vielleicht auch noch selber kocht, kann man diesem natürlich auch Blumen mitbringen. Emanzipierte Männer freuen sich auch über Geschenke, die früher nur Damen gemacht wurden.

Papier entfernen

Vor der Übergabe wird das Papier entfernt. Wenn der Strauß aber in eine durchsichtige Folie eingewickelt ist, kann diese belassen werden. Ich persönlich bevorzuge es, Blumen ohne Verpackung zu überreichen, haben Sie denn schon einmal den Duft von frischen Blumen durch eine Kunststofffolie gerochen? Das Papier legt man einfach irgendwo hin, man braucht es nicht verschämt im Hosensack zu verstecken.

Übrigens: Blumen soll man nur dann mitbringen, wenn es sich um eine Essenseinladung im kleineren Kreis handelt. Keinesfalls zu einem Empfang oder zu Cocktailpartys. Was macht denn eine Hausfrau oder ein Hausmann mit Dutzenden von Blumensträußen, für die er keine Unterbringungsmöglichkeit hat?

Bei Blumen zählt nicht mehr die Anzahl der Blumen und der Preis des Arrangements. Wichtiger wird immer mehr die Kreativität der Zusammenstellung. In jeder Stadt gibt es bereits einige Blumenläden, die besonders ausgefallene und liebevoll gebundene Sträuße verkaufen. Das wirkt auf jeden Fall aufmerksamer als der Riesenbund in Cellophan von der nächsten Tankstelle.

Keine Topfpflanzen

Topfpflanzen sollte man wirklich nur guten Freunden schenken, und wenn man weiß, dass das willkommen ist. Oder es handelt sich um einen Gartenfreak, der das Geschenk dann umpflanzt und sich noch lange Zeit daran erfreut. Die Annahme: „Eine Topfpflanze kostet genau soviel wie ein Blumenstrauß und hält viel länger" ist kein Kriterium.

Blumen können auch am Tag der Einladung durch einen Boten zugestellt werden. Dabei nicht vergessen, eine Karte mit dem Namen und einem Vermerk, dass man sich auf den heutigen Abend freut, oder ähnliches, beizulegen. Ebenfalls eine nette Geste ist es, am nächsten Tag (aber bitte niemals später) einen Blumenstrauß mit einer Dankkarte überbringen zu lassen. Blumen vor oder nach der Einladung zustellen zu lassen ist auch ein eleganter Weg, wenn man in einem größeren Rahmen eingeladen ist.

Andere Gastgeschenke

Kennt man den Gastgeber näher, kann das Gastgeschenk auch etwas ausgefallener sein. Das setzt natürlich voraus, dass man über die Interessen und Vorlieben des Betreffenden Bescheid weiß. Aufpassen muss man natürlich, ob man mit der Fachkenntnis des Beschenkten mithalten kann. Ein Gastgeber mit einem Weinkeller voll von Raritäten wird über eine Flasche einfachen Rotweins nicht besonders erfreut sein. Ein Sammler von ausgefallenen, klassischen CDs kann mit einem billigen Sampler aus dem Supermarkt wahrscheinlich wenig anfangen.

Ideen zählen

Ausgefallenere Gastgeschenke sollte man also nur dann präsentieren, wenn man weiß, womit man wirklich Freude bereiten kann. Der Wert des Geschenkes spielt dabei keine Rolle. Im Gegenteil: je wertvoller, desto verpflichtender kann es wirken. Ein Blumenstrauß oder Früchte aus dem eigenen Garten, hübsch arrangiert, selbst eingekochte Marmelade mit einem Kochbuch, das aus dem letzten Griechenland-Urlaub mitgebrachte, garantiert biologische Olivenöl in einer persönlich dekorierten Flasche, das alles sind Kleinigkeiten, die sich wohltuend von den üblichen Bonbonieren abheben. Und: Auch einfache Geschenke gewinnen durch eine liebevolle und kreative Verpackung an Wert.

Die Grundregeln

- Je näher man den Gastgeber kennt, desto persönlicher kann das Geschenk ausfallen.
- Besteht keine persönliche Relation, bleibt man bei traditionellen Geschenken.
- Niemals bringt man Werbegeschenke mit.

Widmungen

Schenkt man Bücher, ist eine handgeschriebene Widmung eine nette Geste. Das können einige persönliche Worte, ein Hinweis auf gemeinsame, vergangene Erlebnisse sowie ein Dank für die Einladung sein. Sind Paare eingeladen, soll die Widmung natürlich immer im Namen beider sein.

Bei Firmeneinladungen

Bei Firmeneinladungen herkömmlicher Art ist es eher unüblich, Geschenke mitzubringen. Ausnahmen sind private Einladungen in die Wohnung oder in das Haus von Firmenangehörigen. Auch zu Feiern von Firmenmitgliedern anlässlich Jubiläen oder Geburtstagen kann man ein Geschenk mitbringen. Bei runden Geburtstagen kann das Geschenk etwas größer ausfallen als bei gewöhnlichen Geburtstagen.

Geschenke sollen immer so ausgesucht werden, dass sie im Beisein von anderen Personen geöffnet werden können, ohne dass der Beschenkte sich unangenehm berührt fühlt – sie sollten also nicht gar zu persönlich sein. Geschenke mit Andeutungen auf gemeinsame Erlebnisse in der Vergangenheit oder Intimes sind nicht angebracht. Schon gar nicht, wenn starke Unterschiede in der hierarchischen Ebene des Schenkenden und des Beschenkten bestehen.

Eine liebevolle und kreative Verpackung wertet jedes Geschenk auf. Daher sollten Sie darauf besonderes Augenmerk richten.

Für ausländische Gäste

Ausländische Gäste freuen sich immer über Geschenke. Es ist eine besonders nette Geste, dem Gast schon im Hotelzimmer mit einer kleinen Aufmerksamkeit zu überraschen. Das kann z.B. ein hübscher Bildband über die Stadt, eine kulinarische Köstlichkeit oder eine CD mit regionaler Musik sein. Beachten sollen Sie aber immer, dass das Geschenk leicht zu transportieren ist und auch in jedes Fluggepäck (unter Umständen reist der Gast nur mit Handgepäck) passt.

Wer Geschenke besonders liebt

Bei japanischen Gästen muss man davon ausgehen, dass sie ein Gastgeschenk mitbringen und von Ihnen erwarten, dass Sie ebenfalls etwas vorbereitet haben. Eine aufwändige Verpackung ist besonders wichtig. Außerdem müssen Sie darauf achten, dass Sie Geschenke für die Gesprächsteilnehmer in unterschiedlicher Wertigkeit je nach hierarchischer Stellung auswählen. Geschenke sollen immer mit beiden Händen entgegengenommen werden.

Besonders gerne sehen auch Besucher aus dem Nahen und Mittleren Osten, aus Ostasien und Lateinamerika Geschenke. Wenn Sie Besucher aus diesen Teilen der Welt empfangen, sollten Sie daher immer Gegengeschenke bereit haben.

Geschenke von ausländischen Gästen werden üblicherweise nicht in Anwesenheit des Schenkenden geöffnet. Die Überreichung erfolgt erst am Ende der Besprechung oder des Besuches.

Geschenke unter Kollegen

Alle paar Wochen die gleiche Frage: Der Kollege oder die Kollegin hat Geburtstag – Geschenk oder nicht? Als Faustregel kann gelten: Wenn Sie direkt mit Kollegen zusammenarbeiten und das Bedürfnis haben, ihm eine Freude zu machen, ist das in Ordnung. Keinesfalls darf die Aktion verpflichtend für den Beschenkten sein.

Geburtstagslisten

Übereifrige Sekretärinnen führen manchmal minutiös Geburtstagskalender ganzer Abteilungen. Je nach deren Personenanzahl gibt es daher ständig etwas zu feiern. Tage vorher wird bereits bei den anderen Kollegen Geld abgesammelt und am Ehrentag hat dann der Jubilar anzutreten und ein mehr oder minder originelles Geschenk anzunehmen. Das ist für das Geburtstagskind meist verbunden mit einer Einladung zu einem Umtrunk für die gesamte Mannschaft.

Da diese Art von Aufmerksamkeit meist nicht wirklich einem echten Bedürfnis entspringt (besonders in großen Organisationen ist es unwahrscheinlich, dass man alle Kollegen so gerne mag, dass man Sie beschenken möchte), ist die ganze Aktion nicht für alle Beteiligten die pure Freude. Aber keiner getraut sich, diesem Schabernack ein Ende zu bereiten – man will doch kein Spielverderber sein.

Keine Zwangsbeglückungen

Daher mein Rat: Hände weg von diesen durchorganisierten Aktionen. Schenken Sie Ihren Kollegen nur dann etwas, wenn es Ihnen ein wahres Bedürfnis ist oder wenn Sie sich für die gute Zusammenarbeit bedanken wollen, aber vermeiden Sie Zwangsbeglückungen. Haben Sie den Mut und machen Sie das einmal zum Thema einer Abteilungsbesprechung. Vielleicht können Sie innerhalb der Kollegenschaft die Vorgangsweise abstimmen.

Wenn jedoch der Chef seinen Mitarbeitern zum Geburtstag eine Blume auf den Schreibtisch legt, dann ist das eine nette Geste des Dankes und sollte dementsprechend geschätzt werden. Besonders dann, wenn er sie selbst besorgt.

Trinkgelder

Das richtige Maß finden

Trinkgelder gibt man üblicherweise für direkte Dienstleistungen. In manchen Branchen ist das Trinkgeld eine Art persönlich bemessener Lohnzahlung. Je zufriedener man mit einer erbrachten Dienstleistung ist, desto höher kann das Trinkgeld ausfallen. Je schlechter man bedient wurde, desto geringer wird das Trinkgeld sein. Wenn man überhaupt nicht zufrieden war oder wenn man besonders unhöflich behandelt worden ist, muss man auch gar kein Trinkgeld geben. Mit der Höhe des Trinkgeldes stellen Sie klar, wie gut Sie sich betreut fühlten.

Niemand will ein Geizkragen sein, allzu große Beträge können einerseits als Großmannsucht ausgelegt, aber auch als Unsicherheit gedeutet werden.

Wann wie viel

Im Restaurant

Im Restaurant sind sieben bis zehn Prozent der Rechnung üblich. Je höher die Gesamtrechnung ausmacht, desto niedriger kann der Prozentsatz sein. Das Trinkgeld wird zusätzlich zu dem bereits auf der Rechnung ausgewiesenen Betrag für das Service gegeben.

Im Taxi

Dem Taxifahrer können bis zu maximal zehn Prozent der Rechnung gegeben werden, je nachdem, wie höflich er war. Hat er die Tür geöffnet und das Gepäck verstaut, bekommt er ein Trinkgeld in dieser Höhe. Hat er sich von seinem Fahrersitz überhaupt nicht wegbewegt und war noch dazu mürrisch, genügt eine minimale Aufrundung. Hat er ein schmutziges Auto, raucht er während der Fahrt oder verfährt er sich gar, dann bekommt er überhaupt nichts.

Im Hotel

Der Gepäckträger bekommt 1 Euro pro Gepäckstück.

Das Zimmermädchen erhält zwischen 1 und 2 Euro pro Tag, das hängt auch vom Standard des jeweiligen Hotels ab. Je länger man bleibt, desto geringer kann der Tagessatz sein.

Es ist üblich, die Konsumation in Hotels „aufs Zimmer schreiben“ zu lassen. Vergessen Sie bitte nicht, dass in Ihrer Gesamtrechnung keine Trinkgelder enthalten sind, und hinterlassen Sie daher einen angemessenen Betrag. Dieser wird dann nach einem Schlüssel auf die Mannschaft verteilt.

Besonders aufmerksames Service einzelner Mitarbeiter sollte selbstverständlich gesondert honoriert werden.

Bei Privateinladungen

Wird in einem Privathaushalt Hilfspersonal beschäftigt, ist es ebenfalls üblich, Trinkgeld zu geben. Dann ist meistens im Vorraum oder bei der Garderobe ein Körbchen oder ein Tablett bereitgestellt, das für das Trinkgeld vorgesehen ist. In diesem Falle sollten Sie etwas großzügiger sein. Ein Betrag ab 5 Euro pro Person ist in Ordnung.

Übernachtet man in einem Privathaushalt und weiß man, dass eine Haushaltshilfe das Logiszimmer in Ordnung bringt, hinterlässt man auch dort ein Trinkgeld. Die Höhe des Trinkgeldes hängt von der Dauer des Aufenthaltes ab und sollte ca. 5 Euro pro Tag betragen. Bei längerem Aufenthalt kann dieser Betrag reduziert werden.

Andere Anlässe

Trinkgelder erwarten sich auch Postboten, Friseure, Toilettefrauen, Rauchfangkehrer sowie Müllmänner. Personal auf Schiffen rechnet mit besonders hohem Trinkgeld. Erkundigen Sie sich daher immer im Reisebüro, wie viel gegeben werden soll. Reiseleiter sowie Busfahrer bei Gruppenreisen sollten Sie ebenfalls bedenken.

Wenn Zugsbegleiter und Schlafwagenschaffner besonders freundlich und hilfsbereit waren, kann man ihnen ebenfalls Trinkgeld geben. Bei Zeitungsverkäufern, Garderobefrauen sowie Programmverkäufern rundet man den Betrag auf.

Menschen mit besonders eleganten Umgangsformen übergeben Trinkgeld an Personen, die sie länger betreut haben und daher näher kennen, in einem Kuvert mit dem Vermerk „Vielen Dank für Ihre Mühe" oder Ähnlichem. Manchmal ist es hilfreich, das Trinkgeld oder einen Teilbetrag schon zu Beginn der Dienstleistung zu übergeben. Dann kann man meist mit einem besonders aufmerksamen Service rechnen.

Kein Trinkgeld

Kein Trinkgeld erhalten Geschäftsinhaber und Gastwirte sowie Angestellten von Airlines (Flugbegleiter).

Die wichtigsten Regeln

- Lesen Sie schriftliche Einladungen immer aufmerksam durch. Sie enthalten alles Wissenswerte über das, was Sie erwartet.
- Aus der Gestaltung der Einladung erkennen Sie deren Exklusivität oder ob es sich um eine Masseneinladung handelt.
- Einladungen sind immer für Sie persönlich bestimmt. Geben Sie diese daher nicht an andere Personen weiter.
- Reagieren Sie immer auf Antwortvermerke und halten Sie sich an Zu- oder Absagen. Sollten Sie dennoch Ihre Meinung ändern, informieren Sie den Gastgeber darüber.
- Nehmen Sie Kleidungsvermerke in Ihrem eigenen Interesse und vor allem als Reverenz gegenüber dem Gastgeber ernst.
- Vergessen Sie nicht, sich vor allem nach privaten, aber auch nach geschäftlichen Einladungen im kleinen Kreis zu bedanken.
- Suchen Sie Gastgeschenke immer mit Gefühl und Verstand aus. Der Wert spielt eine untergeordnete Rolle. Idee und Kreativität sowie liebevolle Verpackung zählen mehr.
- Mit der Höhe des Trinkgeldes stellen Sie klar, wie gut Sie bedient wurden. Die richtige Höhe ist, wie auch in anderen Situationen, das Maß aller Dinge.

Protokoll-Knigge:

Wenn es offiziell wird

Historischer Hintergrund und zeitgemäßer Umgang

Das Wort Protokoll hat unterschiedliche Bedeutung. In meinen Seminaren denken die Teilnehmer bei diesem Tagesordnungspunkt immer an das Protokollieren von Sitzungen und Besprechungen, d.h. an die schriftliche Aufzeichnung von gesprochenen Inhalten.

Offizielles Protokoll...

Das offizielle Protokoll hat aber eine ganz andere Bedeutung. Es geht auf die höfische Tradition früherer Adelsgesellschaften zurück. Dort war genau festgelegt, wer an der Tafel des Königs in dessen Nähe sitzen durfte und wer seinen Platz weiter weg einnehmen musste. Je wichtiger und bedeutender die Position, desto näher beim König durfte man Platz nehmen.

Protokolle entstehen also immer aus der Geschichte eines Landes. Die in Österreich auch heute noch gültigen Regeln zum Beispiel entstanden Anfang des 19. Jahrhunderts, während des Wiener Kongresses auf Vorschlag des österreichischen Staatskanzlers Fürst Metternich. Es war ein schriftlich festgelegtes Zeremoniell, das den offiziellen gesellschaftlichen Verkehr regelte. Es bietet auch heute noch die Grundlage dafür, dass öffentliche Auftritte reibungslos und vor allem ohne Debatten über besondere Rechte von einzelnen Personen über die Bühne gehen.

... ist eine Wissenschaft

In erster Linie wird das Protokoll im diplomatischen Umgang mit Repräsentanten verschiedener Staaten angewandt. Bundespräsident, Bundeskanzleramt und Außenministerium beschäftigen ganze Abteilungen damit, Staatsempfänge, Veranstaltungen mit offiziellen Vertretern anderer Staaten sowie Besuche ausländischer Gäste protokollarisch richtig abzuwickeln. Diese Arbeit ist äußerst verantwortungsvoll, denn Fehler im Protokoll können der Anlass für zwischenstaatliche Verstimmungen sein.

Staaten haben eine bestimmte Bedeutung zueinander, Personen, die diesen Staat repräsentieren, haben unterschiedliche Wichtigkeit, all das muss in eine nachvollziehbare Relation zueinander gesetzt werden, um die gegenseitige Bedeutung zu dokumentieren.

Deutsches und österreichisches Protokoll

Das offizielle Protokoll wird, zumindest in Österreich, gehütet wie ein nationales Heiligtum: Kaum einer, der nicht zum Kreis der Eingeweihten gehört, hat Zugang dazu.

Deutschland ist hier auskunftsfreudiger, das protokollarische Ordnungsprinzip der Bundesrepublik Deutschland wird im Gegensatz zu Österreich auch publiziert. Aber obwohl es genaue Vorgaben über die protokollarische Rangfolge von Persönlichkeiten gibt, wird jede praktische Anwendung separat, mit besonderer Feinfühligkeit und diplomatischer Umsicht behandelt. Obwohl es den Anschein haben mag, wird ganz und gar nicht nach einem immer gleichen Schema vorgegangen.

Sollten Sie wirklich einmal in die Lage kommen, streng nach Protokoll vorgehen zu müssen, empfehle ich Ihnen, Rat bei den Protokollabteilungen der Präsidentschaftskanzlei, des Bundesministeriums für Auswärtige Angelegenheiten oder des Bundeskanzleramtes einzuholen.

Wann müssen Gastgeber auf Protokollfragen achten?

Vielleicht fragen Sie sich, was Sie je mit Protokollfragen zu tun bekommen können. Im Rahmen Ihres Unternehmens werden Sie wohl tatsächlich selten in die Situation kommen, einen Staatsempfang organisieren zu müssen. Aber es kann durchaus sein, dass Sie bei Veranstaltungen mit offiziellem Charakter Ihr Unternehmen repräsentieren müssen, und dann gelten ebenfalls die aus dem diplomatischen Protokoll entstandenen Grundregeln.

Offizielle Repräsentanten

Protokollarische Rangordnungen müssen Sie immer dann beachten, wenn offizielle Repräsentanten eines Staates (wie z.B. Staatspräsidenten oder Botschafter), Vertreter des Bundes (wie z.B. Bundesminister, Staatssekretäre, Abgeordnete), eines Landes (Landeshauptleute oder Ministerpräsidenten) oder einer Gemeinde (Bürgermeister), sowie Vertreter der Kirche an Veranstaltungen teilnehmen. Sie müssen dann sowohl bei der Begrüßung von Ehrengästen sowie bei der Festlegung der Tischordnung Rücksicht auf das offizielle Protokoll nehmen.

Basiswissen genügt

Die Richtlinien des internationalen Protokolls sind eine Wissenschaft, und es bedarf diplomatischer Erfahrungen und Fingerspitzengefühls, um sie richtig anzuwenden. Einige Grundsätze können jedoch als Basiswissen dienen.

- Wenn Sie zwei gleichrangige Gäste, und zwar einen aus dem Inland und einen aus dem Ausland empfangen, ist der ausländische Gast höherrangig als der Inländer.
- Ein Mandatsträger, d.h. eine Person, die in ein Amt gewählt wurde, ist höherrangig als ein Amtsträger.
- Ein Vertreter des Bundes ist höherrangig als ein Vertreter eines Bundeslandes.
- Ein Vertreter eines Bundeslandes ist höherrangig als ein Vertreter einer Stadt.
- Vertreter der Justiz rangieren vor Vertretern der Kirche.
- Damen sind höherrangig als Herren.
- Altere Gäste sind höherrangig als jüngere Gäste, das kann sich auch auf das Dienstalter beziehen.
- Angehörige von fremden Institutionen sind höherrangig als die der eigenen Institution, sofern sie sich auf derselben Hierarchiestufe befinden.

Begrüßung von Ehrengästen

Wenn Repräsentanten des öffentlichen Lebens geladen sind, dann ist es ein Gebot der Höflichkeit, sie einzeln zu begrüßen. Die Reihenfolge der Begrüßung ist das Zeichen für die gesellschaftliche Bedeutung einer Person und muss deshalb genau beachtet werden. Wenn Sie eine offizielle Begrüßungsrede als Repräsentant Ihres Unternehmens halten, dann ist es Ihre Aufgabe, die Ehrengäste einzeln unter Rücksichtnahme auf ihren Rang zu begrüßen.

Bei nur wenigen offiziellen Gästen (d.h. wenn es nicht mehr als etwa fünf Personen sind), können Sie jeweils jeden einzeln unter Nennung des Namens und der Funktion begrüßen. Sind die Ehrengäste zahlreich, dann sollten Sie allerdings nur den oder die wichtigsten namentlich und die anderen als Gruppe begrüßen. Das ist besonders zu empfehlen bei Veranstaltungen mit einer großen Personenanzahl, weil man oft in der Menge nicht genau orten kann, wer wirklich da ist. Die Anmeldung zu einer Veranstaltung ist keine Garantie, dass der- oder diejenige wirklich erscheint. Und nichts ist peinlicher, als jemanden namentlich zu begrüßen, der vielleicht doch nicht anwesend ist.

Ein Beispiel

„Ich begrüße ganz herzlich Herrn Ministerpräsident (Namen), Herrn Bürgermeister (Namen), die Damen und Herren Gemeinderäte, die Vertreter der evangelischen und der katholischen Kirche sowie der jüdischen Gemeinde, die sehr geschätzten Vertreter von Verbänden und Vereinen sowie die Vertreter der Medien."

Wer spricht wann?

Begrüßungsreden

Wenn im Rahmen einer Veranstaltung Reden gehalten werden, dann müssen diese ebenfalls in der protokollarisch richtigen Reihenfolge stattfinden. Die erste Begrüßungsrede ist immer die Aufgabe des Gastgebers. Sie kann entweder mit Mikrofon in der Hand, Knopfmikrofon am Kragen oder von einem Rednerpult aus erfolgen. Ob Technik gebraucht wird, richtet sich immer nach der Anzahl der Gäste und dem Stimmvolumen der Redner. Bei einer Teilnehmerzahl von bis zu 50 Personen werden Sie ohne Mikrofon auskommen, darüber wahrscheinlich nicht. Machen Sie immer eine Sprechprobe, noch bevor die Gäste anwesend sind, Sie ersparen sich dadurch Peinlichkeiten.

Der Gastgeber heißt seine Gäste willkommen, stellt sich eventuell selbst vor, begrüßt Ehrengäste einzeln oder in Gruppen, sagt einige Worte über den Anlass des Treffens und gibt einen kurzen Überblick über den Ablauf der Veranstaltung.

Die Reihenfolge der weiteren Ansprachen ist vom Gastgeber so festzulegen, dass die ranghöheren vor den rangniedrigeren Personen sprechen. Den Schluss macht wieder der Gastgeber, der eventuell zu Tisch bittet.

Tischreden

Wenn der Gastgeber nicht schon beim Aperitif im Stehen einige Worte der Begrüßung an seine Gäste gerichtet hat, dann ist der Beginn des Essens der richtige Zeitpunkt dafür. Man erhebt sich vom Stuhl, wartet kurz, bis die Gäste ruhig sind, und beginnt mit der Begrüßung. Mit einem Besteckteil auf das zu Glas klopfen, um die Gäste auf den Redner aufmerksam zu machen, ist bei feinen Veranstaltungen nicht üblich. Blickkontakte genügen und wirken souveräner.

Eine Tischrede einer weiteren Person kann unmittelbar nach der Begrüßung durch den Gastgeber stattfinden. Das ist in der Regel die ranghöchste

Person an der Tafel. Wenn weitere Tischreden vorgesehen sind, ist der richtige Zeitpunkt zwischen dem Hauptgang und dem Dessert. Die Reihenfolge ist so zu wählen, dass die rangniedrigste Person als Letzte spricht.

Programm kommunizieren

Vergessen Sie als Gastgeber nicht, die Redner darüber zu informieren, wann sie drankommen. Und vergessen Sie auch nicht, dem Personal diesen Zeitplan mitzuteilen. Sowohl die Kellner als auch die Köche müssen über den Zeitpunkt und die ungefähre Dauer der Reden im Bilde sein. Vor den Reden müssen die Tische abgeräumt und frischer Wein nachgeschenkt werden, während der Ansprachen darf nicht serviert und natürlich auch nicht gegessen werden.

Achten Sie darauf, dass die Ansprachen nicht zu lange sind. Als Gastgeber und Verantwortlicher für den Ablauf haben Sie das Recht, eine bestimmte Zeit vorzugeben. Wenn Sie das mit höflichen Worten tun, wird das jeder Redner akzeptieren. Bedenken Sie auch, dass Ihre Gäste wahrscheinlich hungrig sind und mit vollem Magen aufmerksamer sein werden als mit leerem. Die Reden, bevor serviert wird, sollen daher besonders kurz sein.

Keine Damenreden bitte

Früher waren so genannte „Damenreden" üblich. Dabei hat ein männlicher Gast eine Rede auf die anwesenden Damen gehalten. Diese total antiquierte Art der Huldigung hört man auch heutzutage noch manchmal bei Veranstaltungen von elitären Männerclubs. Wenn Frauen etwas zu sagen haben, ergreifen sie selbst das Wort, sie brauchen niemanden, der für sie spricht.

Sitzordnungen bei Tisch

Bei feierlichen Anlässen sind Sitzordnungen üblich. Wenn Persönlichkeiten des öffentlichen Lebens dem Essen beiwohnen, gelten dabei protokollarische Regeln. Sinn und Zweck dieser Tischordnung ist es, anhand der Gästeliste jeden Gast in einen hierarchischen Zusammenhang mit den übrigen Gästen zu bringen.

Aber auch bei Veranstaltungen, an denen keine Persönlichkeiten des öffentlichen Lebens teilnehmen, ist eine Sitzordnung empfehlenswert, insbesondere wenn viele Gäste erwartet werden. Eine geschickte Tischordnung trägt viel zum Gelingen einer Veranstaltung bei. Wenn es mehrere Tische gibt, ist es auch möglich, nur den Ehrentisch zu regeln und ansonsten freie Platzwahl zuzulassen. Als Gastgeber haben Sie dann natürlich die Aufgabe, die Gäste, die an der Ehrentafel sitzen, davon zu informieren.

Eine weitere Möglichkeit ist, den Gästen nur einen bestimmten Tisch zuzuweisen, ihnen aber die Platzwahl an diesem Tisch freizustellen.

Das ist wichtig bei Sitzordnungen

- Der Gastgeber sitzt immer mit den wichtigsten Personen an einem Tisch, die Ehrengäste bzw. die ranghöchsten Gäste werden immer in unmittelbarer Nähe des Gastgebers platziert. Wenn Persönlichkeiten des öffentlichen Lebens teilnehmen, richtet man sich beim Rang nach dem internationalen Protokoll.
- Ob der wichtigste Ehrengast links oder rechts von den Gastgebern platziert wird, das ist von Fall zu Fall unterschiedlich. Nach internationalem Protokoll sitzt der wichtigste weibliche Gast rechts vom Gastgeber – er ist also ihr Tischherr. Der wichtigste männliche Gast sitzt an der linken Seite der Gastgeberin.
- Wenn möglich und vor allem im gesellschaftlichen Rahmen werden Damen und Herren abwechselnd gesetzt.
- Partner sitzen üblicherweise am selben Tisch, aber nicht nebeneinander, sondern getrennt. Der oder die jeweilige Partner/in steht im selben Rang wie die geladene Person. Die Gastgeberin kann entweder mit ihrem Partner am selben Tisch sitzen oder den Vorsitz an einem anderen Tisch einnehmen.
- Die Tischordnung soll Rücksicht auf wirtschaftliche Interessen von Unternehmungen nehmen. Es sind schon viele Geschäfte aufgrund von geschickt ausgearbeiteten Tischordnungen entstanden.
- Verteilen Sie eventuelle „Stimmungskanonen" auf mehrere Tische. Achten Sie darauf, dass schüchterne und wenig gewandte Menschen nicht zusammensitzen.
- Achten Sie auf Sprachkenntnisse. Vergessen Sie nicht, allfällige Dolmetscher vernünftig zwischen Gästen verschiedener Muttersprache zu platzieren.
- Bei einer Anzahl von höchstens 30 Personen kann man eine einzige Tafel vorsehen. Bei einer größeren Personenanzahl wählt man am besten runde Tische mit maximal sechs bis acht Plätzen. Das ist die beste Größe für eine vernünftige Kommunikation. Sie können auch eine größere Ehrentafel und kleinere runde Tische für die anderen Gäste vorsehen.

- Bei geschäftlichen Essen ist darauf zu achten, dass an Einzeltischen mindestens ein Vertreter des gastgebenden Unternehmens sitzt. Auch an Tafeln sollen immer genügend Vertreter des Gastgeber-Unternehmens zwischen den Gästen sitzen.

Sitzordnungen bei Veranstaltungen

Nehmen Persönlichkeiten des öffentlichen Lebens an Veranstaltungen teil, so muss es ebenfalls eine Sitzordnung geben. Für diese Personen sind Plätze in den ersten Reihen freizuhalten. Bei hochoffiziellen Veranstaltungen gelten die Regeln des internationalen Protokolls. Der beste Platz für den wichtigsten Gast ist nah beim Rednerpult. Er sitzt immer rechts vom Gastgeber und möglichst in der Mitte vor der Bühne.

Die reservierten Plätze müssen gekennzeichnet werden, entweder mit einem neutralen „Reserviert"-Schild oder mit dem Namen des Gastes. Achten Sie darauf, dass genügend Mitarbeiter anwesend sind, um die Ehrengäste zu ihren Plätzen zu führen.

Reservieren sie nicht mehr Plätze als notwendig. Besonders wenn fotografiert oder gefilmt wird, können freie Plätze in den ersten Reihen als mangelndes Besucherinteresse ausgelegt werden.

Das Placement – wie finde ich mich zurecht?

Wahrscheinlich werden Sie öfter in die Situation kommen, zu einem Essen mit Tischordnung eingeladen zu sein, als selbst eine Tischordnung erstellen zu müssen. So finden Sie schnell und sicher den für Sie vorgesehen Platz:

- In kleineren Gesellschaften und vor allem im privaten Kreis wird Ihnen der Gastgeber oder die Gastgeberin Ihren Platz an der Tafel zeigen. Auf einem kleinen Kärtchen, der so genannten Tischkarte, steht Ihr Name, in der Regel nur Ihr Vor- und Nachname, ohne Titel. Geschulte Gastgeber sorgen dafür, dass der Name auch auf der Rückseite der Karte steht, so dass Ihr Gegenüber weiß, mit wem er es zu tun hat. Auch Sie sehen dann, wer Ihnen gegenüber sitzt, und das ist angenehm für eine Konversation.
- Bei größeren Gesellschaften liegt beim Eingang des Saales oft ein so genanntes „Placement" auf. Das ist nichts anderes als ein Lageplan. Ein Blick darauf lässt Sie Ihren Platz leicht finden. Meist steht ein Vertreter

des Gastgebers, ein Protokollchef oder jemand vom Service dabei, der behilflich ist.

- Bei besonders großen Gesellschaften gibt es einen Aushang mit einer alphabetisch geordneten Gästeliste. Neben Ihrem Namen steht dann die Nummer des Tisches oder die Tischbezeichnung. (Viel eleganter als die Tische mit Nummern zu versehen ist, ihnen hübsche Namen zu geben, z.B. den Namen von Blumen, von Städten, oder Ähnliches.) Eine Zeichnung mit der Tischanordnung innerhalb des Saales, die daneben angebracht ist, lässt Sie Ihren Platz dann ebenfalls leicht finden.
- Es ist ein Gebot der Höflichkeit, dass Herren zuerst ihre Partnerin zu ihrem Platz führen und erst dann ihren Sitz einnehmen. Warten Sie, bevor sie sich setzen, bis ihre Tischnachbarn eingetroffen sind, um sich mit ihnen bekannt zu machen.

Außer Programm

Es war Mitte der neunziger Jahre. Von langer Hand hatte ich eine Buchpräsentation vorbereitet. Jacques Santer sollte sein Buch „Europa neu" in Wien vorstellen.

Die Gunst des Augenblicks kommt den Veranstaltern zu Hilfe: Österreich tritt 1995 der Europäischen Union bei, Jacques Santer wird Präsident der Europäischen Kommission und ist tatsächlich bereit, dem neuen Mitgliedsland seinen ersten Besuch in dieser neuen Funktion abzustatten und gleichzeitig sein Buch zu präsentieren. Allerdings nicht als Gast der Präsidentschaftskanzlei, des Bundeskanzleramtes oder des Außenministeriums, sondern, wie vereinbart, als Privatmann und auf Einladung der Bank Austria und des Ueberreuter Verlages. Die Herzen der Veranstalter lachten.

Obwohl auf Privatbesuch, wird Santer entsprechend seinem Rang wie ein hoher offizieller Gast der Republik Österreich empfangen. Ankunft in Wien Schwechat. Empfang im VIP-Sondergastraum. Security, wohin man schaut. In finstrer Nacht rasen wir durch Wien. Keine roten Ampeln, keine Staus, gesperrte Straßen. Polizeieskorte auf Motorrädern, Blaulicht, der Wagen des Gastes und die Autos seiner Entourage. Im letzten Wagen Oskar Mennel, Chef des Ueberreuter Wirtschaftsverlages, und ich, dahinter wieder Polizei. Wie in einem Film. Das Programm beginnt abzulaufen: Als allererstes in den ORF zu einem Nachrichten-Interview. Dann mit Blaulicht ins Hotel.

Am nächsten Tag der große Festvortrag in der Wiener Hofburg. Vorher Empfang bei Bundespräsident und Bundeskanzler sowie Journalistengespräche. Mittags ein Essen für ausgewählte Kunden auf Einladung der Bank. Alles funktioniert wie am Schnürchen. Staatspolizei ist immer und überall dabei.

Gleich nach dem Mittagessen ist der Weiterflug geplant. Dazwischen ergibt sich eine kleine Pause, und völlig außerhalb des Programmes schlage ich vor, diese für einen Besuch des Bank-Austria-Kunstforums zu nützen. Santer sagt erfreut zu und möchte gern zu Fuß dorthin gehen. Auch ein Präsident will sich mal die Füße vertreten. Was ich in diesem Moment natürlich nicht bedenke, ist, dass durch die ungeplante Aktion der gesamte Routenplan der Polizeieskorte durcheinander kommt. Doch die Beamten schalten schnell. Wir spazieren vom Stephansplatz auf die Freyung, machen einen kleinen Rundgang durch das Kunstforum und werden draußen prompt wieder von der Polizeieskorte auf Motorrädern empfangen. Blitzschnell wurde der Einsatzplan geändert und unser Gast problemlos durch abgeriegelte Straßen zum Flugplatz gebracht.

Und die Moral von der Geschicht'? Ein bisschen Flexibilität ist auch bei Super-VIPs drinnen. Unbürokratische Beamte haben das ermöglicht. Und zufriedene Veranstalter, die auch einmal mit Blaulicht durch Wiens Straßen fahren durften.

Die wichtigsten Regeln

- Das Protokoll regelt den offiziellen gesellschaftlichen Verkehr und bietet die Basis dafür, dass öffentliche Auftritte reibungslos und vor allem ohne Debatten über besondere Rechte einzelner Personen über die Bühne gehen.
- Gastgeber müssen protokollarische Rangordnungen immer dann beachten, wenn offizielle Repräsentanten eines Staates, Vertreter des Bundes, der Länder, der Gemeinden oder der Kirche teilnehmen.
- Die Einhaltung der richtigen Reihenfolge ist wichtig bei der Begrüßung von Ehrengästen und bei der Tischordnung.
- Sitzordnungen bei Tisch sind bei einer größeren Gästezahl, d.h. bei mehr als sechs Personen, auch dann empfehlenswert, wenn keine offiziellen Gäste geladen sind.
- Wenn Sie Gast sind, akzeptieren Sie den Platz, den der Gastgeber für Sie vorgesehen hat, und vertauschen Sie niemals die Tischkarten.

Ausland-Knigge:

Gäste aus fremden Ländern

Das globale „Multi-Kulti-Dorf“

Durch die Globalisierung und weltweiten Firmenfusionen nimmt die Intensität der internationalen Wirtschaftskontakte ständig zu. Firmen haben laufend mit ausländischen Geschäftspartnern zu tun, Besuche im Ausland sowie der Empfang von ausländischen Gästen im Inland stehen an der Tagesordnung. In vielen Unternehmen arbeiten schon längst internationale Teams. Die Welt ist klein geworden.

Das moderne Wirtschaftsleben spielt sich im „globalen Dorf“ ab. Handels- und Konsumgewohnheiten gleichen sich an, die Kleidung der Führungskräfte ist weltweit ähnlich konservativ. Man sollte meinen, dass Manager aus aller Welt westliche Standards annehmen. Doch in ihren persönlichen Kontakten sind die Menschen nach wie vor stark von ihrer kulturellen Herkunft geprägt. Trotz Globalisierung gibt es immer noch ein breites Spektrum von Verhaltensunterschieden im Alltag und im Geschäftsleben.

Wettbewerbsvorteil Basiswissen

Die Bedeutung der interkulturellen Kompetenz im Geschäftsleben nimmt ständig zu. Die Kenntnis von kulturellen Unterschieden ist in jedem Fall ein Wettbewerbsvorteil gegenüber unkundigen Mitbewerbern. Ignoranz hingegen kann die schönste Geschäftsmöglichkeit zunichte machen oder zumindest zu Verstimmungen oder Verzögerungen im Verhandlungsablauf führen.

Patentrezepte für den Umgang mit ausländischen Gästen gibt es nicht. Aber es ist jedenfalls hilfreich, sich einige Basiskenntnisse anzueignen und vor allem ein Gespür für die jeweilige Nation zu entwickeln und zu lernen, Situationen individuell zu beurteilen.

Klischees

Der typische Italiener ist sehr extrovertiert, emotional und äußerst romantisch.

Jeder Franzose ist ein Chauvi, neigt zur Arroganz, isst besonders gerne und weigert sich, fremde Sprachen zu sprechen.

Und alle Amerikaner sind selbstbewusst, sehr freundlich, etwas laut und rasch ungeduldig, wenn etwas nicht so läuft, wie sie es erwarten. Außerdem können sie keine Fremdsprachen und haben keinen blassen Schimmer von Geographie. Austria verwechseln sie grundsätzlich mit Australia.

Auch Orientalen sind uns nicht fremd. Von unserem letzten Urlaub in den Emiraten wissen wir, dass sie zwar äußerst höflich, aber etwas undurchschaubar sind. Auf Familie legen sie großen Wert, denn das Hotelpersonal erzählt sofort bei näherem Kontakt von den zahlreichen Kindern. Ein bisschen unverlässlich sind sie, das weiß man doch.

Sensibilität erforderlich

So einfach dürfen wir es uns aber nicht machen. Dergleichen Pseudokenntnisse und Einschätzungen von fremden Nationen stimmen meist nicht einmal im Ansatz und sind nichts anderes als Klischees. Bei näherem Umgang mit anderen Nationen werden wir feststellen, dass alles vielschichtiger und komplizierter ist und dass wir eine große Sensibilität entwickeln müssen, um uns individuell auf den Umgang mit ausländischen Gästen einzustellen.

Wissen und genaue Vorbereitung

Wenn Sie aus beruflichen Gründen ein fremdes Land bereisen, dann ist es sinnvoll, wenn Sie sich vorher im Detail mit den dortigen Gegebenheiten beschäftigen. Bereiten Sie sich genauestens auf den Besuch vor und studieren Sie Land und Leute, Geschichte und die Eigenheiten der Bewohner. Reden Sie mit Menschen, die sich auskennen, halten Sie Kontakt mit den zuständigen Handelskammern, beschaffen Sie sich eventuell bei den diplomatischen Vertretungen Unterlagen und Material. Aber unabhängig von den kulturellen Differenzen, die Sie nach und nach kennen lernen werden, können Sie sich an folgende Regeln halten.

Die Grundregeln

- Als Geschäftsmann oder Geschäftsfrau ist es empfehlenswert, die eigene kulturelle Identität zu bewahren.
- Wenn Sie ein fremdes Land besuchen, akzeptieren und achten Sie die dortigen Gebräuche. Umgekehrt gilt das natürlich ebenso. Wenn Sie ausländische Gäste empfangen, dann zählen in erster Linie Ihre vertrauten inländischen Gebräuche und Sitten.
- Von Verkäufern wird grundsätzlich höhere Anpassungsfähigkeit verlangt als von Käufern. Der „Kunde ist König", das zählt natürlich ganz besonders im Umgang mit fremden Staaten. Käufer sind daher in den meisten Fällen in der komfortableren Situation.
- Die wichtigste Eigenschaft jedes Menschen im Umgang mit ausländischen Partnern ist Geduld und Toleranz und Höflichkeit. Freundlichkeit und Lächeln wird weltweit verstanden.
- Außerdem sollten Sie immer einige wenige Worte in der jeweiligen Landessprache beherrschen. Die Floskeln „guten Tag", „bitte", „danke" und „auf Wiedersehen" sind eine geschätzte Geste und kommen immer gut an.

Bunte Vielfalt

Im Umgang mit ausländischen Geschäftspartnern auf gewisse Eigenheiten zu achten kann sich förderlich auf die Geschäftsbeziehungen auswirken. Peter Schnitt hat in „Cross-Cultural Communication. Geschäftsverhandlungen mit fremden Kulturen" einige solcher typischen Eigenschaften herausgearbeitet:

Die Einstellung gegenüber Fremden

Abschlussorientierte Länder

In manchen Ländern agiert man rein sachbezogen. Man denkt in erster Linie an Sinn und Zweck des jeweiligen Geschäftes. Wer derjenige ist, der das Geschäft bringt, ist unwesentlich. Es geht um die Sache selbst. Geschäftsanbahnungen sind daher auch ohne Umwege und Beziehungen möglich. Zu diesen „abschlussorientierten" Ländern zählen die USA, Kanada, Nordeuropa, Australien und Neuseeland. Süd- und Mitteleuropa sowie Hongkong und Singapur nehmen eine Zwischenstellung ein. Sie zählen zwar tendenziell auch zu den abschlussorientierten Ländern, doch wenn man Beziehungen hat, kann das nicht schaden.

Beziehungsorientierte Länder

Und dann gibt es Länder, in denen die Geschäfte vornehmlich über Freunde, Verwandte und Bekannte, diverse Netzwerke und sonstige Beziehungen laufen. Um in Kontakt zu kommen, ist es notwendig, dass man vorgestellt und „eingeführt" wird. Jeder Geschäftsbeziehung geht eine längere Einführungsphase voraus. Erst wenn diese Hürde geschafft ist, ist man akzeptiert. Zu diesen „beziehungsorientierten" Ländern zählen z.B. die arabischen Länder, Afrika, Lateinamerika sowie der asiatisch-pazifische Raum und insbesondere Russland.

Hierarchie und Status

Formelle Länder

Es gibt Länder, in denen Hierarchien klar definiert sind und eine große Rolle spielen. Dort gibt es deutliche Unterschiede hinsichtlich Status und Macht. Verschiedene Kriterien können da eine Rolle spielen, wie z.B. auch das Lebensalter in vielen asiatischen Ländern. Besonders wichtig und ausgeprägt aber ist die Bedeutung der Position innerhalb des Unternehmens. In einigen Ländern genießen z.B. Regierungsbeamte besonders große Wertschätzung. Zu diesen formellen Ländern zählt der Großteil Asiens, die arabische Welt, Lateinamerika und mit Ausnahme von Dänemark und Norwegen fast ganz Europa.

Informelle Länder

In eher informellen Ländern gilt Gleichberechtigung, und es wird kein besonderer Wert auf die Einhaltung der Etikette gehalten. Die Vereinigten Staaten von Amerika, Australien und Kanada zählen dazu. Auch Neuseeland, Dänemark und Norwegen sind eher den informellen Ländern zuzuordnen.

Faktor Zeit

Der Umgang mit der Zeit und das Gefühl für die Bedeutung von Terminen sind ein weiteres wesentliches Unterscheidungsmerkmal für die Menschen verschiedener Nationen. Schon innerhalb Europas gibt es einen deutlichen Unterschied zwischen Menschen des Nordens und des Südens.

Monochrome Länder

Nordeuropäer, Deutsche, Schweizer und Österreicher, Amerikaner, Kanadier und Japaner und bis zu einem gewissen Grad auch Australier und Neuseeländer haben ein ausgeprägtes Zeitbewusstsein.

Polychrome Länder

In arabischen und afrikanischen Ländern, aber auch in Lateinamerika gehen die Uhren anders. Auch Südeuropäer, vor allem Italiener, tendieren dazu, den Umgang mit der Zeit etwas lockerer zu gestalten. Vereinbarte Termine müssen nicht immer halten. Vielleicht finden sie statt, nur etwas später, eventuell auch erst am nächsten Tag. Nehmen Sie es nicht persönlich, wenn man Sie versetzt, schon gar nicht als absichtlichen Affront: Es ist eine kulturelle Eigenart.

Temperamentbündel oder stilles Wasser?

Expressive Länder

Menschen expressiver Nationen – ihre Heimat ist vor allem der Mittelmeerraum und Lateinamerika – verhandeln lautstark, temperamentvoll und mit starker Gestik. Man fällt sich gegenseitig ins Wort, manchmal ist der Redefluss anders auch gar nicht zu bremsen. Inmitten der Verhandlungen kommt man vom Thema ab und rückt dem Gesprächspartner auch körperlich auf die Pelle. Man berührt ihn am Arm, klopft ihm auf die Schulter, umarmt ihn, stößt ihn mit den Ellenbogen an. Blickkontakt ist wichtig. Etwas gemäßigter, aber immer noch ziemlich temperamentvoll können Geschäftspartner aus den Vereinigten Staaten, Kanada und Australien, Neuseeland, Südasien und Osteuropa sein.

Reservierte Länder

Vertreter reservierter Nationen verhandeln leise und zurückhaltend, ihre Sprache klingt eher monoton, sie machen Pausen zwischen den Sätzen, sie überlegen genau, was sie sagen, ein klares Nein gibt es selten. Sie schätzen reibungslosen Kontakt und sind ziemlich harmoniebedürftig. Sie legen Wert darauf, dass körperliche Distanzzonen eingehalten werden, ihre Gestik ist zurückhaltend. Die Menschen nordeuropäischer Staaten, Großbritanniens, Ost- und Südostasiens, vor allem Thailands, gehören dazu.

Basiskenntnisse und mögliche Fettnäpfe

Tiefere Kenntnis des jeweiligen Landes hat wahrscheinlich nur derjenige, der längere Zeit dort gelebt hat. Deshalb möchte ich Sie hier nur auf einige grundlegende Dinge aufmerksam machen und Sie damit davor bewahren, ins Fettnäpfchen zu treten.

Vor- und Nachnamen

Amerikaner sprechen Sie meist sofort mit dem Vornamen an. Das hat nichts zu bedeuten und signalisiert absolut keine Vertrautheit. Wenn Sie so angesprochen werden, verwenden Sie ebenfalls den Vornamen, machen Sie aber niemals den ersten Schritt.

In spanischsprachigen Ländern sind Doppelnamen üblich, die aus dem Namen des Vaters und dem Namen der Mutter bestehen. In der Regel steht der Name des Vaters an erster Stelle. Herr Carlos Mendoza-Carreras wird daher mit Señor Mendoza angesprochen.

In portugiesischsprachigen Ländern steht hingegen der Name der Mutter meist an erster Stelle, hier wird also der zweite Name für die Anrede verwendet. In Brasilien z.B. wäre Herr Carlos Mendoza-Carreras Señor Carreras.

Bei Chinesen wird der Familienname meist als erster genannt, vor dem Vornamen. Herr Lo Win Hai ist daher Mr. Lo. Manche Taiwan-Chinesen wurden in Missionsschulen ausgebildet und haben einen christlichen Vornamen, der auch als erster steht. Tommy Lo Win wäre dann ebenfalls Mr. Lo.

Als Reverenz an die europäische Kultur lassen aber viele Asiaten bereits ihren Vornamen an erster Stelle auf ihre Visitenkarten drucken. Daher sollten Sie, wenn etwas nicht ganz eindeutig ist, immer höflich nachfragen, welcher der Familienname ist.

Visitenkartenritual

Eine ganz besondere Bedeutung kommt der Übergabe von Visitenkarten bei Japanern zu. Beim Ritual des „Meishi“ wird die Karte stets mit beiden Händen und einer leichten Verbeugung überreicht und entgegengenommen. Sie sollten die Visitenkarte einige Sekunden respektvoll betrachten und während des Gespräches an prominenter Stelle hinlegen.

Unreine Hand

Unter Moslems, Hindus und Buddhisten in Asien, Afrika und im Mittleren Osten gilt die linke Hand als unrein. Daher sollten Sie Visitenkarten und Geschenke niemals mit der linken Hand übergeben oder entgegennehmen, auch wenn Sie Linkshänder sind.

Schuhe und Schuhsohlen

Schuhe sind ein heikles Kapitel. In Japan zieht man die Schuhe zu Hause und im Restaurant aus.

In allen arabischen Ländern gelten Schuhsohlen als unrein. Man darf daher in keinem Fall dem Gast die Schuhsohlen entgegenstrecken, sondern muss die Füße auf dem Boden lassen. Daher sollten Sie niemals die Beine übereinanderschlagen oder ausstrecken. Das wird als extreme Missachtung gedeutet.

Geschäftsgespräche

Ein Brite wird es Ihnen übel nehmen, wenn Sie ihn abends in ein Restaurant einladen und mit ihm über geschäftliche Dinge sprechen wollen. In Großbritannien gilt die Devise „Keine Geschäftsgespräche am Abend".

In Japan hingegen gibt es keine Unterscheidung zwischen Geschäftstag und Geschäftsnacht, es kann immer und überall über Berufliches gesprochen werden. Eine Ausnahme ist das erste Zusammentreffen nach dem Austausch von Visitenkarten, da sollte man noch vorsichtig sein, bevor man zur Sache kommt.

Im asiatischen Kulturraum zählt die Gruppe vor dem Individuum. Daher kann es zu besonders langwierigen Entscheidungsfindungen kommen, weil alle Interessen und Meinungen der Gruppe ausgelotet werden müssen. Das erfordert meist große Geduld von Mitteleuropäern.

Speiserituale

Ganz wichtig für Sie als Gastgeber ist die Beachtung der Speiserituale. Moslems essen niemals Schweinefleisch, praktizierende Moslems trinken in der Regel keinen Alkohol. Hindus essen weder Rind- noch Schweinefleisch, Japaner und Chinesen verabscheuen Milchprodukte.

Wenn Sie orthodoxe Juden als Gäste haben, dürfen Sie nur koscheres

Essen, das sind nach besonderen Vorschriften zubereitete Speisen, servieren.

Begrüßung

Während in unseren Breiten das Händeschütteln bei jedem Treffen, sowohl bei der Begrüßung als auch bei der Verabschiedung üblich ist, können die Amerikaner mit dieser Sitte wenig anfangen. Man gibt sich die Hand höchstens dann, wenn man sich zum ersten Mal trifft oder wenn man sich schon sehr lange nicht gesehen hat. Wenn Ihnen amerikanische Geschäftspartner daher nicht die Hand reichen, ist das keine Missachtung, sondern einfach nur ein kultureller Unterschied.

Japaner sind Händeschütteln in den meisten Fällen ebenfalls nicht gewohnt, meistens machen sie nur eine Verbeugung bei der Begrüßung. In gemäßigter Form können Sie das ebenfalls tun.

Der begleitenden Ehefrau des chinesischen Geschäftspartners sollten Sie niemals die Hand reichen, denn das wäre eine unzumutbare Berührung. Eine Verbeugung in Richtung der Dame ist eine angebrachte Begrüßung. Asiaten scheuen grundsätzlich körperliche Berührungen mehr als Menschen aus westlichen Kulturkreisen.

Russen pflegen bei der Begrüßung nicht zu lächeln. Das ist keine Unfreundlichkeit, sondern eine kulturelle Eigenart, mit der sie die Bedeutung einer Begegnung unterstreichen.

Geschenke

Während Geschenke in Europa, Nordamerika und Australien eine eher nebensächliche Rolle spielen, haben sie in anderen Ländern höchste Priorität.

Besonderen Symbolcharakter haben Geschenke bei Japanern. Da zählt auch eine möglichst aufwändige Verpackung. Außerdem ist es besonders wichtig, Geschenke für die Gesprächsteilnehmer je nach deren hierarchischer Stellung auszuwählen. Äußerst aufgeschlossen für Geschenke sind auch Gäste aus dem Nahen und Mittleren Osten, Ostasien und Lateinamerika.

Übrigens schätzen Besucher aus nordeuropäischen Ländern eine Flasche Cognac oder Whiskey als Gastgeschenk, da Alkohol, bedingt durch hohe Steuern, in ihrer Heimat extrem teuer ist.

Geschenke werden üblicherweise nicht in Anwesenheit des Schenkenden geöffnet. Die Überreichung erfolgt erst am Ende der Besprechung oder des Besuches. Präsente sollten immer mit beiden Händen entgegengenommen werden. Bei Menschen, in deren Religion die linke Hand als unrein gilt, berührt man mit seiner linken Hand die rechten Ellenbeuge.

Bekleidung

In manchen Ländern ist die Geschäftsbekleidung konservativer als hier zu Lande. Vor allem in den Vereinigten Staaten und dort vor allem in großen Unternehmen an der Ostküste trägt man immer Anzug mit Krawatte und keinesfalls eine Kombination. Damen schreibt der Dresscode ein einfarbiges Kostüm, ein Kleid oder einen Hosenanzug, geschlossene Schuhe und Strümpfe vor.

Japaner lieben äußerste Dezenz bei der Geschäftskleidung und vor allem graue Anzüge. Wählen Sie beim Besuch von japanischen Gästen ebenfalls sehr gedämpfte Farben, besonders was die Krawatte anlangt. Schrille Muster und grelle Farben könnten Ihre Gäste brüskieren.

Gesprächsdisziplin

Bei ungarischen Geschäftspartnern kann es vorkommen, dass sich während der Verhandlungen einige Teilnehmer miteinander unterhalten. Das hat nichts zu bedeuten, sondern ist in Ungarn Usus.

Menschen nordischer Nationen hingegen, wie Finnen, Dänen und Schweden, gelten als besonders disziplinierte Zuhörer. Sie werden nie jemanden unterbrechen.

Selbst wenn man glaubt, eine Sprache perfekt zu beherrschen, kommt es immer wieder vor, dass man von Gesprächen ausländischer Gäste untereinander so gut wie nichts mitbekommt. Man kann dies als verschlüsselte Kommunikation interpretieren.

Kleine Aufmerksamkeiten

Es liegt in Ihrer Hand, den Aufenthalt für ausländische Geschäftspartner so angenehm wie möglich zu gestalten. Je mehr Sie sich um sie kümmern, je mehr Sie ihnen den Eindruck vermitteln, dass Sie Wert auf ihr Wohlbefinden legen, desto angenehmer werden auch die geschäftlichen Gespräche laufen.

Transport vom und zum Flughafen

Es sollte eine Selbstverständlichkeit sein, dass Sie dem Gast anbieten, ihn vom Flughafen abzuholen. Sie können das persönlich tun oder an gut geschulte Mitarbeiter delegieren.

Sie holen ab

Wenn Sie selbst Ihren Gast vom Flughafen abholen, bietet die Fahrt ins Hotel eine gute Gelegenheit für die ersten Gespräche – anbieten sollten Sie diesen Dienst auf jeden Fall. Wenn Sie aber den Eindruck haben, er möchte lieber allein zum Hotel fahren, dann sollten Sie diesen Wunsch natürlich akzeptieren.

Achten Sie darauf, mit welchem Auto der Gast abgeholt wird. Japaner legen z.B. besonderen Wert darauf, in einem Mercedes zu fahren. Eine andere Automarke kann leicht als Diskriminierung empfunden werden und zu Missstimmungen führen.

Wenn Sie selbst das Auto fahren, dann sitzt der Gast auf dem Beifahrersitz. Wenn Sie einen Chauffeur haben, dann sitzen Sie hinter dem Fahrer, der Gast neben ihnen.

Chauffeur holt ab

Wenn es Ihre Zeit nicht zulässt, können Sie natürlich auch einen Wagen mit Chauffeur zum Flughafen schicken, der den Gast nach der Gepäckübernahme in Empfang nimmt. Es ist anzuraten, dass der Fahrer ein Schild mit dem Namen des Gastes in die Höhe hält. Die meisten Menschen schätzen es, wenn sie nicht erst ein Taxi suchen müssen und wenn ihnen das Gepäck abgenommen wird. Das Ausrufen des Namens durch das Flughafenpersonal sollte man vermeiden, erstens sind die Ansagen oft schwer zu verstehen, zweitens hat das Ausrufen immer etwas von Notfall an sich.

Personen, die Gäste abholen, sollten eine gewisse Feinfühligkeit dafür haben, inwieweit sie den Gast in ein Gespräch verwickeln sollen. Manchmal sind Gäste dankbar für einige Informationen, wie z.B. die Länge der Route oder einige Besonderheiten auf der Strecke, manchmal wollen sie sich nach der Reise und vor den ersten Terminen bloß ein bisschen ausruhen.

Besondere Annehmlichkeiten

Für besonders wichtige Gäste steht auf internationalen Flughäfen ein VIP-Bereich zur Verfügung. Der Gast wird direkt vom Flugzeug in einen Extra-Raum geführt, die Pass- und Gepäckformalitäten werden vom Flugpersonal für ihn erledigt. In der Zwischenzeit kann er schon die ersten Gespräche führen oder eine Erfrischung zu sich nehmen. Diese VIP-Abholung muss selbstverständlich eigens gebucht und bezahlt werden.

Empfang im Hotel

Selbstverständlich haben Sie ein Hotelzimmer für Ihren Gast reserviert. Wenn es sich um einen sehr wichtigen Gast handelt, sollten Sie eventuell das Zimmer oder die Suite zuerst besichtigen. Laute Zimmer und mangelnder Komfort fallen auf Sie als Gastgeber zurück und wirken sich unangenehm aus. Schicken Sie Ihrem Gast immer schon vorweg ein Hotelprospekt, er wird diese Geste sehr schätzen.

Es ist empfehlenswert, die Unterbringung von Gästen auf einige wenige Hotels der Stadt, deren Zimmer man bereits besichtigt hat, zu beschränken. Manche internationale Hotels haben sogenannte „Executive Floors", das sind separate Bereiche, die auf besondere Bedürfnisse von Geschäftsreisenden eingehen. Es liegen die internationalen Wirtschaftszeitungen auf, es gibt Internetanschlüsse in den Zimmern sowie Fax- und Kopiergeräte in der Nähe. Meist gibt es auch Besprechungszimmer, die von den Gästen benutzt werden können.

Legen Sie dem Gast einen kleinen Willkommensgruß ins Zimmer. Das kann ein Begrüßungsbrief Ihrer Firma sein, Stadtpläne, diverses Informationsmaterial über Veranstaltungen, ein Buch oder eine sonstige kleine Aufmerksamkeit. Kleine Geschenke zur Begrüßung sind immer ein Zeichen besonderer Wertschätzung.

Abholung im Firmengebäude

Wenn der Gast mit dem Auto kommt, sollte es selbstverständlich sein, dass Sie ihn vom Eingang selbst abholen oder abholen lassen. Es wäre eine grobe Unhöflichkeit, einem ausländischen Gast diese Aufmerksamkeit nicht angedeihen zu lassen.

Hotelrechnung

Klären Sie im Vorhinein, wer die Hotelrechnung übernimmt. Wenn Ihre Firma das tut, dann legen Sie fest, ob nur der Betrag für die Übernachtung und das Frühstück übernommen wird oder auch sämtliche Extras, wie Restaurantrechnungen, Barbesuche, Telefonkosten ins Ausland etc. Informieren Sie sowohl den Gast als auch das Hotelpersonal darüber. Üblicherweise weist das Personal an der Rezeption noch einmal darauf hin, wer für welche Kosten aufkommt, sodass es bei der Abrechnung zu keinen Unstimmigkeiten kommt.

Ich empfehle Ihnen aus gutem Grund, die Kostenübernahme schon vorab zu klären. Ich erinnere mich noch gut an einen Gast aus Hongkong, der in Begleitung seiner Frau eine Nacht in einem exquisiten Wiener Hotel verbrachte. Die Rechnung in der Höhe von 4.500 Euro (wohlgemerkt für eine Nacht) inkludierte u.a. Friseure, die man ins Hotel bestellte, Beträge für Wäscherei und Kleiderreinigung (anscheinend befand man sich vorher auf einer Weltreise und hat den Wien-Aufenthalt dazu benutzt, die gesamte Garderobe wieder in Ordnung zu bringen), Blumengrüße in alle Welt sowie umfangreiche Barrechnungen. Außerdem war der Rechnung noch ein stattliches Trinkgeld hinzugefügt worden. Was hätten wir tun sollen, als zähneknirschend zu bezahlen?

Rahmenprogramm

Fragen Sie Ihre Gäste immer, ob Sie Vorschläge für ein Rahmenprogramm wünschen. Vielleicht wollen sie ein Theater, ein Konzert oder die Oper besuchen, vielleicht interessiert eine bestimmte Ausstellung, vielleicht schließt man das Wochenende an, um eine Stadt, die man noch nicht kennt, zu besichtigen. Sie müssen Ihren Gast nicht unbedingt begleiten, vielleicht macht es ihm Spaß, allein etwas zu unternehmen. Seien Sie nicht aufdringlich, sondern loten Sie behutsam die Vorstellungen und Erwartungen aus.

Viele Gäste, und zwar sowohl Frauen als auch Männer, haben gern etwas Zeit für Shopping-Touren. Nehmen Sie auf derartige Wünsche Rücksicht und fragen Sie gezielt danach.

Einladungen auf einen Golfplatz sind besonders bei Amerikanern, Briten und Japanern sehr beliebt. Vergessen Sie nicht nach dem Heimatclub und nach dem Handicap zu fragen.

Freizeit

Geübte Geschäftsreisende sind Tagestrips gewöhnt. Am Morgen besteigen sie das Flugzeug, am Abend fliegen sie zurück. Für solche Vielflieger ist die Reise wenig belastend, sie brauchen keine Erholungspausen, ein Termin folgt dem anderen.

Weniger geübte Reisende und ältere Personen schätzen es jedoch, wenn man ihnen zwischen Ankunft und dem ersten Termin eine kleine Verschnaufpause gönnt. Wenn Sie ausländische Gäste haben, nehmen Sie bitte bei der Programmgestaltung darauf Rücksicht. Ganz besonders, wenn Sie Vortragende zu Veranstaltungen einladen. Denn gerade wenn man einen Auftritt vor Publikum hat, möchte man sich ein bisschen erholen und sammeln, zieht sich noch gerne vor der Veranstaltung um und macht sich frisch.

Begleitende Partner

Wenn Ihre Gäste in Begleitung kommen, sollten Sie ein Programm für die Partner anbieten. An der Reaktion werden Sie sehr schnell erkennen, ob das gerne angenommen wird oder ob man lieber auf eigene Faust etwas unternimmt.

Rotlicht

Was tut man, wenn der Gast den Wunsch nach eindeutig zweideutiger Abendunterhaltung hat? Bereitwilligst Auskunft zu geben und eventuell mitzumachen wäre keine gute Empfehlung. Entrüstet zu tun, auch nicht. Am besten ist, sich elegant aus der Affäre zu ziehen, indem man seine eigene Kompetenz auf diesem Gebiet in Frage stellt und auf Dritte verweist. Zum Beispiel auf die Hotelrezeption oder Taxifahrer.

Gorbi was here

Grosse Aufregung. Michail Gorbatschow kommt mit seiner Frau Raissa nach Wien, um einen Vortrag zu halten. Ich bin ganz aus dem Häuschen: Gorbatschow, früher einer der mächtigsten Männer der Welt, Wegbereiter für ein freies Russland und ein geeintes Europa – und ich dabei.

Gorbi kommt am Flughafen Wien Schwechat an. Im VIP-Sondergastraum des Flughafens drängeln sich Sicherheitsleute, aufgeregte Gastgeber und Journalisten in Erwartung des bedeutenden Mannes. Selbstverständlich wird der Gast mit einem separaten Wagen direkt vom Flugzeug abgeholt. Er wird zwar nicht wie ein offizieller Staatsgast empfangen, da er nicht mehr Ministerpräsident der Sowjetunion ist, aber trotzdem werden ihm alle Ehren, die einem bedeutenden Mann gebühren, erwiesen.

Michail Gorbatschow betritt den Raum. Ich erwarte einen staatstragenden Auftritt, ein ernstes Gesicht und Demonstration von Wichtigkeit. Herein wuselt ein eher kleiner Mann, Händchen haltend mit seiner Frau Raissa, strahlend wie ein Christbaum. Flugs breitet sich seine Aura im ganzen Raum aus. Freundlich und geduldig beantwortet er Journalistenfragen, dann wird er ins Hotel gebracht.

Am Nachmittag Vortrag im Wiener Rathaus zum Thema Umwelt. Anschließend Empfang beim Bürgermeister. Abends ein von mir organisiertes Abendessen im kleinen Rahmen für Kunden der Bank. Darauf freue ich mich ganz besonders.

Gorbi und seine Frau werden vom Hotel abgeholt und zu den Veranstaltungsräumlichkeiten am Wiener Stephansplatz gebracht. Ich erwarte die Gäste an der Eingangstür und bringe sie nach oben. Auch am Ende des anstrengenden Tages strahlt Charmebolzen Gorbi noch immer, im Aufzug hält er wieder Händchen mit der eleganten Raissa.

Ein äußerst lockeres und amüsantes Abendessen folgt. Gorbatschow erzählt Geschichten, kritisiert Zustände, gibt eigene Fehler zu, macht Witzchen. Immer wieder unterbricht ihn seine Frau, korrigiert ihn, wirft etwas ein, ergänzt. Wie ein gemütlicher, dicker, russischer Bär lässt Gorbi das zu, verliebt und stolz auf seine Frau, wie ein frisch Vermählter. Zwischendurch immer wieder Wodka.

Für unsere österreichischen Gäste habe ich einige Exemplare seiner erst kürzlich erschienenen Biografie „Erinnerungen" besorgt. Sie sollen doch ein kleines Andenken an die Begegnung mit diesem bedeutenden Mann haben. Gorbi signiert, auch ich reiche ihm ein Buch. Er schaut mir tief in die Augen und schreibt hinein „ Für meine schöne Brigitta zur Erinnerung. Michail Gorbatschow.". Ich schmelze wie Butter in der Sonne und spüre wieder einmal, wie schön es ist, Gäste zu betreuen.

Unterschiedlichen Kulturen

Beim Empfang von ausländischen Gästen ist es empfehlenswert, sich besonders viel Zeit für die Vorbereitung zu nehmen. Wenn Sie selbst nicht ganz sicher sind, sollten Sie immer den Rat von erfahrenen Personen einholen. Botschaften und Handelskammern stehen immer auch gerne mit Ratschlägen zur Verfügung.

Jeder Mensch ist bis zu einem gewissen Grad von dem Kulturkreis geprägt, in dem er aufgewachsen ist. Allerdings ist es durchaus auch möglich, dass Ihre Geschäftspartner weit gereist sind und sich der europäischen Kultur anpassen. Trotzdem sollten Sie wissen, was besonders geschätzt wird und worauf Sie Acht geben müssen. Je besser Ihre Kenntnisse über die möglichen Eigenheiten Ihres Gastes sind, desto angenehmer und sicherer werden Sie im Umgang mit ihm sein. Und Sie können den Schwerpunkt Ihrer Konzentration auf das legen, was wirklich wichtig ist: das Geschäft.

Amerikaner

Die Vereinigten Staaten von Amerika sind ein vielschichtiges und multikulturelles Land, daher gibt es starke regionale Unterschiede. Viele Angehörige der Führungsschicht sind englischer oder irischer Herkunft. Besondere Bedeutung hat der Besuch eines Elite-Colleges sowie die Herkunft aus einer wohlhabenden Familie der Oberschicht. Großen wirtschaftlichen Einfluss haben jüdische Organisationen, aber auch andere, kleinere Religionsgemeinschaften. Obwohl amerikanische Geschäftsleute sehr locker wirken und Rangfolgen von außen manchmal nicht klar zu erkennen sind, gibt es strenge hierarchische Regeln, an die man sich unbedingt halten sollte.

Hinter der legeren Fassade sind Amerikaner meist ziemlich konservativ.

Wenig Titel

Titel spielen in der Anrede keine besondere Rolle, außer bei hoch gestellten Politikern und bei Würdenträgern. Es wird sehr schnell der Vorname bei der Anrede benutzt, was kein Zeichen von Vertraulichkeit ist. Der Doktortitel in der Anrede steht nur einem Arzt zu. Der Handschlag ist nicht so häufig wie in Europa. Sowohl Männer als auch Frauen legen Wert auf absolute Gleichbehandlung.

Besonders freundlich

Amerikaner sind für gewöhnlich äußerst freundlich und erwarten sich dasselbe von ihren Geschäftspartnern. Sie wirken außerdem immer gut aufgelegt, schlecht aufgelegt sind in ihren Augen nur Versager. Lächeln und das

Wort „sorry", auch wenn man nicht schuld ist, sind ganz wichtig. Diskriminierungen sowie Bemerkungen über Rassen, Alter, Herkunft sowie geschlechtsspezifische Äußerungen sind zu meiden.

Amerikaner kommen sofort auf das Geschäft zu sprechen. Ausführlicher Small Talk gilt als Zeitverschwendung, sie erwarten intensive und rasche Kommunikation. Schnelle Reaktion ist ein Qualitätsmerkmal. Das Unterbrechen von Präsentationen durch spontane Fragen ist üblich.

Trinken und Rauchen in der Öffentlichkeiten gilt als besondere Unhöflichkeit. Rauchern wird daher empfohlen, zurückhaltend zu sein. Als Gastgeber sollten Sie keine Rauchwaren anbieten.

Der Umgang mit amerikanischen Geschäftspartnerinnen ist durch das Thema „sexual harassment" in den letzten zehn Jahren schon beinahe neurotisch geworden. Als männlicher Gastgeber vermeiden Sie daher unbedingt zu intensiven Blickkontakt sowie Blicke auf den Körper oder Körperteile. Und seien Sie auch mit Komplimenten äußerst zurückhaltend, sie könnten falsch verstanden werden.

Konservative Kleidung

Die Kleidung ist im Geschäftsleben konservativer als in Europa. Besonders in Großfirmen gelten strenge Regeln, man trägt immer Anzug bzw. Business-Kostüm, niemals Kombinationen. Das Tragen einer Krawatte bei Männern ist Pflicht. Amerikaner sind es gewohnt, bei offiziellen Gelegenheiten am Abend einen Smoking oder „tuxedo" zu tragen.

Chinesen

Chinesen sind Angehörige eines der ältesten Kulturvölker der Welt. Viele halten Europäer für Barbaren, denen es an Benehmen mangelt. Europäische Geschäftspartner gelten als arrogant und zivilisatorisch rückständig, aber fleißig, erfolgreich und zuverlässig.

Einführung ist wichtig

Chinesische Firmen machen keine Geschäfte mit Fremden. Eine Einführung, das so genannte „guanxi", durch vertrauenswürdige Vermittler oder bei offiziellen Gelegenheiten, wie Messen oder Wirtschaftskommissionen, ist notwendig. Ausführliche Gespräche über familiäre Angelegenheiten bei Drinks und Essen sind die Voraussetzung für Gespräche über das eigentliche Geschäft.

Üblicherweise steht der Familienname an erster Stelle. Chinesen legen großen Wert auf die korrekte Aussprache ihres Namens. Man kann sich den Namen ruhig vorsprechen lassen, wenn etwas nicht ganz klar ist. Akademische Titel sind weniger wichtig, großen Wert legen Chinesen allerdings auf hierarchische Funktionsbezeichnungen, wie Direktor, Präsident, Manager etc.

Pünktlichkeit, Höflichkeit und Geduld

Bei chinesischen Gästen ist es empfehlenswert, äußerst pünktlich zu sein. Man grüßt immer mit Handschlag und Verbeugung. Es ist selbstverständlich, dass man Gäste immer bis zur Tür begleitet. Visitenkarten werden stets mit beiden Händen übergeben und in Empfang genommen. Die Karte ausreichend zu würdigen ist ein Zeichen von Ehrerbietung.

Der Umgang mit chinesischen Gästen erfordert viel Geduld. Bleiben Sie immer höflich und lächeln Sie. Vermeiden Sie auch ein direktes Nein, sondern weichen Sie auf Floskeln, wie „Das könnte schwierig werden" oder „Wir werden uns bemühen" aus. Alle Anzeichen von Ärger oder Ungeduld gelten als unhöflich. Menschen, die Stress zeigen, verlieren den Respekt der chinesischen Geschäftspartner. Durch offene Konfrontation verliert der Chinese sein Gesicht. Ist man in ein Fettnäpfchen getreten, kann man die Situation durch demütige Entschuldigung retten.

Hierarchie, Geschäftsessen und Geschenke

Hierarchische Positionen sind außerordentlich wichtig. Es können nur Personen auf der gleichen hierarchischen Ebene miteinander verhandeln. Ältere und alte Menschen genießen großen Respekt.

Geschäftsessen erfolgen meist ohne den Ehepartner, auch wenn dieser mitreist. Den begleitenden Ehepartnerinnen gibt man auch nicht die Hand, denn das wäre eine unangebrachte Berührung. Man verneigt sich nur. Sollte die Dame westlich erzogen sein, wird sie Ihnen die Hand reichen.

Nach dem Essen wird der Abend sofort beendet. Chinesen darf man keinesfalls Milchprodukte, und schon gar nicht Käse servieren. Auch roher Salat und rohes Gemüse gelten als unsauber. Schnäuzen bei Tisch wird als Unsitte gewertet.

Geschenke sind hilfreich und werden erwartet. Sie werden immer mit beiden Händen, begleitet von einer kurzen Verbeugung, überreicht und entgegengenommen.

Farben

Bei der Kleidung gelten Weiß und Schwarz als Trauerfarbe, diese beiden Farben sollten Sie daher bei Geschäftsverhandlungen niemals tragen. Rot hingegen gilt als Glücksfarbe. Es sollen weder weiße noch gelbe Blumen geschenkt oder bei der Tischdekoration verwendet werden.

Araber

Die arabische Welt ist eine konservative und traditionsbewusste Gesellschaft, die stark vom Islam beeinflusst ist. Der Glaube ist in jedem Lebensbereich wichtig. Frauen spielen in den arabischen Ländern keine öffentliche Rolle, das Männer- und das Frauenleben ist auch heute noch streng getrennt. Natürlich akzeptieren arabische Geschäftsleute die Gleichberechtigung europäischer Frauen. Dennoch ist Zurückhaltung im Auftreten weiblicher Geschäftspartner im Sinne des Geschäftserfolges angebracht. Besonders wichtig ist, dass Frauen Arme und Beine bedecken sowie hochgeschlossene Kleider tragen.

Beziehungen, Feilschen und Handeln

Starke persönliche Beziehungen sind Voraussetzung jeder Geschäftsbeziehung. Das Austauschen von Gefälligkeiten gehört dazu. Feilschen und Handeln gilt als Sport.

Es kann vorkommen, dass Geschäftsbesprechungen ohne besondere Erklärung zwecks Gebet unterbrochen werden. Vorsichtig sollte man bei Geschäftsterminen zwischen Mittagsgebet und 16 Uhr sein, da Araber gern eine Siesta halten. Hingegen können Verhandlungen bis in den späten Abend hinein dauern. Im Heimatland finden sie während des Fastenmonats Ramadan sogar meistens in der Nacht statt.

Verhandlungen mit Arabern erfordern ein Höchstmaß an Geduld und Höflichkeit. Sitzungen können sehr langwierig sein. Man beginnt mit ausgedehnten Einleitungsfloskeln, man spricht über private und familiäre Angelegenheiten. Pausen und Unterbrechungen gehören zum Verhandlungsstil. Emotionen werden ebenfalls gern gezeigt. Direkten Konfrontationen allerdings geht man aus dem Weg, ein Nein wird man niemals hören.

Körpersprache

Europäern ist der enge Körperkontakt, der für Araber selbstverständlich ist, meist unangenehm. Das muss aber akzeptiert werden, weil ein Wegwenden als Zeichen von Ablehnung verstanden wird.

Die linke Hand gilt unrein, die Fußsohlen dürfen keinesfalls jemand anderem zugewandt werden.

Essenseinladungen

Einladungen zum Essen können sehr spät erfolgen, man unterhält sich meist vor dem Essen. Nach dem Kaffee kann der Aufbruch ziemlich abrupt erfolgen, nach dem Händewaschen verabschiedet man sich rasch. Weil viele Araber aus religiösen Gründen keinen Alkohol trinken, muss man beim Anbieten von alkoholischen Getränken vorsichtig sein. Wenn der

Gast keinen Alkohol trinkt, soll man ebenfalls darauf verzichten. Das ist eine Geste der Höflichkeit und der Ehrerbietung.

Nordeuropäer

Obwohl Finnen, Dänen, Schweden und Norweger zu den Nordeuropäern zählen, unterscheiden sie sich in vielen Dingen voneinander; achten Sie deshalb jedes dieser Länder als eigene Nation. Sowohl in Gestik, Mimik als auch im Verhalten gibt es starke Unterschiede. Im Allgemeinen sind Nordeuropäer kühl, reserviert und sachlich. Es wird Wert auf korrektes Auftreten, Pünktlichkeit und auf eine klare Sprache gelegt. Übertreibungen, selbstgefälliges Verhalten, lautes Sprechen und ausladendes Gestikulieren mögen Nordeuropäer nicht.

Entscheidungsfindungen sind ein methodisch überlegter Prozess, dem gut vorbereitete Präsentationen mit hervorragendem Datenmaterial vorausgehen.

Wenig Hierarchien

Es ist üblich, sich mit Vor- und Zunamen vorzustellen. Akademische Titel werden nicht verwendet. Besonders bei Schweden ist es üblich, mit dem Vornamen angesprochen zu werden. Innerbetriebliche Hierarchien spielen bei kleinen Unternehmen keine große Rolle, innerhalb der Unternehmen herrscht ein kollegialer Ton und man schätzt Teamwork. In Großunternehmungen gibt es jedoch sehr wohl die üblichen Hierarchien, die auch beachtet werden.

Frauen sind Männern in allen Belangen des politischen, wirtschaftlichen und gesellschaftlichen Lebens vollkommen gleichgestellt und werden in allen Positionen vorbehaltlos akzeptiert. Nordeuropäer sind Gleichheitsfanatiker, die zu Bescheidenheit und Understatement neigen. Daher fühlen sie sich abgestoßen, wenn ein potentieller Geschäftspartner arrogant und voreingenommen agiert.

Südeuropäer

Geschäftsessen

Während Nordeuropäer und Briten es als selbstverständlich empfinden, tagsüber mit einem Sandwich am Schreibtisch auszukommen, kultivieren Südeuropäer die Nahrungsaufnahme als wichtiges Element ihrer kulturellen Identität. Daher haben erstklassige Geschäftsessen große Bedeutung. Es wäre ein arger Fauxpas, statt eines Essens Gesprächstermine in die Mittagszeit zu legen. Man sollte sich die Zeit nehmen und für ein Mittagessen zwei bis drei Stunden vorsehen. Die Tischmanieren entsprechen zwar unserem Standard, werden aber viel lässiger gehandhabt. Schon ein kleiner Schwips gilt als schlechtes Benehmen, vor allem bei Italienern und Spaniern.

Temperament

Südeuropäer sind verbal und nonverbal ziemlich ausdruckstark. Sie lieben Diskussionen und temperamentvolle Debatten im Laufe von Meetings. Dabei schrecken sie auch nicht vor verbaler Konfrontation zurück. Auch sonst haben sie wenig Berührungsängste. Die Gestik und die Körpersprache kann recht intensiv sein. Sehr selten duzt man sich im geschäftlichen Umgang, manchmal wird der Vorname angeboten, man bleibt aber trotzdem beim offiziellen „Sie".

Eleganz und Großzügigkeit

Die Bekleidung der Südeuropäer ist korrekt und zeigt Stil und Eleganz, vor allem in den Großstädten. Spanische und italienische Geschäftsleute sind die Elegantesten in ganz Europa. Korrekte Kleidung wird auch vom Geschäftspartner verlangt.

Südeuropäer lieben grundsätzlich schnelle Entscheidungen. Methodische Vorgangsweisen und „Arbeiten nach Plan" schätzen sie weniger. Pünktlichkeit, Ordnungssinn und Verlässlichkeit haben einen geringeren Stellenwert als in unseren Breiten.

Die Familie hat einen hohen Stellenwert. Es gehört daher zum guten Ton, sich möglichst bereits zu Beginn des Gespräches nach der Familie zu erkundigen und auch selbst einiges zu erzählen.

Auffällig ist der nach hinten verschobene Tagesablauf im Vergleich zu den bei uns üblichen Zeiten. Um die Mittagszeit setzt man keine Termine an, es sei denn, es handelt sich um Geschäftsessen. Besprechungen können aber ohne weiteres bis in den späten Abend hinein dauern.

Westeuropäer

Franzosen

Franzosen nehmen innerhalb Westeuropas eine besondere Stellung ein. Durch Einflüsse aus dem Norden und Süden entwickelte sich eine eigene Geschäftskultur. Frankreich gilt als eine Nation von Individualisten und ist trotz ihrer Forderung nach „égalité" eine der am stärksten hierarchisch geordneten Gesellschaften Europas. Beziehungen und Netzwerke haben große Bedeutung. Französische Bosse führen ihre Unternehmen autoritär und delegieren selten. Fraternisierungen mit Nachgeordneten sind nicht üblich. Man bleibt auch mit dem Geschäftspartner immer beim „Sie", wiewohl man ihn manchmal mit dem Vornamen anspricht.

Zu den hervorragendsten Eigenschaften der Franzosen zählt die Wertschätzung von Muttersprache und Gastronomie. Wenn sie Gastgeber von französischen Geschäftspartnern sind, dann ist die Kenntnis der französischen Sprache sowie Geduld und Liebe für ausgedehnte Geschäftsessen ein absolutes Plus.

Ordnungssinn, Verlässlichkeit und Pünktlichkeit spielen ebenso wie bei den Südeuropäern eine untergeordnete Rolle. Kurzfristige Änderung von Entscheidungen und ein Umgehen von Vorschriften sind ein Zeichen von Intelligenz und Flexibilität. Besprechungen laufen selten nach einer vorgegebenen Tagesordnung ab, sondern spontan und mit viel Spielraum.

Briten

Großbritannien ist ein vielschichtiges Land. Auch seine Bewohner sind ein komplexes Volk, das auch heute noch von einer Klassengesellschaft geprägt ist. Daher ist es wichtig, auf die unterschiedliche Herkunft zu achten. Engländer, Schotten, Waliser und Nordiren haben jeweils eigene Vorstellungen und Traditionen.

Briten neigen zu Förmlichkeit, man fällt daher niemals mit der Tür ins Haus. Sie sind besonders höflich und geduldig im Umgang mit anderen Menschen und erwarten dasselbe auch von ihrem Geschäftspartner.

Bei geschäftlichen Besprechungen kommt man in der Regel erst zum Thema, nachdem man kurz über andere Dinge gesprochen hat. Besonders wichtig ist, dass bei Abendeinladungen alles Geschäftliche kein Thema ist. Das hat immer Zeit bis zum nächsten Morgen – und das sollte keinesfalls vor 9 Uhr sein.

Auf Tischmanieren legen Briten großen Wert, denn sie sind das Unterscheidungskriterium zwischen „upper class“ und „common people“. Das Besteck wird unterschiedlich zu unseren Gewohnheiten gehandhabt, und zwar wird die Suppe seitlich vom Löffel geschlürft sowie die Gabel nur umgedreht benutzt.

Die Bekleidung ist sehr konservativ, wenn Sie englische Geschäftspartner zum Abendessen einladen, kann es durchaus sein, dass die Dame „ladylike“ in einem langen Kleid erscheint. Bei offiziellen Essen tragen die Herren auch oft Smoking.

Die wichtigsten Regeln

- Trotz Globalisierung gibt es nach wie vor bei ausländischen Gästen ein breites Spektrum an unterschiedlichem Verhalten.
- Die Kenntnis von kulturellen Unterschieden ist ein Wettbewerbsvorteil gegenüber unkundigen Mitbewerbern. Ignoranz hingegen kann die schönste Geschäftsbeziehung in Mitleidenschaft ziehen.
- Wer ein fremdes Land besucht, hat die lokalen Bräuche zu akzeptieren und zu achten. Wenn Sie ausländische Gäste in Ihrer Heimat empfangen, dann zählen die inländischen Sitten und Gebräuche.
- Geduld und Toleranz, Freundlichkeit und Lächeln sind die wichtigsten Eigenschaften im Umgang mit ausländischen Partnern.
- Einige wenige Worte in der Landessprache des Gastes sollten Sie kennen. Das wird immer positiv aufgenommen.
- Als wichtigste Unterscheidungsmerkmale fremder Kulturen gelten die Einstellung gegenüber Fremden, die Wichtigkeit von Hierarchie und Status und das Temperament sowie der Umgang mit der Zeit.
- Legen Sie besonders viel Wert darauf, ausländischen Geschäftspartnern den Aufenthalt so angenehm wie möglich zu machen. Je mehr Sie ihnen den Eindruck vermitteln, wie wichtig Ihnen ihr Wohlbefinden ist, desto angenehmer werden die Geschäftsgespräche laufen.
- Wenn Sie selten Gäste aus dem Ausland empfangen und sich Ihrer Sache nicht sicher sind, holen Sie den Rat von erfahrenen Personen ein. Botschaften und Handelskammern helfen immer gern mit Ratschlägen.

Anti-Knigge:
Regeln kreativ brechen

Die gröbsten Fehler

Die Etiketteregeln sind zahlreich. Niemand wird sie immer und bei jeder Gelegenheit anwenden, und jedem passiert einmal ein Lapsus. Die häufigsten Regelverstöße ereignen sich im Berufsleben keineswegs bei der „großen Etikette", nein, es sind vielmehr ganz einfache, alltägliche Grundregeln im Umgang mit Menschen, die missachtet werden. Und das gilt für die Chefs gleichermaßen wie für Mitarbeiter auf den unteren Sprossen der Karriereleiter.

Zeit missbrauchen

Der gröbste Verstoß gegen gute Umgangsformen ist, die Zeit von anderen Menschen zu missbrauchen. Zu oft lässt man ohne wirklichen Grund Gäste oder Kunden warten. Wer das tut, zeigt keineswegs, dass er stark beansprucht, und daher besonders wichtig ist, sondern schlicht und einfach, dass er kein Zeitmanagement hat.

Die Zeit von anderen Menschen missbraucht man auch, wenn man unvorbereitet in Besprechungen geht. Auch wenn man während einer Besprechung Telefonate führt, die nichts mit der Sache zu tun haben, ist das schlicht unhöflich.

> Betrachten Sie die Zeit von anderen Menschen als genauso wertvoll und knapp bemessen wie Ihre eigene!

Mangelnde Tischmanieren

Mangelnde Tischmanieren gehören ebenfalls zu den am meisten gesehenen Unsitten. Natürlich wird niemand von Ihnen erwarten, dass Sie sich in der Betriebskantine genau so verhalten wie an der großen Festtafel.

Aber ein gewisser Mindeststandard an gutem Benehmen ist Voraussetzung für Erfolg. Sobald Sie mit anderen Menschen an einem Tisch sitzen, ist es ein Akt der Höflichkeit, dass Sie einen ästhetischen Eindruck vermitteln.

> Kontrollieren und beobachten Sie Ihr Verhalten bei Tisch. Stellen Sie zu Hause einmal einen großen Spiegel auf und beobachten Sie sich selbst beim Essen. Wenn Sie sich gefallen, bleiben Sie bei Ihren Tischsitten, wenn nicht, feilen Sie dran.

Nachlässiges Äußeres

Viele Menschen unterschätzen die Bedeutung von Kleidung und deren Signale. Nachlässiges Äußeres oder falsche Kleidung bei beruflichen Anlässen und Repräsentationsgelegenheiten sind im Grunde schlechtes Benehmen. Kleider machen Leute – dieser Satz hat besonders im Beruf große Bedeutung.

> Betrachten Sie sich täglich, bevor Sie zur Arbeit gehen, in einem Ganzkörperspiegel von allen Seiten. Tun Sie das auch am Abend, wenn Sie nach Hause kommen. Wenn Sie in beiden Fällen mit sich zufrieden sind, dann Gratulation. Wenn nicht, kann Ihnen das Kapitel „Dressed for Success" (Seite 28ff.) weiterhelfen.

Regeln brechen

Neues wagen

Lassen Sie mich ein ganz simples Beispiel geben: Vor langer, langer Zeit saßen die Vorfahren der Menschen auf Bäumen. Derjenige, der zuerst vom Baum kletterte und auf zwei Beinen über die Erde marschierte, verletzte eine Regel. Neues ist immer dann entstanden, wenn irgendjemand vorgegebene Bahnen verlassen hat und sich auf unbekanntes Terrain vorwagte. Das trifft natürlich auch für Umgangsformen zu. Sie haben sich im Laufe der Geschichte immer wieder verändert, und diese Veränderungen sind immer dadurch entstanden, dass sich jemand nicht an das Althergebrachte, Traditionelle hielt, sondern Neues wagte. Bis das Neue dann wieder Tradition und zur Selbstverständlichkeit wurde.

Pippi Langstrumpf

„Am Ende der kleinen, kleinen Stadt lag ein alter verwahrloster Garten. In dem Garten stand ein altes Haus, und in dem Haus wohnte Pippi Langstrumpf. Sie war neun Jahre alt und sie wohnte ganz allein da. Sie hatte keine Mutter und keinen Vater, und eigentlich war das sehr schön, denn so war niemand da, der ihr sagen konnte, dass sie zu Bett gehen sollte, gerade, wenn sie mitten im schönsten Spiel war, und niemand, der sie zwingen konnte, Lebertran zu nehmen, wenn Sie lieber Bonbons essen wollte."

Das ist die Geschichte von Pippi Langstrumpf, die mit dem Affen Herr Nilsson und dem Pferd Kleiner Onkel in der Villa Kunterbunt lebt und sich einen Dreck darum schert, was sich schickt. Sie isst mit den Fingern, schläft mit den Füßen auf dem Kopfpolster, duzt alle Leute und macht alles anders, als man es eben macht.

Sie hat zwei Freunde, Annika und Thomas, zwei kreuzbrave und wohlerzogene Kinder aus der Nachbarschaft.

Die beiden genießen die Freundschaft mit der selbstbewussten und unabhängigen Freundin: Ohne Regeln, ohne Vorschriften, ohne Tischsitten und vorgegebene Schlafenszeiten leben auch die sittsamen Kinder aus gutem Haus äußerst komfortabel.

Pippi ist auch reich. Sie hat massenhaft Kohle in der Villa Kunterbunt versteckt und geht äußerst großzügig mit ihrem Geld um. Sie ist eine der ersten finanziell unabhängigen Frauen und macht damit natürlich auch ordentlich Eindruck. Sie gönnt sich selbst was und natürlich auch den anderen. Selbst Einbrecher in ihrer Villa werden von ihr mit großzügigem Trinkgeld ausgestattet.

Wen lieben nun die Kinder, die dieses Buch lesen? Das gehorsame, manierliche Geschwisterpaar Thomas und Annika oder die mit allen Regeln brechende Pippi Langstrumpf?

Keine Frage, natürlich ist Pippi die Heldin des Buches und auch die Heldin unserer Herzen. Sie ist stark, weiß, was sie will und macht sich ihre Welt, wie sie ihr gefällt. Es ist ihr vollkommen egal, was die anderen über sie denken, sie hat für sich herausgefunden, wie sie leben möchte, und das ist eben total anders. Ihr „schlechtes Benehmen" ist zu ihrer Trademark geworden, und trotzdem hat sie nichts an Liebenswürdigkeit eingebüßt. Sie ist absolut authentisch, und deswegen ist sie gut.

Innovationen

Einst haben die Menschen mit den Fingern gegessen, in manchen asiatischen Kulturen tut man das heute noch. Dann erfand einer (oder war's eine Frau?) Messer und Löffel. Gabeln waren unbekannt und daher benutzte sie keiner. Aber irgendwann einmal, vor ein paar Hundert Jahren, brach wieder einer die Regel und benutzte ein Werkzeug mit mehreren Zinken zum Essen. Die Idee hat sich durchgesetzt.

Der „Innovator" wird immer mit scheelen Augen angesehen. Selten werden Neuerungen mit Begeisterung aufgenommen. Viel Durchsetzungsvermögen und Überzeugungskraft gehört dazu, dass sie Allgemeingut werden. Manchmal vollziehen sich Innovationen auch schleichend. Vor allen Dingen im eigenen Verhalten bemerkt man kaum, dass sich etwas verändert.

Authentisches Regelbrechen

Vom Baumeister...

Das Brechen von Regeln kann – wie bei Pippi Langstrumpf – zur Trademark werden. Ein Muster dafür ist ein bekanntes Wiener Baumeister-Ehepaar. Im Beruf äußerst erfolgreich und tüchtig, im Gesellschaftsleben sowohl von den Umgangsformen als auch vom Outfit gar nicht so, wie man sich ein Unternehmer-Duo vorstellt.

Gemeinsam führten sie ihr zartes Kindlein im güldenen Kinderwagen spazieren. Er bekennt freizügig, dass er Austern am liebsten mit Ketchup isst. Er gibt ihr auch in der Öffentlichkeit den Namen eines kleinen Nagetieres. Ihr Outfit entspricht nicht unbedingt dem einer Business-Lady. Beide tun alles ganz und gar nicht „comme il faut". Trotzdem oder gerade deshalb sind sie eine liebenswürdige Bereicherung der Wiener Gesellschaftsszene.

Mit Selbstbewusstsein und Zielstrebigkeit gelingt es dem Paar seit Jahren, im Zentrum der medialen Berichterstattung vom vornehmen Wiener Opernball zu stehen. Als Gastgeber von bezahlten Stars und Starlets und mit viel Tamtam erzeugen sie Aufregung, wo es keiner Aufregung bedarf. Nach Diskriminierungen bei der Platzvergabe in den letzten Jahren gab es schlussendlich wieder eine Promi-Loge. Ausdauer macht sich eben bezahlt. Und wie langweilig wäre das Wiener Gesellschaftsleben ohne die beiden.

...zum Theaterdirektor

Wenn der Lebenspartner der Organisatorin des Wiener Opernballes im Trubel des Ballgeschehens live vor laufender Kamera sagt, der Ball würde ihn „in seiner Dekadenz irgendwie an Karl Krauss und ‚Die letzten Tage der Mensch-

heit' erinnern, dann entspricht das zwar nicht unbedingt den gängigen Etiketteregeln, ist aber trotzdem, oder gerade deswegen, große Klasse.

Mut zur Persönlichkeit

Was lernen wir daraus? Mit Regeln zu brechen kann durchaus Charme haben. Wenn Ort und Gelegenheit stimmen, sind kleine Regelverletzungen nicht nur akzeptabel, sondern manchmal auch liebenswert. Selbst drastische Verstöße gegen die guten Manieren können unter Umständen zur Trademark einer Persönlichkeit oder zur echten Innovation werden, wenn sie mit Konsequenz, Selbstsicherheit und Nonchalance zelebriert werden.

Wenn Sie sich auf Ihrem Fachgebiet so stark fühlen und als Person so gefestigt, können Sie durchaus auch als Regelbrecher Furore machen.

Medienwirksamkeit

Menschen, die sich außerhalb herkömmlicher Verhaltensnormen bewegen, fallen auf – vor allen den Medien. Angepasstes Verhalten interessiert die öffentliche Meinung weit weniger als „Ausrutscher". Wer bei der Oscar-Verleihung im Shrine-Pavillon von Los Angeles über die Stufen stolpert, kommt eher ins Fernsehen als einer, der besondere Klugheiten von sich gibt. Das ist leider Realität.

Der leichtere Weg ist die Anpassung an die Norm, der schwierigere und unsicherere Weg ist das Ausbrechen. Schließlich begibt man sich auf unbekanntes Terrain. Das kann gut gehen und man kann ein Held oder eine Heldin werden – wie Pippi Langstrumpf – oder ein Outcast, mit dem keiner was zu tun haben will.

Perfektion als Maßstab?

Groß, klein, dick, dünn, bunt gefiedert und unscheinbar grau, piepsig, schnatterig und mit prächtigem Gesang, langsam und träge, flink und behände – so sind die Menschen. Glücklicherweise gleicht keiner dem anderen, sonst wäre die Welt ziemlich langweilig.

Traumtypen

Täglich flimmern sie über den Fernsehschirm und strahlen aus Hochglanzmagazinen, die perfekt gestylten Traumfiguren, die auf jedem Parkett nur eins ausstrahlen: Selbstsicherheit. Der Neid könnte einem kommen. Doch hie und da sieht man auch anderes: Wie beruhigend sind doch Fotos in Illustrierten, die Menschen, die uns wunderschön vorkommen, bei der Verrichtung banaler Tätigkeiten im Alltag zeigen. Wie schön, wenn Madonna auch einmal strähnige Haare hat und in einer ausgebeulten Jogginghose einkaufen geht, die unsereins nicht einmal zum Putzen anziehen würde.

Bleiben Sie Sie selbst

Stehen Sie daher zu Ihrem Äußeren und zu Ihrer Persönlichkeit. Aber betrachten Sie gute Umgangsformen als Teil Ihrer Lebensauffassung und niemals als aufgesetzte Attitüde. Und lernen Sie vor allem, Ihr Verhalten den unterschiedlichen Situationen anzupassen. Auch Könige bohren einmal in der Nase. Aber sicher nicht bei einem Festbankett und in Gegenwart von anderen Leuten. Und was für Könige gilt, hat auch für Sie Gültigkeit.

Nehmen Sie aus den jeweiligen Kapiteln des Buches immer nur die

Empfehlungen heraus, die gut für Sie sind, die Sie verstehen und akzeptieren können, und von denen Sie annehmen, dass sie Ihrer Karriere förderlich sind. Betrachten Sie diese Informationen als Hinweise eines Profis aus der Praxis. Analysieren Sie Ihr Verhalten, denken Sie darüber nach und gewinnen Sie dadurch mehr Sicherheit im Auftreten. Dann haben Sie schon etwas für Ihre weitere Karriere getan.

Ich wünsche Ihnen viel Spaß und Erfolg dabei!

Stichwortverzeichnis